JN289421

役割語研究の地平

編
金水 敏
Satoshi Kinsui

くろしお出版

目次

導入 ……… 金水 敏　1

第1部 「対照役割語研究への誘(いざな)い」―― 7

- 第1章　役割語の個別性と普遍性　9
  ―日英の対照を通して―　山口 治彦
- 第2章　キャラ助詞が現れる環境　27
  定延 利之
- 第3章　声質から見た声のステレオタイプ　49
  ―役割語の音声的側面に関する一考察―　勅使河原 三保子
- 第4章　日韓対照役割語研究　71
  ―その可能性を探る―　鄭 惠先

第2部 「近代マンガの言語と身体」―― 95

- 第5章　近代日本マンガの言語　97
  金水 敏
- 第6章　近代日本マンガの身体　109
  吉村 和真

第3部 「役割語研究の射程」―― 123

- 第7章　小説における米語方言の日本語訳について　125
  トーマス・マーチン・ガウバッツ
- 第8章　〈西洋人語〉「おお、ロミオ！」の文型　159
  ―その確立と普及―　依田 恵美
- 第9章　役割語としての「軍隊語」の成立　179
  衣畑 智秀・楊 昌洙
- 第10章　役割語としてのピジン日本語の歴史素描　193
  金水 敏

Abstracts of the Chapters　211
索引　218　／　著者略歴　226

導　入

金水　敏

　本書は、役割語(role language)をテーマとする論文集である。役割語は金水(2000, 2003)で導入された概念であり、大まかには次のように定義されている。

> ある特定の言葉遣い(語彙・語法・言い回し・イントネーション等)を聞くと特定の人物像(年齢、性別、職業、階層、時代、容姿・風貌、性格等)を思い浮かべることができるとき、あるいはある特定の人物像を提示されると、その人物がいかにも使用しそうな言葉遣いを思い浮かべることができるとき、その言葉遣いを「役割語」と呼ぶ。
>
> (金水 2003:205)

　例えば、「そうなんじゃ、わしは知っとるんじゃ」のような話し方を聞けば老人を想起し、「そうですわ、わたくしが存じておりますわ」のような話し方を聞けば上品なご婦人を想起する、というような現象を捉えたものである。より詳細な概念の検討については後ほど触れるとして、この役割語の概念は幸いにも学界内外で広く受け入れられることとなった。語彙、音声、語法、方言等、言語学、日本語学の諸分野に関心を持つ方々はもちろん、文学、心理学、社会学等の諸分野に興味を持つ方々、さらには小説、戯曲を執筆される実作者の方々の反響も得た。さらにその中から、金水の前掲書を踏まえながら、より高度な展開をめざす論文も現れ始めた。本書は、そのような、役割語研究の次の展開を示す論文集として企画・編集されたものである。特に本論文集では、何らかの形で、日本語と他の言語との対照研究的視点や、言語接触をめぐる視点を取り入れた論文が集まった点に特色があると言えよう。その点で、本書は特に日本語教育を含めた外国語教育や翻訳・吹き替え等に興味を持つ方におすすめしたい内容になっている。

　さて、個々の論文の紹介に入る前に、改めて「役割語とは何か」という点について確認しておこう。先の定義では、「言葉遣い」と「人物像」の心理的

結びつきと規定したが、「言葉遣い」とは、スピーチスタイルと言い換えることができる。また人物像とは、人物類型とも言えるし、また人物属性の集合ということもできるであろう。またこの人物類型は、社会心理学で言われる「ステレオタイプ」と一致するものであり、役割語とは、ステレオタイプの言語的側面と捉えることができる。

ここで、スピーチスタイルと人物類型の結びつく場は、いわば個々の話者の知識においてであるが、さらに知識が言語共同体において共有されていることがより重要である。この共有状態を踏まえて、言語表現における役割語の利用が有効となる。また、言語表現における役割語の使用を通じて、話者が新たに役割語を学習することにもつながる。

役割語がまさに役割語として機能する場は、言語表現、殊にフィクションであろう。すなわち、フィクションに登場する人物の性格付けの一端として、役割語が有効に利用されるわけである。しかし一方で、一般の話者による、日常的な会話の中でも、役割語の知識は利用されることがあると考えるべきである。

上に見たように、役割語は、それによって表される人物類型の側面と、表現そのものとしての言語の側面に分けて考えることができる。特に、外国語との対照研究を試みる場合には、この区別は重要である。すなわち、人物類型の面は、当該の言語が用いられる社会の文化的構造や、歴史的形成過程が重要な因子として働く。一方で言語的側面は、前者と関連しながらも、語彙・文法・音韻等の言語類型論的側面が重要な因子になる。

以上のような把握に基づいて、本書各章の狙いと位置づけについて述べておこう。

第1部「対照役割語研究への誘い」は、2005年6月5日に関西大学で行われた「関西言語学会」における、シンポジウム「対照役割語研究への誘い」での発表に基づく論文である。いずれも、『KLS 26: Proceedings of the Twenty-seventh Annual Meeting June 4-5, 2005』にその初稿が掲載されている。

1　役割語の個別性と普遍性―日英の対照を通して―　山口治彦

本章は、日英の言語的対照に基づきながら、英語の役割語の表現機構について述べたものである。方言話者、中国系探偵、しもべ妖精、トゥイーティー

という4つのケースを示しながら、日本語と異なる英語の構造のために、役割語の表現の特別な工夫が必要となること、また避けられないマイナス要素も伴うことが述べられている。またそのような苦労を背負いながら、なぜ作者が役割語を用いようとするかというと、それは巨視的コミュニケーションに関わるからであると述べている。フィクションの登場人物同士のコミュニケーションを微視的コミュニケーションと言うのに対し、巨視的コミュニケーションとは、フィクションの作者が読者・受容者に向けて発するコミュニケーションの回路である。これが働くからこそ、よく考えれば不自然な役割語も、自然に受容されると、山口氏は指摘している。この巨視的コミュニケーションという概念は、役割語の機能を把握する上で極めて重要な概念である。

2　キャラ助詞が現れる環境　定延利之

　本章でいう「キャラ助詞」は、金水(2003)で提出された「キャラ語尾」の概念を精密化し、「キャラコピュラ」と「キャラ助詞」に分類したものの一つで、キャラ助詞が「文末らしい文末」に現れることを検証し、また韓国語におけるキャラ助詞の創発についても触れている。さらに本章で重要なのは、フィクションの用例ではなく日常会話を中心に扱っている点で、そこで導入されている「スピーチ・キャラクター」の概念が有効に用いられている。定延氏のスピーチ・キャラクターは、基本的には役割語でいう人物類型と同じものであるが、属性を人格に固定的なものとしてではなく、着脱・選択可能なもの、臨時的なものとして捉えている点に特徴がある。

3　声質から見た声のステレオタイプ
　　―役割語の音声的側面に関する一考察―　勅使河原三保子

　本章は、ビクトリア大学(カナダ)における勅使河原氏の博士論文(Teshigawara 2003)がその出発点となっており、金水の研究とは独立に進められてきたものであるが、互いに補い合う研究であり、まさに役割語の音声面におけるパイオニア的研究と言ってよい。主たるテーマは「声質」(voice quality)であり、日本アニメのキャラクターの声質が、作品における役柄、特に善玉か、悪玉かという区別とどのように関係しているか、という問題を取り扱っている。筆者の受聴による分析と、日本およびイスラエルのインフォーマ

ントによる印象評定の二つが柱となっている。受聴分析からは、アニメの善玉キャラクターの声質は比較的ヴァリエーションが乏しいのに対し、悪玉キャラクターの声質は多様であること、典型的な悪玉の声質の一つ（悪玉一型）は、不快感情の表出と共通点があること、など興味深い結論が引き出されている。また、日本とイスラエルの両方で行われた印象評定実験は、役割語の対照研究としても意義深い。

4　日韓対照役割語研究―その可能性を探る―　鄭 惠先

本章はタイトル通り、日韓両言語の母語話者における、役割語の対照研究である。図1で示された、対照役割語研究の見取り図は、今後の研究の指針となる。本章では、3つの研究が試みられており、翻訳作品における対比、マンガ素材を用いた意識調査、そして方言イメージの日韓対照について報告されている。日本語の〈老人語〉のように、人物像に固定したスピーチスタイルは韓国語では鮮明ではなく、韓国語ではむしろスタイルの丁寧さの度合いによる話し手と相手との相対的な関係から、人物像が浮かび上がるという指摘があり、重要である。また、両言語の方言イメージの類似点・相違点も、今後さらに追求されてよい。

第2部「近代マンガの言語と身体」は、2004年にストラスブール大学で行われた「阪大フォーラム2004〈ストラスブール〉「日本、もうひとつの顔」」における、金水と吉村和真氏の講演「近代日本漫画の言葉と身体」に基づくものであり、フォーラムの報告書『Le Japon, d'autres visages 日本、もうひとつの顔』からの再録である。

5　近代日本マンガの言語　金水　敏

役割語の概要を述べ、ケーススタディとして、石ノ森章太郎作「サイボーグ009」をケーススタディとして、作品の構成に役割語が如何に深く貢献しているか、ということを示している。

6　近代日本マンガの身体　吉村和真

吉村和真氏は、思想史の側面からマンガ研究を展開している気鋭の研究者

であり、本章では、マンガが如何に登場人物の顔と身体を書き分けるかという問題を、「人種」「国民」といった概念との関わりから分析していく。第5章で扱われた「サイボーグ００９」にも言及しており、２つの章を合わせることで、イメージと言語の双方から作品に迫るという試みになっている。このような、ステレオタイプ的表現に対するマルチ・モーダル的な接近は、今後さらに試みられるべきである。

　第３部「役割語研究の射程」では、金水および三人の若手研究者による、四種の役割語の分析を収めている。

7　小説における米語方言の日本語訳について
トーマス・マーティン・ガウバッツ

　本章は、ハーバード大学数学部に在籍しながら、九州大学に留学していたトーマス・ガウバッツ氏が、同大学留学生センターに対して提出したレポートに基づいている。このレポートが大変優れているということで、同センターの清水百合教授が金水に紹介してくださったことから、金水の知るところとなった。翻訳における方言的表現の捉え方において、役割語の概念が有用であることを説得的に述べている。

8　〈西洋人語〉「おお、ロミオ！」の文型 ─その確立と普及─　依田恵美

　本章と次章は、1999年度に大阪大学大学院文学研究科で金水が担当した国語学演習「役割語の探求」の参加者によるレポートが元になっている。本章で依田恵美氏は、「おお＋人名」という形の呼びかけ表現が、翻訳の中から生じてきたことを実証的に示し、このような形式がいわば西洋人らしさの表現となっていることを述べている。

9　役割語としての「軍隊語」の成立　衣畑智秀・楊　昌洙

　本章は、「自分は○○であります」という表現に代表される、日本の軍隊の兵卒の言葉遣いの起源を探り、それが役割語として定着していく過程に迫ったものである。

10 役割語としてのピジン日本語の歴史素描　金水　敏

　本章では、今日、中国人の表象として理解されている、「それ安いあるよ」「早く買うよろし」といった言葉遣いが、19世紀末の居留地におけるピジンに由来することを確認した上で、アリマス系とアル系の区別、日中戦争前の大陸や台湾における使用の実態等を押さえながら、創作的作品における展開を追っている。

　以上、本書に収められた論考について簡単に紹介してきた。見ての通り、ヴァラエティに富んだ内容であるが、一方で、考察は緒についたばかりである、という印象も持たれたことと思う。役割語の研究領域は、まだまだ広く、そしてどこまでも深めていくことができる。まさしく、研究の沃野である。興味を持たれた方は、ぜひこの領域に参加していただきたい。役割語に関連する業績をお持ちの方、金水までご一報下さい[1]。また、役割語に関する情報は随時、ブログ[2]に公開しているので、ご参照いただければ幸いです。

参考文献

金水　敏（2000）「役割語探求の提案」佐藤喜代治（編）『国語史の新視点』国語論研究 8, 東京：明治書院

金水　敏（2003）『ヴァーチャル日本語 役割語の謎』東京：岩波書店．

付記

　巻末の英文アブストラクトの作成・校閲にあたって、渋谷倫子氏（立命館アジア太平洋大学・常勤講師）のご協力を得た。記して、感謝いたします。

　本書は、科学研究費補助金基盤研究（B）「役割語の理論的基盤に関する総合的研究」（研究代表者：金水敏、課題番号：19320060）の成果である。

---

[1] 金水　敏のメールアドレス：kinsui@let.osaka-u.ac.jp

[2] ブログ「SK の役割語研究所」：http://skinsui.cocolog-nifty.com/sklab/

第1部

「対照役割語研究への誘い」

第1章　**役割語の個別性と普遍性**
　　　　―日英の対照を通して―
　　　　山口治彦

◎

第2章　**キャラ助詞が現れる環境**
　　　　定延利之

◎

第3章　**声質から見た声のステレオタイプ**
　　　　―役割語の音声的側面に関する一考察―
　　　　勅使河原三保子

◎

第4章　**日韓対照役割語研究**
　　　　―その可能性を探る―
　　　　鄭　惠先

第1章
役割語の個別性と普遍性
――日英の対照を通して――

山口　治彦

1　はじめに

「わしの考えはこうじゃ。」金水(2003)が指摘したように、日本語の漫画に出てくる博士は、たいていそのような話し方をする。おまけに白髪頭でひげをたくわえている。現実にはまずお目にかかることはないが、「博士」という種族は、日本語の大衆的な、とくに子供向けのフィクションの世界で生きている。

もちろん、英語の大衆的フィクションにも、「博士」は登場する。しかし、日本語の場合とは異なり、彼らは語彙的に特徴的な話し方をするわけではない。(年齢の設定が日本の「博士」よりもしばしば若いこともあるが、)人称詞に強い制限があり、文末表現に乏しい英語では、日本語のように語彙的手段によって登場人物の役割を明示しづらいからである。

もっとも、このことは英語において役割語が見られないことを意味するのではない。日本語のような華やかさには欠けるものの、英語のフィクションにも特徴的な役割語がときおり見受けられる。本章の第一のねらいは、人称詞のオプションがほとんど存在せず、文末表現も豊かではない英語において、フィクションの作り手たちがどのような方法を用いて役割語を創出しているのかを具体的に確認することにある。日本語と英語を比較することにより、英語に個別的な事情を明らかにしたい。

では、相当なハンディを背負いながらも、英語の作り手たちはなぜ役割語を生み出そうとするのか。それは、役割語がステレオタイプ的な人物造型に長けており、読者に対し円滑で手のかからない伝達を可能にするからである。登

---

* 本章は山口(2006)を改稿したものであり、その内容は、関西言語学会第30回記念大会(2005年6月5日、於関西大学)シンポジウム(「対照役割語研究への誘い」)における口頭発表にもとづく。金水敏氏をはじめシンポジウムのパネリストの方々から貴重な意見をいただいた。記して感謝したい。

場人物のせりふは、ほかの登場人物だけに向けられているのではない。読者（観客）にも向けられている。その点を考慮するなら、役割語は、読者に対して効率よくわかりやすい伝達をおこなうという普遍的な必要性に動機付けられている。さらに言えば、役割語は孤立した文体現象ではなく、演劇の「説明せりふ」やグルメ漫画の「味覚表現」のような、フィクションにときおり見受けられる「不自然なせりふ」と同列に位置づけられる。以上のことを示すのが本章の二つ目のねらいである。

　まず、役割語について日英の違いに目を向けることからはじめよう。

2　翻訳にみる役割語の日英比較

　小説『ハリー・ポッター』シリーズには、ダンブルドア校長という老教授が登場する。日本語訳のダンブルドアは次のように話す。

(1)　a.　「ここがあの子にとって一番いいのじゃ」
　　　　　ダンブルドアはきっぱりと言った。
　　　　　「伯父さんと伯母さんが、あの子が大きくなったらすべてを話してくれるじゃろう。わしが手紙を書いておいたから」
　　b.　「人の心とはおかしなものよ。のう？　スネイプ先生は君の父上に借りがあるのが我慢ならなかった……この一年間、スネイプは君を守るために全力を尽くした。これで父上と五分五分になると考えたのじゃ。そうすれば、心安らかに再び君の父上の思い出を憎むことができる、とな……」
　　　　　　（J. K. ローリング『ハリー・ポッターと賢者の石』松岡佑子（訳））

　これは、よくある博士語の例である。このことば遣いだけで、ダンブルドアが主人公を見守りつつ助言をおこなう「老博士」タイプの登場人物とわかる。そして、彼がこのようなスタイルで話すことに違和感を覚える読者はいない。興味深いのは、英語原文には「老博士」を示す語彙的特徴がほとんど見られないことである。

(2)　a.　'It's the best place for him,' said Dumbledore firmly. 'His aunt and

uncle will be able to explain everything to him when he's older. I've written them a letter.'
b.　　'Funny, the way people's minds work, isn't it? Professor Snape couldn't bear being in your father's debt ... I do believe he worked so hard to protect you this year because he felt that would make him and your father quits. Then he could go back to hating your father's memory in peace ...'

（J. K. Rowling, *Harry Potter and the Philosopher's Stone*）

　たしかに、ダンブルドアのことばを仔細に眺めれば、彼がほかの登場人物よりも社会的に上位にいることを示す特徴を見出すことができる。たとえば、（上の一節には見られないが）彼は自分の思い通りに話題をリードできるし、"my dear Prof. X" といった、フォーマルでいくぶん庇護的なニュアンスを伴う呼びかけ語を同僚に対して用いることができる。しかし、原文のダンブルドアのことばに、役割語に関して直接的な特徴づけがおこなわれているわけではない。にもかかわらず、日本語訳のダンブルドアは「博士語」を話す。日本語の子供向け小説や映画では、ダンブルドアのような人物は「博士語」を話さねばならないのである。

　このように、日本語の大衆的フィクションでは、博士語にかぎらず、さまざまな役割語が幅を利かせている。一方、英語の役割語にはそれほどの華やかさはない。その理由は日本語と英語の違いに求めることができる。まず、（1）において博士語がどのように特徴づけられるか確認しておく。ダンブルドアのことばにまつわる老人らしさは、以下の語彙がもたらしている（なお、金水（2003：205-207）を参照）。

(3)　a.　人称詞：「わし」
　　　b.　文末表現：「じゃ」「ものよ」「とな」
　　　c.　間投詞：「のう」「おお」

　このうち英語はとくに(3a)と(3b)のオプションを欠く。自称詞は *I* に限定され、ほかの表現方法はほぼ考えられないし、文末表現も日本語の終助詞に対応

するものがない。(これに対し、日本語では新たにオリジナルの文末表現を創案することすら可能である。)つまり、日本語が豊富な自称詞や文末表現によって、いわば「足し算式」に役割を特徴づけられるのに対して、英語にはそのような体系的な方法が存在しない。

では、英語には役割語はないのだろうか。

そのようなことはない。語彙的手段により「足し算式」に表示することができないため、日本語のような多様性は見られないものの、役割語は英語においても観察される。次節でその具体例を確認しよう。

3　英語に見る役割語のかたち

この節では、英語の役割語の例を4種類取り上げる。方言話者のことば、中国系探偵のことば、しもべ妖精ドビーのことば、そしてトゥイーティーのことばの四つである。決して網羅的なものではないが、役割語を創出するに当たって、日本語ほど自由にならない英語の事情がうかがえるはずだ。

3.1　視覚方言と非標準的つづり：方言話者のことば

英語の役割語で最初に思いつくのは、方言話者のことばである。先に挙げた『ハリー・ポッター』シリーズにはハグリッドという方言話者も登場する。彼のことばは西部地方(West Country)の方言を反映しているらしい[1]。

(4) a. 'Las' time I saw you, you was only a baby,' said the giant. 'Yeh look a lot like yer dad, but yeh've got yer mum's eyes.'
　　b. 'Anyway ― Harry,' said the giant, turning his back on the Dursleys, 'a very happy birthday to yeh. Got summat fer yeh here ― I mighta sat on it at some point, but it'll taste all right.'

(J. K. Rowling, *Harry Potter and the Philosopher's Stone*)

---

[1] 後で述べるように、方言の音声的特徴は小説において完全な形で記述されるわけではない。したがって、小説の登場人物のことばがどの方言をモデルにしているのかは、母国語話者にとっても特定しがたいことがある。インターネットで検索した限りでは、ハグリッドのことばは西部方言を反映している、とする意見が多かった。もっとも、これとて、作者が特定の方言をモデルにしているという想定に基づく推理である。金水(2003)が示唆するように、作者が方言を創作する場合もありえる。

a'. 「最後におまえさんを見た時にゃ、まだほんの赤ん坊だったなあ。あんた父さんそっくりだ。でも目は母さんの目だなあ」と大男は言った。
b'. 「なにはともあれ……ハリーや」
大男はダーズリーに背を向けてハリーに話しかけた。
「お誕生日おめでとう。おまえさんにちょいとあげたいモンがある……どっかで俺が尻に敷いちまったかもしれんが、まあ味は変わらんだろ」
(J. K. ローリング『ハリー・ポッターと賢者の石』松岡佑子(訳))

　小説で示される方言は、読者にそれとわかる程度に方言的要素を選択的に提示することが多い。音声的特徴を忠実に再現すると、あまりに読みづらく、一般読者の理解に支障をきたすからである。このフィクション特有のスタイルは、目で読む方言という意味で視覚方言(eye dialect)と呼ばれる。英語の場合、視覚方言は非標準的なつづりによって示されることが多い(非標準的つづり字については大沼(1973)が参考になる)。上の例では、you が yeh、your が yer で示され、語尾子音の脱落("Las' time")などの現象が見られる。(4)では非標準的つづり以外にも、be 動詞の非標準的用法("you was")や方言的語彙("summat"=somewhat; something の意)が用いられている。
　方言話者の特徴づけは英語においても比較的容易におこなえる。しかし、非標準的つづりという正書法に対する破格を用いるため、当該の方言話者(登場人物)が教養に欠けるという印象をいやおうなく与えてしまう。つまり、その登場人物はきちんとした読み書きができない、と読者は想定してしまうわけである。これに対し、日本語の方言提示は、通常、文末表現などの語彙的手段によって特徴づけられ、非標準つづりを用いる必要がない。たしかに、フィクション中での方言(田舎ことば)の使用は、日本語においても使用者の素朴さや教養の低さと結び付けられることがある(金水 2003)。しかし、日本語フィクションにおける方言使用は、英語におけるように登場人物の教養の低さを直接的に示してしまう、というわけではない。日本語のフィクションはその分だけ方言を自由に導入できる。

山口　治彦

3.2　ピジン英語と「引き算式」マーキング：中国系探偵のことば

　大衆的な映画やドラマにおいて、中国人や中国系アメリカ人のことば遣いがステレオタイプ化されて提示されることがある（ネイティブ・アメリカンのことばに対しても同様のことが言える）。探偵チャーリー・チャンのシリーズがその代表である。画面が白黒の時代に人気のあった作品であるが、主人公の風貌があまりにステレオタイプすぎるために、近年、再演の話があったときには偏見に満ちていると物議をかもした。ことばの面でも同様にステレオタイプ的な設定がなされている。下の引用では、チャンは砂漠に位置するとある邸宅に真珠のネックレスを届けるよう依頼を受ける。

（5）　MRS. JORDAN: Charlie ... I've asked so much of you already, but will you do one more great favor and take this to the desert?
　　　CHAN: When proper person is encountered, pearls will be delivered.
　　　MRS. JORDAN: I'm very grateful.
　　　CHAN: Humble servant can never repay many kindnesses.
　　　［....］
　　　CHAN: Many facts stated here suggest possibility of unknown danger in delivering pearls. Beg to request your valuable help in present matter.
　　　BOB: Certainly. I'd be glad to.
　　　CHAN: Thank you so much. Blind man feels ahead with cane before proceeding.
　　　BOB: And I'm the one to be the cane, right?

（S. I. Miller, *Charlie Chan's Courage*）

　　　ジョーダン夫人：チャーリーさん、これまでにも本当によくしていただいているので恐縮ですが、もうひとつだけ大変なお願い聞いていただけますかしら。これを砂漠に届けていただきたいんですけど。
　　　チャン：しかるべきの人遭遇の折、真珠届けられマス。
　　　ジョーダン夫人：ありがとう。
　　　チャン：これまでの数々のご芳情には及びもいたしマセン。

［中略］

チャン：ここに述べられた多くの事実から察しマス。真珠届けるに知られざる危険の可能性アリマス。本件にあなたの貴重なる手助けをぜひお願いしマス。

ボブ：わかりました。喜んで。

チャン：ありがとうございマス。盲人、杖を探らせ、歩を踏み出すデス。

ボブ：で、私がその杖というわけですね[2]。

　チャーリー・チャンのことばには、移民などが用いる簡略英語（ピジン英語）の特徴が見受けられる。まず、冠詞が省かれ（"proper person"、"pearls" など）、主語もしばしば省略される（"Beg to request"）。また、(5)ではその例はないが、be 動詞もしばしば省略される。

　チャンの英語の特徴は珍妙な堅苦しさにも見出せる。"When proper person is encountered, pearls will be delivered."（「しかるべきの人遭遇の折、真珠届けられマス」）はわざわざ受動態を重ねて、口語らしからぬ印象を醸し出している。そして、"Humble servant can never repay many kindnesses."（「これまでの数々のご芳情には及びもいたしマセン」）は、やたら丁重である。さらに、格言めいた "Blind man feels ahead with cane before proceeding."（「盲人、杖を探らせ、歩を踏み出す」）は、"fortune-cookie" metaphors とでも名づけたい表現で、合衆国の中華料理の最後によく出てくるおみくじ入りクッキー（fortune cookies）の文面を連想させる。当時のアメリカ人にとって、このおみくじ入りクッキーはきわめて中国的な印象をもたらしたようである。彼は、このような擬似格言をしばしば口にする。正用法からは逸脱した文法とそれに見合わない堅苦しさが、そして、このおみくじ風格言が、独特の文体を作り上げている。

　このように、ピジン英語は大衆的フィクションにおいて一定の効果を挙げるためにしばしば意図的に用いられる。そのことは次のやりとりからもうかがえる。

---

[2] 訳文は、とくに指定のない場合、山口による。チャーリー・チャンのことばは、一般には「アルヨ」ことば（金水(2003, 2006)）で翻訳されるのだろうが、原文の（妙に）丁寧な文体を生かすため、語尾に「アルヨ」を用いるいわゆる中国人風の文体を使うのは避けた。

(6) TWAIN: On the stroke of midnight, someone in this house is going to be viciously murdered.
　　WANG: Let out one more small detail, Mr. Twain. Who victim?
　　TWAIN: *Is the*. *Is the*. Who *is the* victim? That drives me crazy.
　　DIAMOND: Sounds like a short ride to me.
　　　　　　　　　　　　　　　　　　　(N. Simon, *Murder by Death*)
　　トゥエイン：午前0時の鐘とともに、この屋敷中の誰かが惨殺されるのです。
　　ワン：ひとつ細かいこと忘れてるアル。被害者、ダレ。
　　トゥエイン：で・す・か、だ。で・す・か。被害者は、誰・で・す・か。そのことば遣いには、気が変になりそうだ。
　　ダイアモンド：たしかに、あと一歩のところだな。

(6)は推理ドラマのパロディー(邦題『名探偵登場』)からの一節で、ワンはチャーリー・チャンになぞらえて造型されている。"Who victim?"(「被害者、ダレ」)と発したワンに対して、トゥエインはすかさず訂正を入れる。その英語が正用法から離れていることを明示することで、観客と軽い優越の笑いを共有するねらいが感じられる。(そして、この差別的なねらいは、すぐ後に続くサム・ダイアモンドのコメントによってさらに笑い飛ばされることになる。)

　チャンのことばに話を戻そう。チャンのことばに見られるピジン英語の特徴は日本語に見られる役割語と好対照をなす。日本語の役割語は、個性的な人称詞(博士語なら「わし」、お武家様なら「拙者」、お嬢様なら「わたくし」)と特徴的な文末表現(たとえば「じゃ」「ござる」「ですの」)をいわば「足し算的」に組み合わせたものである。他方、チャンのことばは、冠詞、be動詞、主語(*I, it*)の欠落によって成り立っている。つまり、「足し算式」のマーキングが不可能な英語において、「引き算式」の方法を用いたわけである。もちろん、「引き算式」であるがゆえに、日本語に見られるほどの多様性や生産性は望むべくもない。

3.3　人称という名のオプション：しもべ妖精ドビーのことば
　再度『ハリー・ポッター』シリーズから題材を採る。このシリーズでは、2

作目『ハリー・ポッターと秘密の部屋』以降、屋敷しもべ妖精(house elf)ドビーがしばしば紙面に現れる。しもべ妖精は、古いお屋敷にいついて主人の魔法使いに召使としてひたすら奉仕する。そのように特徴的な立場をことばの上でも示すために、作者は人称のふるまいに手を入れた。本来オプションがないはずの英語の人称体系を逆手にとって新たな文体を構築している。

(7)　　'There is a plot, Harry Potter. A plot to make most terrible things happen at Hogwarts School of Witchcraft and Wizardry this year,' whispered Dobby, suddenly trembling all over. 'Dobby has known it for months, sir. Harry Potter must not put himself in peril. He is too important, sir!'
　　　　　　　　　　(J. K. Rowling, *Harry Potter and the Chamber of Secrets*)
　　「罠です、ハリー・ポッター。今学期、ホグワーツ魔法魔術学校で世にも恐ろしいことが起こるよう仕掛けられた罠でございます。ドビーめはそのことを何ヶ月も前から知っておりました。ハリー・ポッターは危険に身をさらしてはなりません。ハリー・ポッターはあまりにも大切なお方です！」
　　　　　　　　　(J.K. ローリング『ハリー・ポッターと秘密の部屋』松岡佑子(訳))

　しもべ妖精のドビーは、めったに対話者を「あなた」とは呼ばない。自分のことを「わたし」とも言わない。固有名詞を人称代名詞的に用い、動詞は3人称形で受ける。つまり、1人称と2人称を3人称化するのである。"Dobby has known it for months, sir. Harry Potter must not put himself in peril"(「ドビーめはそのことを何ヶ月も前から存じておりました。ハリー・ポッターは危険に身をさらしてはなりません」)とあるが、これは本来、"I have known it for months, sir. You must not put yourself in peril"(「私は何ヶ月も前から存じておりました。ご自分の身を危険にさらしてはなりません」)と言うべきせりふである。1人称と2人称を避けることにより、対話者とは対等に話すことはできないという立場を表しているのである。王族に対し "His Majesty"(「殿下」)や "Her Royal Highness"(「女王陛下」)と3人称的に呼びかけるのと同じ理屈がこの文体に見て取れる。ドビーはそれほどにハリー・ポッターを尊敬し、畏敬の

念すら抱いている³。

　もっとも、しもべ妖精は1人称と2人称の代名詞をまったく用いない、というわけではない。

(8)　'Harry Potter came back to school,' he whispered miserably. 'Dobby warned and warned Harry Potter. Ah sir, why didn't you heed Dobby? Why didn't Harry Potter go back home when he missed the train?'

（J. K. Rowling, *Harry Potter and the Chamber of Secrets*）

　「ハリー・ポッターは学校に戻ってきてしまった」ドビーが打ちひしがれたように呟いた。

　「ドビーめが、ハリー・ポッターになんべんもなんべんも警告したのに。ああ、なぜあなた様はドビーの申し上げたことをお聞き入れにならなかったのですか？　汽車に乗り遅れたとき、なぜにお戻りにならなかったのですか？」

（J.K. ローリング『ハリー・ポッターと秘密の部屋』松岡佑子（訳））

1・2人称代名詞を徹底して避けると、ことば遣いがかなりまどろっこしくなる場合がある。そのようなときドビーは上のように *you* を用いるが、たいていはその前後で *sir* を用いて呼びかける。2人称代名詞を使うことでいくぶんなりとも縮まった相手との上下関係を、もとのままに押し広げておく機能がこの *sir* に込められているようだ。

　このように主人（として仰ぐ人物）に対しことばの上でも丁重にふるまうしもべ妖精も、主人との主従関係が解消されると面と向かって呼びかける⁴。

---

[3] しかし、結果として、ハリー・ポッターという固有名をフルネームで呼び捨てにしているので、そのあたりのちぐはぐさがどこかコミカルな印象をもたらしている。

　ちなみに、英語で相手をフルネームで呼びかけるときは、ふつう、思いもかけない相手に遭遇してその驚きを表す場合か、（たとえば、業を煮やした母親が子供に対してするように）相手を上からしかりつけるような場合がほとんどである。

[4] シリーズ第4巻『ハリー・ポッターと炎のゴブレット』では、ウィンキーというしもべ妖精も登場する。ウィンキーも、動詞の人称は3人称のみで、is を助動詞として多用するなど、特徴的な話し方をするが、1・2人称代名詞 *I*, *you* の使用をドビーのように避けているわけではない。この点に関して山口 (2006) では、「精神的に追い詰められたときに1人称代名詞

(9)　　　'You shall go now,' he said fiercely, pointing down at Mr Malfoy.
'You shall not touch Harry Potter. You shall go now.'
（J. K. Rowling, *Harry Potter and the Chamber of Secrets*）

「すぐに立ち去れ」ドビーがマルフォイ氏に指を突きつけるようにして、激しい口調で言った。

「ハリー・ポッターに指一本でも触れてみろ。早く立ち去れ」

（J.K. ローリング『ハリー・ポッターと秘密の部屋』松岡佑子（訳））

　ドビーは心の底では軽蔑しつつもこれまでマルフォイ氏に忠実に仕えてきた。しかし、長らく続いた隷属状態から開放された彼は、以前の主人に対し "You shall go now"（「もう行きなさい」）と命令する。

　『ハリー・ポッター』におけるしもべ妖精ドビーのことばは、固定化された人称の体系をスライドさせて使うことで特徴的な文体を獲得した。このように、役割をマークするための語彙的手段に乏しい英語ではときに格段の努力が必要になる。

　逆に、英語のような固定的人称システムを持たない日本語では、ドビーのことばに原文と同じ表現性を持たせることはむずかしい。日本語訳では、「ドビーめは」と固有名を自称に用い、さらに卑下の念を表す「め」を付加することにより、原文に近い効果をあげている。しかし、「あれ、お父さんのメガネ知らない？」や「真理子は知らない」といったように、「お父さん」と自称する父親や自分のことを名で呼ぶ娘が少なくない日本語の状況では、人称代名詞が固定的な英語においてオリジナルが放つインパクトまでは表現できない。

3.4　幼児語と擬音語：トゥイーティーのことば

　英語に見られる役割語の最後の例として、ワーナー・ブラザーズのアニメ、トゥイーティー（Tweety）のシリーズを取り上げよう。トゥイーティーとはカナリアのひよこのキャラクターで、ネコのシルベスターに常に付け狙われている。このアニメシリーズでは5分程度の短い話のなかで必ず繰り返される決めぜりふがある[5]。

が口をつく」と述べたが、これは事実誤認であった。

[5] 同僚の立木ドナ氏の教示による。立木氏はこの漫画の決めぜりふを子供のころに見たまま

(10) I tought I taw a puttytat. I did. I did taw (*or* tee) a puttytat.
　　 みた、みた、ネコたん。たちかにみたよ。

　(10)は、トゥイーティーがシルベスターを見かけたときに舌足らずの発音で発するせりふで、本来は "I thought I saw a pussycat. I did. I did see a pussycat"(「ネコさんを見かけたような。いや、見た。ネコさんたしかに見たよ」とあるべきもの。th や s の発音が /t/ にすり替わっているのは、幼児語に見られる発音特徴を引き継いだからである。しかも、この /t/ 音の多い発音は、トゥイーティー(Tweety)という名前からも分かるように、さえずり系の動詞(*tweet, twitter*)を想起させる。要するに、(10)は幼児語の特徴と小鳥のさえずりの擬音語的な特徴を併せ持つせりふなのである。「幼児性を備えた鳥」という性格付けを発音のスタイルによって表現している。捕食者に狙われやすいという特徴が、その風貌だけでなくことばの面からもうかがえる。
　もうひとつだけ例を見ておこう。次の例では、トゥイーティーはギャングのニックとロッキーに捕まっている。ネコのシルベスターはトゥイーティーを横取りして昼食にありつこうと考える。

(11) Tweety: Oh, doody, doody. Look at tat nite puttytat twying to tave me.
　　 Nick: Hey, Boss. I tought I taw a puttytat.
　　 Rocky: You did. You did tee a puttytat.
　　　　　　　　　　　　　　("Tweety in catty cornered" *I Love Tweety, Vol. 1*)
　　 トゥイーティー：わあ、しゅごい、しゅごい。ほら、いいネコたんがタチュケに来てくれるよ。
　　 ニック：なあ、ボス。見た、見た、ネコたん。
　　 ロッキー：そうだ、たちかに見たな。

しかし、トゥイーティーはシルベスターが自分をギャングの手から救いに来て

に記憶していた。役割語に関する知識は、幼少期からのフィクション体験によって私たちに刷り込まれている。
　なお、このせりふの表記には、ほかに "I tat, I ta a puttytat" や "I tawt I taw a puttytat" といったものがある。

くれたものと早合点して、"Oh, goody, goody. Look at that nice pussycat trying to save me"(「わあ、すごい、すごい。ほら、いいネコさんが助けに来てくれるよ」)と言うべくせりふを発する。その後に続くのが、窓辺を横切るシルベスターに気づいたニックのせりふとロッキーの応答である。このトゥイーティーのシリーズでは本来、トゥイーティーが言うべき(10)のせりふをほかの登場人物が代わりに発することがある。強面のはずのギャングが「見た、見た、ネコたん」と幼児語で発するところがご愛嬌である。

　本来の人物造型からすれば、ギャングに幼児語を話させるのはきわめて不自然である。しかし、観客である子供たちにはさして不自然ではないらしい。逆に心地よいものとしてとらえられているようだ。トゥイーティーのことばをトゥイーティーばりの舌足らずさで発することで、このアニメの登場人物とトゥイーティーを愛する子供たちとの連帯感が強まる。つまり、(11)は、登場人物と観客とをつなぐコミュニケーションを重視したせりふなのである。観客への伝達を考慮してはじめて、意味のある発話となる[6]。

3.5　英語が背負うハンディキャップ

　さて、これまで4種類の役割語を概観したが、その方法は日本語の役割語のように生産性の高いものではなかった。しもべ妖精のことばに見られる人称システムの利用法はほかに転用できるものではないし、トゥイーティーのことばは、幼児語とさえずり系動詞の双方に /t/ 音が特徴的である、という偶然に頼っている。方言提示は特徴的な方言の数だけバリエーションが考えられるので、唯一、生産性のある提示方法であったが、非標準的つづりを用いなければならない分だけ、日本語における方言提示よりも制限を受ける。

　これに対し、日本語の役割語は、豊富な人称詞と文末表現を組み合わせて「足し算式」にバリエーションを作ることができる。しかも文末表現は新規なものを考案することすら可能である。たとえば、絵本の『ノンタン』シリーズには、「知らないねえ、にゅら」[7]としゃべるタコさんがいたように記憶している。

---

[6] 幼児・子供向けのフィクションでは、登場人物間の伝達に観客向けのせりふが紛れ込みやすい。"Look at a nite puttytat twying to tave me." というせりふも、ことに "Look at" の部分が読者への語りかけを強く感じさせる。

[7] この「にゅら」は「キャラ助詞」の例である。キャラ助詞については本書第2章の定延論文を参照。

日本語はその構造上、簡単にしかも生産的に役割語を作ることができるが、英語は役割語創出のオプションに乏しいというハンディキャップを背負っている。

4 フィクションにおける不自然なことば：役割語の普遍性と巨視的コミュニケーション

では、なぜ、そのようなハンディキャップを乗り越えてまで、英語の作り手たちは役割語を提示しようとするのだろうか。日本語に役割語が多い理由を問うだけなら、日本語の構造が役割語を創案するのに都合がよいのだ、という回答も可能だろう。しかし、役割語提示に不自由な英語においてもやはり役割語が観察されるのなら、役割語を動機付ける要因が言語の差を越えて存在するはずだ。

この問いに答えるには、役割語が、そして広くは登場人物のせりふ全般が、フィクションのコミュニケーションにおいてどのような位置を占めているのかを理解する必要がある。小説や映画のせりふは、物語内の会話においてある登場人物が別の登場人物に向けて発した発話である。だから、せりふは日常会話で対話者と話すことばのように、できるだけ自然なものの方がよい。しかし、と同時にせりふは、読者（観客）に向けられた発話でもある。いかに自然な発話でも観客が理解できなければ意味がない。せりふには、このように二つの伝達回路がはたらく。山口（1998, 2005）にならい、この二つの伝達を微視的伝達（micro-cosmic communication）と巨視的伝達（macro-cosmic communication）と呼ぼう。微視的伝達とは、物語の世界内で登場人物がやり取りをする伝達のことである。他方、巨視的伝達とは、作者から観客へ向けられたコミュニケーションのことである。

役割語は微視的レベルでは、不自然なことばである。方言話者にしろ、中国系アメリカ人にしろ、小説や映画の中で話しているのとまったく同じように話す人は現実にはいない。たとえば、小説中の方言提示は現実の方言の一部のみを取り入れたものなので、実際の方言話者のことばと異なるのは当然である。同様に、世に博士はあまたいるが、「博士語」を話す博士はまずいない。

では、なぜ、不自然なはずの役割語を私たちは違和感なく受け入れるのか。役割語の不自然さが巨視的伝達の要請に裏打ちされているからである。金水は「博士語」について次のように述べている。

> ＜博士語＞を含めた＜老人語＞の話し手は、現実の中で出会う人物を直接指し示すのではなく、物語の構造の中で特定の役割を与えられた人物であったのだ。
>
> （金水 2003：46）

　役割語は物語の記号である。「博士語」を用いる登場人物は、かならず主人公を見守り、そして導く。「君、これをコピーしてくれたまえ」というステレオタイプ的な命令表現を発する登場人物には、とにかく上司としての位置づけを与えるだけでよく、それ以上の人物描写は期待されていない。金水（2003）が、そして清水（2000）が説明するように、役割語を話す登場人物は筆を割かずともどのようなキャラクターなのかステレオタイプ的に把握することができる。その分、作者も読者もストーリー展開に集中できる。つまり、通り一遍のステレオタイプ的把握になろうとも、役割語は物語を効率よく提示するという巨視的伝達の要請に裏付けられているのだ。ならば、役割語を導入する動機は普遍的に存在するはずだ。微視的・巨視的伝達の要請は言語の差にかかわらず、すべてのフィクションにはたらくからである。役割語はフィクションの世界に息づき、フィクションの機構に支えられたことばなのである。
　ここで留意したいのは、フィクションの構造に動機付けられた表現は役割語にとどまらない、という事実である。たとえば、演劇に多い説明的なせりふは、役割語と同様、観客への伝達を優先した「不自然なせりふ」である。たとえば、狂言の出だしは、そのような説明せりふで始まることが多い。

　(12) 小僧：まかり出でたるのは、このあたりに住まい致す者でござる。住まい致す者とは申しましたがモノはモノでも人には非ず、それがし、見てのとおりの……豆腐小僧でござる。

　　　　　　　　　　　（京極夏彦「狂言豆腐小僧」『京極噺六儀集』）

　現実世界で(12)のように話し相手もいないのに一人でしゃべり立てれば、気が触れたのかと疑われる。しかし、狂言では当該の登場人物が奇異な目で見られることはない。観客に向けたせりふがときおり発せられることを観客は了解しているからである。(12)のような慣習化された説明せりふは、劇的緊張には欠けるかもしれないが、観客に対し背景情報を円滑に提示できる。もちろ

ん、一般の演劇では、説明せりふを説明くさくならないように、できるだけそれとわからないように提示するのがふつうである。つまり、微視的伝達のもっともらしさができるだけ損なわれないように注意が払われている。

　フィクションの言語はほかにも「不自然なせりふ」を育む。グルメ漫画の味覚表現もその一つに数えられる(山口(2005)を参照)。

>(13)山岡：数ある日本酒の中からたった一本を選べと言われたら、迷わず選ぶ、日本酒の最高峰です。
>　　松原：むうう、すごい酒だ！人間の持つ味覚のつぼ、嗅覚のつぼ、そのすべてに鮮烈な刺激を与えて、快感の交響曲が口腔から鼻腔にかけて鳴りひびく……
>
>　　　　　　　　　　　　　　　(雁屋哲・花咲アキラ『美味しんぼ』57集)

　日常の食卓において、「快感の交響曲が口腔から鼻腔にかけて鳴りひびく」人は、まずいない。いや、絶対にいない。もし、そのようなせりふを実際に聞かされたら、さぞやげんなりすることだろう。食卓の会話では、たいてい「おいしい」と言いさえすればそれでこと足りるからだ。しかし、グルメ漫画の読者は、どのようにおいしいのか説明を求めている。うんちくを欲している。いきおいグルメ漫画の味覚表現は説明くさくなる。ところが、現実にはありえないせりふを話しているのに、読者はそのことを不思議にも思わない。せりふに込められた説明を読者は喜んで享受するからである。フィクション作品のコミュニケーションではそのようなことがしばしば起こる。

　このように、グルメ漫画の味覚表現や演劇の説明せりふは、役割語と同列に位置づけられる文体現象といえる。これらは、フィクションにおける伝達の特殊性──微視的伝達と巨視的伝達の同居──に動機付けられており、フィクション特有の表現なのである。

5　おわりに

　役割語はおもしろい。本稿はそのおもしろさの一面を二つの角度から眺めてみた。そのひとつは、英語に固有の事情に関するものであった。役割語提示のためのオプションの少ない英語でどのようなことがおこなわれているかを、実

例をもとに確認した。そしてもうひとつは、役割語にかかる普遍的な力を明らかにする試みである。微視的コミュニケーションと巨視的コミュニケーションという、フィクション言語に共通する二つのベクトルの所産として役割語をとらえてみた。不自然なはずのことばも、そのことばの生態を知れば、環境が生んだ必然に裏打ちされていることが了解できる。

参考文献
大沼雅彦（1973）「語法セミナー ―(1) 表現と正字法―」『現代英語教育』10(2), pp.36-37.
金水敏（2003）『ヴァーチャル日本語　役割語の謎』東京：岩波書店.
金水敏（2006）「役割語としてのピジン日本語の歴史素描」上田功・野田尚史（編）『言外と言内の交流分野 ―小泉保博士傘寿記念論文集―』pp.163-177, 東京：大学書林.
清水義範（2000）『日本語必笑講座』東京：講談社.
山口治彦（1998）『語りのレトリック』東京：海鳴社.
山口治彦（2005）「語りで味わう ―味ことばの謎とフィクションの構造―」瀬戸賢一ほか『味ことばの世界』pp.162-205, 東京：海鳴社.
山口治彦（2006）「役割語の個別性と普遍性 ―日英の対照を通して―」 *KLS* 26, pp.406-416.

第2章
キャラ助詞が現れる環境

定延　利之

1　はじめに

　人物像(発話キャラクタ)の研究は、金水(2003)で大きく切り開かれたと言える。金水(同:205)は、「ある特定の言葉づかい(語彙・語法・言い回し・イントネーション等)を聞くと特定の人物像(年齢、性別、職業、階層、時代、容姿・風貌、性格等)を思い浮かべることができるとき、あるいはある特定の人物像を提示されると、その人物がいかにも使用しそうな言葉づかいを思い浮かべることができるとき、その言葉づかいを「役割語」と呼ぶ」と述べて、人物像の言語的対応物として「役割語」という概念を提出している。さらに、役割語のうち「特定のキャラクターに与えられた語尾」を「キャラ語尾」と呼んでいる(金水(同:188))。本章は、日本語と韓国語のデータをもとに、人物像(発話キャラクタ)と文法の関わりを論じるものである。但し、たとえば「犬の人物像」「ロボットの人物像」などとは言いにくいことなどを考慮し、発話ごとに繰り出されるという意味合いも込めて、「人物像」を仮に「発話キャラクタ(speech characters)」と呼び変えておく(詳細は定延(2006)を参照されたい)。

　本章は、日本語と韓国語の観察をもとに、以下4点を論じる。第1点、金水(2003)の「キャラ語尾」は、「コピュラとの類似性」「キャラクタモデルの

---

* 本章は、関西言語学会第30回記念大会(2005年6月5日、於関西大学)におけるシンポジウム「対照役割語研究への誘い」での口頭発表「キャラ助詞の生起環境」に改訂を施したものである。発表の機会を下さった金水敏さんにお礼申し上げたい。また、データの収集・吟味・立論・推敲の過程において、井上優さん(国立国語研究所)、海野文香さん(神戸大学、発表当時)、小柳智一さん(福岡教育大学)、世間-音声研究会の皆さん、勅使河原三保子さん(徳島大学)、友定賢治さん(県立広島大学)、松村愛梨紗さん(神戸大学、発表当時)、三木貴司さん(神戸大学、発表当時)、山口治彦さん(神戸市外国語大学)にお世話になった(五十音順)。特に韓国語については、朴英珠さん(神戸大学大学院総合人間科学研究科)からほとんど共著者と言えるほどの貢献を得た。以上、記して謝意を表したい。もちろん誤りはすべて筆者の責任である。なお、本章は科学研究費補助金(基盤(B)、課題番号:19320060、研究代表者:金水敏)の支援を受けている。

顕在性」の2つの観点から、2つの下位類「キャラコピュラ」「キャラ助詞」に分けることができる。第2点、キャラコピュラとキャラ助詞は、現れる場所つまり「生起環境」においても異なっている。キャラコピュラと違ってキャラ助詞は倒置文に現れず、文中の文節末にも現れない。つまり、キャラ助詞はキャラコピュラだけでなく終助詞や間投助詞とも異なる、独自の生起環境を持つ。第3点、韓国語にはキャラコピュラとキャラ助詞の中間的なものが存在し、それらは生起環境においても中間的にふるまう。第4点、キャラ助詞が生まれる要件としては、(i)電子メールやチャットなどの、くだけた文字コミュニケーションを可能とするインフラの整備、(ii)発話キャラクタで遊ぶ文化の成熟に加えて、(iii)膠着型・主要部後置のシンタクスという言語的な事情も検討してみる価値がある。

2 日本語のキャラコピュラ

　まず、この第2節では日本語の「キャラコピュラ」を紹介する。またその過程で、次節以降の論の前提として、発話キャラクタとパーソナリティ、社会的位相の違いをかんたんに示す。

　ここで言う「キャラコピュラ」とは、たとえば「そうじゃ、わしが博士じゃ」の「じゃ」のように、コピュラ(日本語なら「だ」「です」「でございます」「である」)の変異体(バリアント)と考えられるものを指す。インターネットには、以下のようなキャラコピュラの実例が観察できる[1]。

　　(1)　おいどん、もともとバックプリント重視の人間でごわす。
　　　　［2005年4月16日, http://blog.goo.ne.jp/model670/e/2abed5532633a3d9c
　　　　dc19c145c779172］

(1)は、Tシャツを選ぶ際の基準が話題になっている会話から採ったもので、「自分はもともと、バックプリント(背中面のプリント)を重視する人間だ」という旨の発言である。ここでは冒頭の「おいどん」と下線部「でごわす」から、

---

[1] 例の中の該当部分には筆者(定延)が下線を引いた。また、直後の角カッコ([　]印)には、例の採集元の情報を記した。採集元がインターネットの場合は、採集日とURLを記載した。以下の例も同様である。

薩摩隼人という、薩摩出身の質実剛健な男性の発話キャラクタが浮かんでくる。というのは、「おいどん」「でごわす」を使うのは、薩摩出身の質実剛健な男性だと一般に考えられているからである。下線部「でごわす」は、「でございます」と形態的に似ており（両者とも「で」＋存在表現）、「でございます」「です」などと置き換えられるキャラコピュラである。

　注意を要するのは、この文をインターネットに書き込んだ発信者が実際に薩摩出身で質実剛健な男性かどうかはわからないという点である。薩摩隼人というのはあくまで、この発言で繰り出されるキャラクタであって、これは発信者の社会的位相（出身、性別）やパーソナリティとは必ずしも一致しない。

　次の(2)でも、冒頭の「拙者」と下線部「でござる」によって、侍という発話キャラクタが繰り出されている。というのは、「拙者」「でござる」ということばを使うのは、侍だと一般に考えられているからである。

　(2)　拙者ドライブに行ってきたでござる。
　　　　　　〔2005年4月16日、http://k-g-shooting.hp.infoseek.co.jp/q&a.html〕

現代日本に侍が実在しないことから明らかなように、これは発信者の社会的位相（性別、年齢、職業など）とは別物である。下線部の「でござる」はコピュラ「でございます」の普通体であり、「でございます」と似ている。

　といっても、「でござる」をコピュラと考えることにまったく問題がないわけではない。というのは、(2)の「でござる」をコピュラの「です」や「でございます」などに置き換えると（「拙者」が「ドライブに行ってきた」という現代的な事態の表現とマッチしないという点を除いても）、文が不自然になるからである（「?? 行ってきたです」「?? 行ってきたでございます」）[2]。そもそも動詞「行ってきた」の直後に「でござる」を続けることじたいも、本物の侍の物言いとしてはおかしいだろう。

　だが、「です」や「でございます」に置換できないということは、動詞「行ってきた」直後の「でござる」にかぎったことではなく、幼児キャラを繰り出す

---

[2] ここで述べた「?? 行ってきたです」「?? 行ってきたでございます」の不自然さは、あくまで絶対的なものではなく相対的なもの、つまり「行ってきました」ほどには自然ではないという程度差を問題にしたものである。前川(2007)は、動詞タ形＋デスが全く不自然というわけではないと論じており、この点は筆者も同意見である（定延(2007)）。

「行ってきたでちゅ」の「でちゅ」、体育会系男子後輩キャラを繰り出す「行ってきたっす」の「っす」などにも言えることである。つまり、これは「コピュラと違ってキャラコピュラは動詞にも続きやすい」という一般的な形でとらえ、今後、キャラコピュラの一般的性質から理解していけばよいものだろう[3]。

　以上の考えに立ち、本稿では「でござる」をキャラコピュラと判断する。次の(3)のような「でおじゃる」も、「でございます」と似ており、やはりキャラコピュラと判断される。

　　　(3)　　はじめまして<u>でおじゃる</u>。まろも富山東高校の1年生<u>でおじゃる</u>。
　　　　　　〔2005年4月16日、http://www.kenet.jp//bbs/bbslog/houmon3.html〕

(3)では、第2文冒頭の「まろ」、そして下線部「でおじゃる」によって、(テレビアニメ『おじゃる丸』の主人公のような)平安貴族の発話キャラクタが繰り出されている。というのは、「まろ」「おじゃる」ということばを使うのは平安貴族だと一般に考えられているからである。発信者の社会的位相(発信者自身によれば高校1年生)は、この発話キャラクタとは直接関係しない。

　(3)は、社会的位相と発話キャラクタの違いを、さらに別の形でも見せてくれる。金水(2003:183-184)によれば、「でおじゃる」は室町時代末から江戸時代初期にかけての京都の庶民ことばであり、現実の平安貴族は「でおじゃる」ということばを使っていなかった。「でおじゃる」が現代日本語社会において平安貴族調のことばとして通用していることは、平安時代の貴族のことばを調べればそれで済むというものではなく、あくまで現代日本語の問題である。つまり、「平安時代の貴族のことば」という社会的位相(時代)は、「平安貴族」という発話キャラクタと等価ではない(さらに定延(近刊)を参照)。

　1人の発信者が上品な発話スタイル、下品な発話スタイルの両方を持ち合わせており、場面に応じてスタイルを変えるということは珍しくない。そして、その上品なスタイルがその社会の上層階級のことばと関連しており、下品なスタイルが下層階級のことばと対応しているというように、個人内のことばのバリエーションが社会内のバリエーションを反映しているということは、以前か

---

[3] このことは、キャラコピュラの使い手は、直前の動詞句を引用句のように名詞句相当と扱ってしまいやすいということかと思われるが、本稿ではこの問題は追求しない。

ら考えられていたことである(たとえば Bell(1984)を参照)。だが、(3)の「でおじゃる」の例が示しているように、この反映は必ずしも単純なものではなく、しばしばそこにはねじれが含まれる。「発話キャラクタ」そして「役割語」は、このねじれを解きほぐす上で有効な概念と言える。

　以上、日本語のキャラコピュラとして、(1)の「でごわす」、(2)の「でござる」、(3)の「でおじゃる」を観察した。これらに共通する特徴として、2点を挙げることができる。第1点は、コピュラ(「でございます」など)と或る程度似ていることである。第2点は、発話キャラクタのモデルが薩摩隼人・侍・平安貴族のように、現実世界にはっきりした形で存在するということである。

3　日本語のキャラ助詞

　次に、日本語のキャラ助詞について観察しよう。キャラコピュラについて上で述べた2点の特徴が、キャラ助詞については認められない。たとえば(4)を見られたい。

　　(4)　　ナニーッ　ワシはなにもいっとらん<u>ゴホン</u>
　　　　　［まんが塾太郎(著)・小田悦望(漫画)1997『マンガだけど本格派 漢字のおぼえ方 漢和字典［部首］攻略法』, 東京: 太陽出版, p. 83.］

(4)は、子供向けのマンガ参考書から採ったもので、「ゴホンゴ」という名の煙公害魔人のセリフである。最後の「ゴホン」はゴホンゴがセキをしているわけではなく、ゴホンゴという話し手のキャラクタを立たせるために加えられたもののようである。つまり、「ゴホン」はキャラ語尾と考えてよい。

　だが、この「ゴホン」は、前節で述べたキャラコピュラの特徴を持っていない。第1に、「ゴホン」はコピュラ(「でございます」など)と似ていない。第2に、「ゴホン」で繰り出される発話キャラクタは、モデルがはっきりしていない。つまり、セキでもないのに「ゴホン」と言う話し手が、現実世界に顕在しているわけではない。このように、キャラ語尾と思われることばの中には、キャラコピュラの特徴を持たないものもある。ここではそれらを「キャラ助詞」と呼ぶ。

　キャラ助詞は、児童書だけでなく、インターネットにもよく見られる。例

として(5)(6)を挙げる。

(5) ぼくらはフェレット、いたち科だ**ひょーん**。
[2003年12月22日、http://www.dinomix.jp/Profile/]
(6) お久しぶりです、くりでございます**ぷう**。長い間ご無沙汰しており、申しわけありませんです**ぷう**。この度我がリフィ宙は閉店することに相成りました**ぷう**。長い間のご愛顧(してへんしてへん)、ありがとうございました！
[2004年10月11日、http://chu.infoseek.jp/251945]

例(5)に現れている「ひょーん」は、ペットのフェレットに感情移入した書き手が、とぼけたかわいらしさを持ったペットの発話キャラクタを繰り出すのに役立っている。また、例(6)で多用されている「ぷう」も、非戦闘的な「なごみ系」の発話キャラクタを立てるために使われているようである。そして(4)の「ゴホン」と同様、これらはキャラコピュラの特徴を持っていない。第1に、「ひょーん」「ぷう」はコピュラ(「でございます」など)と似ていない。第2に、「ひょーん」「ぷう」で繰り出される発話キャラクタは、モデルが顕在的でない。つまり、一般に「ひょーん」「ぷう」と言う話し手が、現実世界にはっきりした形で存在していない。これらもキャラ助詞である。

4 キャラコピュラとキャラ助詞の生起環境

以上で観察したキャラコピュラとキャラ助詞の違いは、両者の文法的な振る舞いとも結びつく。それはひとことで言えば現れる場所つまり生起環境の違いである。キャラコピュラは、生起位置が文末にかぎられないのに対して、キャラ語尾は文末、それも文末らしい文末にしか生起しない。以下、このことを3点にわたって示す。

4.1 倒置文

第1点は、倒置文での生起しやすさである。キャラコピュラと比べて、キャラ助詞は倒置文に現れにくい。まず、比較のために終助詞の例を挙げておこう。たとえば次の(7)(8)を見られたい。

(7) a. そんなことはイヤだ<u>よ</u>。
　　b. イヤだ<u>よ</u>、そんなことは。
(8) a. 手紙を東京の事務所に送る<u>よ</u>。
　　b. 送る<u>よ</u>、手紙を東京の事務所に。

例文(7)(8)に対する多くの言語研究者の判断は「(7a,b)(8a,b)とも、自然さは高い」というものではないかと思うが、それは一般の話者の直観と必ずしも一致しない。言語学的な訓練を特に受けていない一般人の直観を調べると、実は話者によっては、(8b)は(8a)より自然さが目に見えて低い。このように「倒置」という現象の認容に関して、一部の話者が厳しい判断をするということは、ここではっきり認めておきたい。

　ところが、その話者にとっても(7b)はふつう、(7a)とほぼ同程度に自然である。一部の話者にとって(7b)と(8b)の自然さが違う原因は、文末からの距離の違いと考えられる。文節数や、モーラ数あるいは音節数を数えても、(7b)の「よ」の方が(8b)の「よ」よりも文末から近い。そこで、「一部の話者にとっては、終助詞が文末から遠くなると、文の自然さが下がる」という但し書きを付けた上で、「終助詞『よ』は、文末に現れるだけでなく((7a)(8a))、文中に現れることもある((7b)(8b))」と考えておく。

　では、キャラ語尾はどうだろうか？　いま終助詞「よ」に関して、但し書きとして述べた一部の話者の直観は、キャラコピュラに関しては、多くの話者の直観となる。「ざます」を例にとってみよう。「ざます」は「でございます」と似ており、東京山の手の上流階層の女性の(あるいは女性的な)話し手をモデルとしており、キャラコピュラと考えられる。そして、たとえば次の(9)(10)は、

(9) a. そんなことはイヤ<u>ざます</u>。
　　b. イヤ<u>ざます</u>、そんなことは。
(10) a. 手紙を東京の事務所に送る<u>ざます</u>。
　　b.??送る<u>ざます</u>、手紙を東京の事務所に。

「(9a,b)(10a)と違って、(10b)は自然さが低い」と判断する話者が多い。そして(10b)の不自然さは、「『ざます』で繰り出される発話キャラクタが、その後

の『手紙を東京の事務所に』という長い、特徴のない箇所で死んでしまう。素に戻ってしまう」という感覚に基づいているようである。「ざます」ほどではないが、「よ」も役割語としての性質を希薄であるにせよ持っていると考えれば、一部の話者にとって(8b)の自然さが低いことも、同じように「『よ』の発話キャラクタがその後の役割語なしの箇所で死んでしまう」ととらえられるかもしれない。

　倒置文中に現れにくいという傾向は、キャラ助詞の場合、さらに顕著になる。次の(11)(12)では、

(11) a.　そんなことはイヤですぷう。
　　　b.??イヤですぷう、そんなことは。
(12) a.　手紙を東京の事務所に送りますぷう。
　　　b.??送りますぷう、手紙を東京の事務所に。

キャラ助詞「ぷう」が文末から遠く離れている(12b)だけでなく、文末から近い(11b)も、多くの話者にとっては自然さが低い。

　以上をまとめると、倒置文中に最も現れやすいのは終助詞で((7)(8))、キャラコピュラがこれに次ぎ((9)(10))、キャラ助詞は最も現れにくい((11)(12))ということになる。

　この内省は実例検索結果とも一致する。筆者の調査では、倒置文中に現れるキャラ語尾の実例は、次の(13)(14)(15)のようにキャラコピュラの例ばかりで、キャラ助詞の例は見つからなかった。

(13)　やばい、やばいなりよ、これは。
　　　　［2005年6月1日、http://www.narinari.com/log/todays/200204-1.html］
(14)　GM／ミュー：何でちゅか、それは？
　　　　［2005年6月2日、http://moriyamakanako.hp.infoseek.co.jp/2rplay-8.html］
(15)　いやー、ほんと、怖いざますねー、インフルエンザ。
　　　　［2005年6月2日、http://webkit.dti.ne.jp/bbs1/matcha/matcha/］

(13)の発信者が直接模倣しているのはおそらく、テレビ番組『キテレツ大百

科』の登場人物「コロ助」の物言いだろう。これは侍型の小さなロボットで、古めかしさの中にかわいさを持っており、(13)の「なり」で繰り出されているのも、同様の発話キャラクタである。この発話キャラクタは、「なり」をコピュラとして使っていた古い時代の話者をモデルとしており、「なり」は「です」と置き換え可能である。以上のことから、(13)の「なり」はキャラコピュラと判断できる。(14)の「でちゅ」は第2節でも触れたもので、幼児がモデルになっている。形態は「です」と似ており、「です」と置き換え可能である。したがってこの「でちゅ」もキャラコピュラである。(15)の「ざます」がキャラコピュラであることはすでに述べたとおりである。

4.2 終助詞との先後関係

　キャラコピュラとキャラ助詞は、終助詞との語順においても異なる[4]。上述(13)(14)(15)の「なりよ」「でちゅか」「ざますねー」のように、キャラコピュラ(「なり」「でちゅ」「ざます」)が現れるのは、終助詞(「よ」「か」「ねー」)の前である。ところが、キャラ助詞が現れるのは、これまで文の最終末に現れるとされていた終助詞のさらに後ろである。例(16)(17)(18)を見られたい。

(16)　12月1日夕方6時から6時半まで、岐阜放送(ローカルでいいでしょう)で放送されます。私自身も見ないと思います(うそだ<u>よぴょーん</u>)ので見てください。
　　　［2005年9月28日、http://bbs1.parks.jp/12/hima/bbs.cgi?Action=Res&Mode=Tree&Base=3508&Fx=0］

(17)　入院しているグレンの所に訪れる麗花。しかし麗花の不幸によりグレンの容態が急変。今回の話はどうなるの<u>かぴょーん</u>？
　　　［2005年9月28日、http://sentakuneko.tea-nifty.com/top/2005/06/post_133c.html］

(18)　おおっ、今日は誰か<u>ねぷーん</u>。
　　　［2005年9月28日、http://www.world2.to/maya2/maya.cgi/yoshiyukicl/act/respage/no/196/vine/65/］

---

[4] キャラコピュラとキャラ助詞の語順については金水敏氏から有益な示唆を受けた。但し誤りがあればもちろん筆者の責任である。

(16)は終助詞「よ」がキャラ助詞「ぴょーん」に先行している例、(17)は終助詞「か」がキャラ助詞「ぴょーん」に先行している例であり、(18)は終助詞「ね」がキャラ助詞「ぷーん」に先行している例である。

4.3 文中の文節末

文中の文節末にキャラ語尾が現れている実例は、筆者が調査したかぎり、次の(19)(20)(21)のようなキャラコピュラのものばかりで、キャラ助詞のものは見あたらなかった。

(19) 43 マサヤンさん ミ 1222 年 4 月 59 日
ではでは、すみません、いきなり<u>なりよが</u>、第一問！！！。
〔2005 年 5 月 3 日、http://chu.infoseek.co.jp/120294〕

(20) 40 マサヤンさん ミ 1222 年 4 月 56 日
僕は<u>なりよね！！！</u>、大阪と言う都市に、住んでおります、
〔2005 年 5 月 3 日、http://chu.infoseek.co.jp/120294〕

(21) ネットオークションで<u>でちゅ</u>　優子りんの使用済み歯ブラシを<u>でちゅ</u>　10 万で買う<u>でちゅ</u>
〔2005 年 6 月 2 日、http://www.geocities.co.jp/Bookend_Soseki/8229/p4a.html〕

(19)(20)はおそらく（「マサヤンさん」という）同一の発信者によるもので、キャラコピュラ「なり」の後に「よが」「よね」を付けて文節を終えている。これは実は話者によっては自然さは必ずしも高くないが、キャラコピュラ「でちゅ」が文節末に現れている(21)は自然と判断されやすい。作例を考えても、文節末のキャラ助詞は不自然で、(22)は(21)より自然さが低い。

(22) ??ネットオークションで<u>ひょーん</u>　優子りんの使用済み歯ブラシを<u>ひょーん</u>　…

4.4 まとめ

以上、倒置文、終助詞との先後関係、文中の文節末という 3 点に関して、キャラコピュラとキャラ助詞の違いを観察した。キャラコピュラと違ってキャ

ラ助詞は、倒置文に現れにくく(第4.1節)、終助詞よりも後に現れ(第4.2節)、文中の文節末に現れにくい(第4.3節)。得られた観察結果は次の表1のようにまとめることができる。

表1：キャラコピュラとキャラ助詞の違い

キャラ語尾の種類	倒置文での現れ	終助詞との位置関係	文中の文節末での現れ
キャラコピュラ	比較的現れやすい	終助詞よりも先	比較的現れやすい
キャラ助詞	比較的現れにくい	終助詞よりも後	比較的現れにくい

これらの観察は、「ぷぅ」などのキャラ助詞が、「ざます」などのキャラコピュラと異なるだけでなく、終助詞や間投助詞、さらに感動詞のようなこれまで想定されていた品詞とも異なる、独自の生起環境を持っていることを示している。そして、その生起環境は「文末らしい文末に現れ、それ以外には現れにくい」とまとめることができる。

　第4.1節で観察した倒置文(たとえば「送ります、手紙を東京の事務所に」)では、本来の文末部分(「送ります」)は文中に移動しており、もはや文末らしくない。かといって、新しく文末になった部分(「事務所に」)も文末らしい形をしていない。つまり倒置文は結局、どの部分も文末らしくない。キャラコピュラと違ってキャラ助詞が倒置文に現れにくいのは、倒置文に文末らしい文末がないからである。

　第4.2節で取りあげた、キャラコピュラとキャラ助詞の語順についても同様である。ここでは、キャラコピュラとキャラ助詞が、終助詞をはさむ形で分布を異にすることを観察したが、キャラ助詞はキャラコピュラや終助詞だけでなく、他のすべての要素の後続を許さない。これは、キャラ助詞が文末らしい文末にしか現れないことの現れである。

　第4.3節では、キャラコピュラと違ってキャラ助詞が文中の文節末に現れにくいことを観察した。文中において、キャラ助詞が最も現れそうな環境といえば、終助詞(間投助詞)やキャラコピュラの例から考えても、「文節末」である。その環境にさえキャラ助詞が現れないのは、キャラ助詞が文末らしい文末にしか現れないからである。

　くだけた印象とは裏腹に、キャラ助詞は、「文末らしい文末」というきわめて文法的な生起環境を持ち、マンガやインターネットの掲示板のようなラフな

現実の文字コミュニケーションにおいても文という概念が生きていることを示している。これはちょうど、現実の音声コミュニケーションにおいても文概念を認める最近の一連の分析と(Goodwin(1995); Iwasaki & Ono(2002); Du Bois(2003); 定延(2005a); 林(2005); 西田(2005); 串田(2005))、並行する考えと言える。

現実の生きた発話を緻密に観察する文法研究の中には、「その穴からね、燃料がね、噴き出したんだ」を例にとれば、これを1文ではなく、3文と分析する立場もある(たとえば藤原(1994:217-218))。傾聴に値する分析であろうし、そもそも何をもって文と考えるかも、むずかしい問題ではある。だが、キャラ助詞の生起環境に関する以上の観察が正しければ、やはり「その穴からね」などは典型的な文ではないとするべきではないか。

5　韓国語のキャラコピュラ

日本語以外でキャラ語尾が見いだせる言語として、ここでは韓国語を観察してみよう。韓国語のキャラ語尾も、日本語と同様、多くはマンガや電子掲示板のようなくだけた文字コミュニケーションの場で見られる。まず、この節ではキャラコピュラについて見てみよう。

韓国語には"요"(yo)というコピュラがあり[5]、これは(23)のような形で現れるが、

(23) 놀러　가요.
　　 nolle　kayo
　　 遊びに　行きます

全羅道(チョンラド)方言の年輩話者はこれを(24)のように"여"(ye)で言うという認識が、韓国語社会には浸透している。

(24) 놀러　가여.
　　 nolle　kaye
　　 遊びに　行きます

---

[5] 本稿では、韓国語のローマ字表記はイェール式の表記をとる。

そして、この話者をモデルとして、「田舎のやさしい(ダサい)人」キャラを繰り出す際には"여"(ye)が使われる。方言のコピュラを出自とし、モデルが顕在しているので、"여"(ye)はキャラコピュラと考えられる。

6　韓国語のキャラ助詞

韓国語には、キャラコピュラだけでなく、キャラ助詞も存在する。"지롱"(cilong)は子供っぽく得意げに自慢する発話キャラクタを繰り出す際に使われるが、コピュラ的ではなく、モデルも顕在的ではない。"왔지롱"(wass-cilong,「来たぴょ～ん」のようなもの)に即して言えば、インターネットには次のような実例が見つかる。

(25)　ヲヲ　　　　　또　　왔지롱～～
　　　kh kh　　　　tto　　wass-cilong
　　　クックッ(笑い)また　来たよ
　　　[2005年6月1日、http://www.cybermoon.pe.kr/bbs/view.php?id=bbs_02&no=43]

(26)　…별천사　　　은지가　　왔지롱 ^^*　　메～롱～～～
　　　pyelchensa　unci-ka　　wass-cilong　　meylong
　　　星の天使　　ウンジが　　来たよ　　　　アッカンベー
　　　[2005年6月1日、http://www.babyhome.net/contest2003_fall/profileHome/main?modeCode=2094]

(27)　스타워즈　　　에피소드 3　　보고　　왔지롱
　　　suthawecu　　eyphisotu3　　poko　　wass-cilong
　　　スターウォーズ　エピソード3　観て　　来たよ
　　　[2005年6月1日、http:// www.dramaclub.or.kr/bbs/zboard.php?id=woojoobd]

(25)は、「またこの電子掲示板に自分が訪れたぞ」と高らかに述べる際の発言である。(26)は幼児の写真に添えられたもので、冒頭の「星の天使ウンジ」とは写真に映っている、発信者の幼い娘を指したものらしい。(27)は話題の新作映画を観てきたと自慢げに語る発言である。

7　韓国語の、キャラコピュラとキャラ助詞の中間的なもの

　韓国語では、キャラコピュラとキャラ助詞の中間的なものが観察できる。これには2種類のものがある。

　第1類は、コピュラと似ている点でキャラコピュラ的、モデルが顕在していない点でキャラ助詞的というものである。この例としては、かわいい子供の発話キャラクタを繰り出すのに使われる "용"(yong)が挙げられる。次の(28)を見られたい。

　　(28)　놀러　　 가용.
　　　　　nolle　　 ka<u>yong</u>
　　　　　遊びに　行きます

これは前述(23)のコピュラ "요"(yo)と似ているが、現実の子供がこのような言い方をするわけではない。

　第2類は第1類と逆に、コピュラと似ていない点ではキャラ助詞的、モデルが顕在している点ではキャラコピュラ的というものである。たとえば、疑問文や感嘆文に現れる "는겨"(nunkye)は、「田舎のおじさん」という発話キャラクタと結びついている。次の(29)(30)(31)を見られたい。

　　(29)　노인1　 뭐여,　　　 바둑　　 두러　　 <u>왔는겨</u>?
　　　　　noin　　mweye　　 patwuk　twule　　wass-<u>nunkye</u>
　　　　　老人1　何だ(方言)　碁　　　 打ちに　来たんか(方言)
　　　　［2002年5月28日ドラマ脚本、2005年6月1日、http://hardlove.kbs.co.kr/view/script04.htm］
　　(30)　어서오이소....　　　　　나를　　 찾아　　 <u>왔는겨</u>....
　　　　　eseoiso　　　　　　　　 na-lul　　chaca　　wass-<u>nunkye</u>
　　　　　いらっしゃい(方言)　 私を　　 訪ねて　 来たのですか
　　　　　　　　　　　　　　［2005年6月1日、http://blog.empas.com/jablume］
　　(31)　천안은　　　　 잘댕겨　　　　　　　<u>왔는겨</u>?
　　　　　chenan-un　　 cal-tayngkye　　　　wass-<u>nunkye</u>
　　　　　天安(地名)は　無事に行って(方言)　来たの(方言)

〔2005年6月1日、http://www.babyhome.net/contest2003_fall/profileHome/main?modelCode=7733〕

　(29)はインターネット上に公開されている"거침없는 사랑"(kechimepsnun salang、『コチモムヌン サラン』)というドラマの脚本の一部で、「老人1」とあるのは、以降が老人1という配役のセリフであることを示している。このドラマでは、老人1は老人として自然に発話している。つまり、(29)は発話キャラクタ「田舎のおじさん」を繰り出す発話というより、その発話キャラクタのモデル「田舎のおじさん」それ自身の発話ととらえるべきものだろう。これは、"는겨"(nunkye)のモデルが顕在しているということである。が、"는겨"(nunkye)はコピュラとは似ていない。

　それに対して(30)は、電子掲示板を訪れた相手に対する掲示板の管理人の発話であり、「田舎のおじさん」キャラを繰り出すことで面白みを出そうとした発話と考えられる。同様に(31)も、面白みを出そうとしたものと考えられるが、ここには、天安旅行から帰ってきた相手に対して「ずっと地元にいた人間」として応対するという人間関係も関わっているのかもしれない。

　いま取りあげた"는겨"(nunkye)と同様に疑問文や感嘆文に現れる"느뇨"(nunyo)は、「古代の、高貴な人(が目下に向かって)」という発話キャラクタと結びついている。実例は(32)(33)である。

(32) 쥰쥰~　왜　한손가락에만　매니큐어를　칠했<u>느뇨</u>? @_@
(클릭!)...
cyuncyun way han-sonkalak-eyman maynikhyue-lul chilhayss-<u>nunyo</u>
khullik
ジュンジュン　なぜ　一本の指にだけ　マニキュアを　塗ったのか
クリック

〔2005年6月1日、http://anoarashi.egloos.com/i2〕

(33) ...맞다.. 친구.. 여친　선물은　응급으로 잘　준비했<u>느뇨</u>??
mac-ta chinku yechin senmwul-un ungkup-ulo cal cwunpihayss-<u>nunyo</u>
そうだ　友よ　ヨチン　プレゼントは　すぐ　ちゃんと　準備したのか
〔2005年6月1日、pbbs.naver.com/action/read.php?id=crisp0301_2&nid=2852&work=list&st=&s=...〕

41

定延　利之

この"느뇨"(nunyo)はコピュラとは似ていないが、モデルは顕在的である。だが、(32)(33)は、時代からして「高貴な人」それ自身の自然な発話ではなく、「高貴な人」という発話キャラクタを繰り出す発話と考えられる。

8　キャラコピュラとキャラ助詞、中間的なものの生起環境（韓国語の場合）

　以上、韓国語のキャラ語尾について、キャラコピュラとキャラ助詞が中間的なものをはさんで連続する様子を観察した。これらの連続性は日本語の場合と同様、生起環境にも反映される。つまり、キャラコピュラ((24)の"여"(ye))の生起環境は文末らしい文末にかぎられない一方で、キャラ助詞((25)(26)(27)の"지롱"(cilong))の生起環境は文末らしい文末に大体かぎられる。そして両者の中間的なもの((28)の"용"(yong)、(29)(30)(31)の"는겨"(nunkye)、(32)(33)の"느뇨"(nunyo))は、まさに中間的なふるまいをする。以下、これを倒置文・文中の文節末について示す。（終助詞との先後関係については、終助詞との共起が概して想定困難であり、取りあげない。）

　まず、倒置文について。倒置文に生起できるのは、発話キャラクタのモデルが顕在的なものにかぎられる。例として(34)(35)を見られたい。

(34) a. 놀러　　　가요,　　　저.
　　　　nolle　　kayo　　　ce
　　　　遊びに　行きます　わたし
　　b. 놀러　　　가여,　　　저.
　　　　nolle　　kaye　　　ce
　　　　遊びに　行きます　わたし
　　c.? 놀러　　　가용,　　　저.
　　　　nolle　　kayong　　ce
　　　　遊びに　行きます　わたし

(35) a. 잘댕겨　　　　왔는겨,　　　천안 은?
　　　　cal-tayngkye　wass-nunkye　chenan-un
　　　　無事に行って　来たの　　　天安(場所)は
　　b.? 왔지롱~~,　　또.
　　　　wass-cilong　　tto
　　　　来たよ　　　　また

(34a,b)のように、コピュラ"요"(yo)、コピュラと似ておりモデルが顕在的なキャラコピュラ"여"(ye)は、倒置文中でも自然である。それに比べて(34c)の、コピュラと似ているもののモデルが顕在的でない"용"(yong)は、倒置文では若干自然さが下がる。さらに、(35a)コピュラと似ていないがモデルが顕在的な"는겨"(nunkye)は倒置文でも自然、(35b)コピュラと似ておらずモデルも顕在的でないキャラ助詞"지롱"(cilong)は倒置文で自然さが低い。つまり、発話キャラクタのモデルが顕在的なもの((34a,b)(35a))は倒置文でも自然だが、モデルが顕在的でないもの((34c)(35b))は倒置文では自然さが低い。

　次に、文中の文節末について。文中の文節末での生起しやすさには、モデルの顕在とコピュラとの類似の両方が関わる。例として(36)(37)を挙げる。

(36) a.　친구랑　　만나서요,　　영화도　　보고요,　　차도　　마셨어요.
　　　　　chinkulang　mannaseyo　yenghwato　pokoyo　chato　masyesseyo
　　　　　友達に　　会ってですね　映画も　　観てですね　お茶も　飲みました
　　b.　친구랑　　만나서여,　　영화도　　보고여,　　차도　　마셨어여.
　　　　　chinkulang　mannaseye　yenghwato　pokoye　chato　masyesseye
　　　　　友達に　　会ってですね　映画も　　観てですね　お茶も　飲みました
　　c. ?친구랑　　만나서용,　　영화도　　보고용,　　차도　　마셨어용.
　　　　　chinkulang　mannaseyong　yenghwato　pokoyong　chato　masyesseyong
　　　　　友達に　　会ってですね　映画も　　観てですね　お茶も　飲みました

(37) a.　친구랑　　만났는겨?　　영화도　　봤는겨?　　차도　　마셨는겨?
　　　　　chinkulang　mannassnunkye　yenghwato　pwassnunkye　chato　masyessnunkye
　　　　　友達に　　会いましたか　映画も　　観ましたか　お茶も　飲みましたか
　　b.　친구랑　　만났느뇨?　　영화도　　봤느뇨?　　차도　　마셨느뇨?
　　　　　chinkulang　mannassnunyo　yenghwato　pwassnunyo　chato　masyessnunyo
　　　　　友達に　　会いましたか　映画も　　観ましたか　お茶も　飲みましたか
　　c.　친구랑　　만났지롱.　　영화도　　봤지롱.　　차도　　마셨지롱.
　　　　　chinkulang　mannasscilong　yenghwato　pwasscilong　chato　masyesscilong
　　　　　友達に　　会ったよ　　映画も　　観たよ　　お茶も　飲んだよ

(36a)コピュラの"요"(yo)、(36b)コピュラと似ておりモデルが顕在的なキャラコピュラ"여"(ye)は、文中の文節末でも自然である。それに比べて、(36c)コピュラと似ているもののモデルが顕在的でない"용"(yong)は若干自然さが下がる。ここまでは倒置文の場合と同じだが、(37a,b,c)の、コピュラと似ていないキャラ語尾"는겨"(nunkye)、"느뇨"(nunyo)、"지롱"(cilong)の例は、「友達に会ったのか？　映画も観たのか？　お茶も飲んだのか？」という矢継ぎばやの3つの疑問文連鎖((37a,b))、あるいは「友達に会った。映画も観た。お茶も飲んだ」という3つの平叙文連鎖としては自然だが((37c))、1つの文としてはすべて自然さが低い。

9　キャラ助詞の創発

　以上のように、キャラコピュラと違ってキャラ助詞は、日本語でも韓国語でも文末らしい文末に現れるという特異な生起環境を持つ。発話キャラクタと結びつくキャラ語尾の一種として、文末らしい文末にかぎって生起するキャラ助詞がなぜ、どのように日本語と韓国語に創発（emerge）したのか——この問題に全面的な解答を与えることは本稿ではできないが、現時点で考えられることを述べておく。

　日本語のキャラ助詞には「ひょーん」「ぷう」など、オノマトペ由来と思われるものが少なくない。だが、オノマトペとキャラ助詞の関わりは、日本語における傾向として理解すべきもので、本質的なものではなさそうである。というのは、韓国語ではキャラ助詞に、オノマトペが頻繁に利用されてはいないからである。

　他方、電子メールやチャットなど、くだけた文字コミュニケーションをインフラが可能にしていることや、発話キャラクタで遊ぶ文化の成熟は、日本語社会・韓国語社会に共通して観察でき、キャラ助詞の発達と密接に関わりそうである。さらにいえば、(38)のようなかけことばも、キャラ助詞をはぐくむ土壌となっているのかもしれない。

(38) 知ってラーメン 「夂＝ふゆがしら」だドーン[6]
　　［まんが塾太郎(著)・小田悦望(漫画)1997『マンガだけど本格派　漢字のおぼえ方　漢和字典［部首］攻略法』，東京：太陽出版, p. 43.］

(38)の「知ってラーメン」とは、「夂」という漢字の部首の呼び名が「ふゆがしら」だということを「知ってらー」(知ってるよ)というセリフと、「ラーメン」がかけ合わされたものである。「ラーメン」はこの漫画の先行文脈とは何の関係もなく唐突に登場しており、「知ってラーメン」は純粋にことばのかけ合わせを楽しむギャグとして出ているようである。この種のかけことばは韓国語社会にもある。さらにこれが日本語の(39)の「ニャン」「ワン」のような、動物の鳴き声のオノマトペをもとにしたものになれば、

(39) ネコ：バラバラにすれば部首が見つかるニャン
　　　イヌ：バラバラにしてどうするワン
　　［まんが塾太郎(著)・小田悦望(漫画)1997『マンガだけど本格派漢字のおぼえ方　漢和字典［部首］攻略法』，東京：太陽出版, p. 15.］

すでにこの段階でキャラ助詞と言うべきかもしれない。ウサギの「ピョン」、そしてワニの「ワニ」のように挙動や名称になると、(4)に挙げた「ゴホンゴ」という魔人の「ゴホン」と重なってくる(澤田(2005)を参照)。
　さらに、キャラ助詞の創発には、文法的な要件も関わっている可能性がある。発話キャラクタを表す発信者は、特に何の目的も意識せず、ただ何となく表すということも十分あり得るだろうが、目的意識を或る程度明確に持っていることもあるだろう。その場合、自分の発話キャラクタを何のために表現するのかといえば、もちろん自分が楽しむためというのが第一だろうが、相手に対してかわいさや面白さをアピールして、円滑にことを運ぶ(喧嘩を避ける、要望をきいてもらう、許してもらう等)という目的もよくあるのではないか。この目的からすれば、「相手にとってあまり好ましくない内容をまず表現し、その後

---

[6] 但し、この例の末尾の「ドーン」はキャラ助詞とは言い切れず、オノマトペ(ショーアップ語、定延(2005b,c))の可能性もある。というのは、セリフが「だ」と「ドーン」の間で改行されており、「だ」と「ドーン」がつながっているかどうかはっきりしないからである。

で、その内容にメタ的にかかっていく形でキャラ表現を緩和剤的に続ける」という順序の方が望ましく、逆の順序つまり「まずキャラ表現をおこなって相手のきもちの緩和をはかった後で、好ましくない内容の表現を続ける」という順序は、好ましくない表現が結局後に残ってしまうという点で、都合が悪いのではないか。キャラ助詞の創発にはこのように、膠着型、主要部後置のシンタクスという文法的な要件が関わっている可能性も考えられる。日本語・韓国語がこの要件を満たしていることは言うまでもない[7]。

　方言研究では、「私」系の語が時として文末表現に文法化するという指摘が藤原(1994:211, 238; 1986: 379-468)によりなされている。具体的に取りあげられているのは、「知りまっしぇんばい」などの「ばい」、「知らんわい」などの「わい」、「おしんこ、ねーすかわ」(おしんこは、ありませんか)などの「わ」である。「ばい」は主として九州北西部に見られるものであり(神部(1992:7))、「わい」は中国地方の他、「ばい」と概ね相補的な形で九州に見られるもの(神部(1992:46))、「わ」は宮城県松島海岸に見られるもの(藤原(1994:238))らしい。

　藤原(1986:379)は、「(人称代名詞の――筆者補足)自称のものが文末詞化するのは、どういうわけか。これも、考えてみれば、しぜんのことである。話し手は、自己をひっさげて訴えようとする。自己のたちばを出して、相手に訴えようとする」と述べ、「私」系の語の文末表現への文法化を自然なことと論じ、共通語の「イヤだわ」などの「わ」についても(係助詞由来説を退け)、同様の考え方を示している。以上の考え方が妥当なものであれば、文末の、「私」系の表現が文法化しやすい位置に、話し手の発話キャラクタを端的に表す「ゴホン」のような語がはまり込んだのがキャラ助詞だと考えられるかもしれない。今後、さらに検討を続けたい。

---

[7] 定延・張(2007)では中国語におけるキャラ助詞の指摘・観察を通じて、「基本語順がSOVか、SVOか」の違いはキャラ助詞の創発にとって決定的な影響力を及ぼさないとした。が、定延・張(2007)でも断ったように、中国語は基本語順がSVOではあるが、ここで言う「膠着型、主要部後置」は満たしている。本稿の観察と定延・張(2007)の観察が対立するというわけではない。

言及文献

Bell, Allan (1984) Language style as audience design. *Language in Society* 13, pp.145-204.
Du Bois, John W. (2003) Discourse and grammar. In Michael Tomasello (ed.) *The New Psychology of Language: Cognitive and Functional Approaches to Language Structure*, Vol. 2, pp.47-87. Mahwah, New Jersey: Lawrence Erlbaum.
藤原与一 (1986)『方言文末詞＜文末助詞＞の研究(下)』東京：春陽堂．
藤原与一 (1994)『文法学』東京：武蔵野書院．
Goodwin, Charles (1995) Sentence construction within interaction. In Uta M. Quasthoff (ed.) *Aspects of Oral Communication*, pp.198-219. Berlin; New York: de Gruyter, .
林誠 (2005)「「文」内におけるインターアクション ―日本語助詞の相互行為上の役割をめぐって―」串田秀也・定延利之・伝康晴（編）『文と発話Ⅰ：行為としての文』pp.1-26, 東京：ひつじ書房．
Iwasaki, Shoichi, and Tsuyoshi Ono (2002) 'Sentence' in spontaneous spoken Japanese discourse. In Joan Bybee and Michael Noonan (eds.) *Complex Sentences in Grammar and Discourse: Essays in Honor of Sandra A. Thompson*, pp.175-202. Amsterdam/Philadelphia: John Benjamins.
神部宏泰 (1992)『九州方言の表現論的研究』大阪：和泉書院．
金水敏 (2003)『ヴァーチャル日本語　役割語の謎』東京：岩波書店．
串田秀也 (2005)「参加の道具としての文：オーヴァーラップ発話の再生と継続」串田秀也・定延利之・伝康晴（編）『文と発話Ⅰ：行為としての文』pp.27-62, 東京：ひつじ書房．
前川喜久雄 (2007)「大規模均衡コーパスが開く可能性」日本語学会第134回大会公開シンポジウム「大規模コーパス研究の方法―言語研究の新しいスタンダードの構築に向けて―」講演 (2007年6月17日, 於麗澤大学).
西阪仰 (2005)「複数の発話順番にまたがる文の構築」串田秀也・定延利之・伝康晴（編）『文と発話Ⅰ：行為としての文』pp.63-89, 東京：ひつじ書房．
定延利之 (2005a)『ささやく恋人、りきむレポーター：口の中の文化』東京：岩波書店．
定延利之 (2005b)「マンガ・雑誌のことば」上野智子・定延利之・佐藤和之・野田春美（編）『ケーススタディ 日本語のバラエティ』pp.126-133, 東京：おうふう．
定延利之 (2005c)「「表す」感動詞から「する」感動詞へ」『言語』34-11, pp.33-39, 東京：大修館書店．
定延利之 (2006)「ことばと発話キャラクタ」『文学』7-6, pp.117-129, 東京：岩波書店．
定延利之 (2007)「コメント」日本語学会第134回大会公開シンポジウム「大規模コーパス研究の方法―言語研究の新しいスタンダードの構築に向けて―」(2007年6月17日, 於麗澤大学).

定延利之（近刊）「認知言語学／語用論と語彙」斉藤倫明・石井正彦（編）『これからの語彙論』東京：ひつじ書房．

定延利之・張麗娜（2007）「日本語・中国語におけるキャラ語尾の観察」彭飛（編）『日中対照言語学研究論文集：中国語からみた日本語の特徴、日本語からみた中国語の特徴』pp.99-119, 大阪：和泉書院．

澤田浩子（2005）「メールのことば・ネットのことば」上野智子・定延利之・佐藤和之・野田春美（編）『ケーススタディ 日本語のバラエティ』東京：おうふう．

第3章
声質から見た声のステレオタイプ
―役割語の音声的側面に関する一考察―

勅使河原　三保子

1　はじめに

　我々は日常、声や話し方(声の出し方や発音の仕方)を聞いただけで、その話し手の性格、身体的特徴、感情などに関する印象を瞬時に抱く。たとえば我々は電話で話しながら、まだ出会ったことがない電話の向こうの相手の年齢・性別に始まり容姿、性格、そしてその時の気分などについて比較的容易に想像することができる。そのような印象は異なる聞き手の間でも驚くほど一致する。しかし、こうして抱く印象と話し手の実際の特徴は必ずしも一致するわけではない。電話の例で言えば、実際に電話の相手に会ってみたら、声を聞いて抱いた印象と全く違っていたという経験のある人も少なくないだろう。このように我々が話し手の話し方を聞いて抱く印象と話し手の実際の特徴とが必ずしも一致しないのは、我々が話し手の話し方を聞いて形成する印象は声に関するステレオタイプに基づいているからである。したがって、我々がどのような音声的特徴を持つ話し方を聞いてどのような印象を抱くのかという音声に基づく印象形成のメカニズムを解明するには、声のステレオタイプと音声的特徴の対応を明らかにする必要がある。本論文集のテーマである役割語研究の枠組みでは、この声に関するステレオタイプは「役割語の音声的側面」と呼ぶことができる。

　本章では、日本のアニメにおける善玉と悪玉の音声の比較に焦点を絞って包括的な研究を行った Teshigawara(2003, in press)に、役割語研究の枠組みを用

---

* アニメにあまり詳しくない筆者に対し、本章の基となっている Teshigawara(2003)で扱ったアニメを推薦してくださった方々に謝意を表する。イスラエルで今回の実験を実施するために骨を折ってくださった Noam Amir 氏、分析結果の解釈に力を貸してくださった Edna Milano 氏を初めとするイスラエルチームのメンバーに感謝する。また、本章を発表する機会を与えてくださった金水敏先生、有意義なコメントをくださった定延利之先生を初めとする「対象役割語研究への誘い」のメンバー及び出席者のみなさんに感謝する。

いて新たな考察と分析を加えることにより、役割語の音声的側面に対するアプローチの一例を示す。アニメ音声に関する先行研究を見てみると、筆者の知る限り、Teshigawara(2003)以前には日本のアニメ音声に関する学術的研究はなされていない。しかし北米で放映されたアニメの音声に関する研究はなされており、その研究テーマには①人間でない登場人物の特異な音韻体系を扱ったもの(Brody 2001; Cutts 1992)、②登場人物の役割と方言や外国訛りの使用(Dobrow & Gidney 1998; Lippi-Green 1997)が挙げられる。そのうち後者では、善玉は北米標準アクセントで話すのに対し、悪玉はロシア語やドイツ語などの外国語の訛り、あるいは否定的なイメージを持つ方言、すなわち非標準的な訛りで話すことが報告されており、金水(2003)第3章のヒーローは標準語を話し脇役は非標準語を話すという、主に書かれた表現を対象とした分析の結果に一致する。このような訛りという視点も大変興味深いが、本研究では音声による印象形成に関する研究では今までほとんど扱われていないが、日本のアニメにおける様々な種類の善玉・悪玉の音声の区別に大きく寄与していると考えられる、声質(voice quality)を分析の対象とする。

　本研究では、声質とは「話し手が話している間中多かれ少なかれ存在する質で、ほぼ恒常的である」という Abercrombie(1967)の定義を採用する。我々の聴覚は、あるまとまった長さの音声から一貫した特徴を抽出することができる。この聴覚的な印象の一貫性をもたらすのは、発声中に一貫して保たれる喉頭の構え(発声様式)や舌や口唇などの発声器官の構えである。(Laver [1994]の枠組みで setting と呼ばれる「複数の分節にわたって声道が形状を保つ傾向」を以降「構え」と呼ぶ。)たとえばテレビの女性レポーターはよく微笑みをたたえたまま話すが、そのような音声を聞くと音声学の訓練を受けていない聞き手にも話し手が口唇を横に引いて(=微笑みながら)話していることがわかる。したがって、このように話している間に一貫して保たれる発声器官の構えが、我々が声を聞いて話し手に対して抱く印象の形成に寄与していると考えるのは理にかなっているだろう。本研究ではアニメの登場人物の音声に現れるこのような発声器官の構えによってもたらされる声質を分析することによって、声質がもたらす人物の印象という今までに十分研究されてこなかった音声コミュニケーションの側面を扱う。

　本章ではこの声質という切り口から日本のアニメにおける善玉と悪玉の人

物像を表す役割語の音声的側面を記述する。まず次節では善玉・悪玉の声質に関する仮説を立て、続く第3節で善玉・悪玉の声一つ一つに対して、話している間中一貫した聴覚印象を与える発声器官の「構え」を受聴により分析・記述する方法とその結果を述べる。そして、第4節で記述された善玉・悪玉の声質の妥当性および言語・文化の違いを超えた普遍性の有無を検討するために、日本とイスラエルで同一の刺激音を用いて行った聴取実験の結果をTeshigawara et al.(in press)に基づいて報告する。結論および今後の研究の方向性については最終節で扱う。

2　仮説

もし前出の日本語における役割語の言語表現に基づいた金水(2003)の調査や、Dobrow & Gidney(1998)、Lippi-Green(1997)の北米アニメおける訛りの使用に関する調査の結果が本研究の注目する声質についても当てはまるならば、善玉は標準語の声質、悪玉は非標準語の声質で話すという仮説が成り立つ。しかし、標準語の声質とは何だろうか。標準語話者が習慣的に用いる声質と考えるのが理にかなっているかもしれない。しかし人の持つ声質には、話者の持つ発声器官の形態的特徴によってもたらされるものと、一時的な、または習慣的な発声器官の構えによってもたらされるものが混在し、いろいろな情報が含まれていて、標準語話者が習慣的に用いる声質と言ってもその特徴を特定することが難しいことを常に念頭に置く必要がある。(ただし、英語を対象とした特定の言語共同体に共通して観察される声質を記述したEsling [1978]、Stuart-Smith [1999] などの研究もある。)

そこで本章では別の方法で善玉・悪玉の声質に関する仮説を立てた。分析に先立ち実際に登場人物の音声を聴取してみると、善玉の音声には場面に合った様々な感情(喜怒哀楽、驚きなど)が表されているのに対し、悪玉の発話には不快感情(怒り、嫌悪、皮肉、不満など)のスピーチアクトが多いので、それを反映して、音声には主に不快感情が表される傾向が導き出せた。そこで音声に基づく印象形成や感情・態度を表す音声に関する先行研究を参考に、善玉と悪玉の声の音声的特徴について仮説を立てた。まず、善玉に比べて悪玉は不快感情を表すことが多い。そこで、Scherer(1986)の感情を表す音声の特徴に関する予測を参考に次の仮説を立てた。

1 悪玉の声は不快感情を表す音声の特徴を持つ。不快感情の音声的特徴としては、咽頭の狭め、声道の緊張、喉頭の上昇がある。

また、良い人物・悪い人物の顔と声のステレオタイプに関して、良い人物のスキーマはより典型的で親しみやすいが、悪い人物のそれはより極端で親しみにくいことを示唆する Yarmey(1993) の研究に基づき、次の仮説を立てた。

2 善玉の声の特徴は典型的で一般化しやすいが、悪玉の声は特異でばらつきが大きい。

3 受聴による分析
3.1 方法

受聴による分析を行うにあたり、Laver(1994) の声質記述の枠組みの一部に変更を加え採用した(Teshigawara 2003)。Laver の声質記述の枠組みでは、分析者が音声を繰り返し聞き、内省に基づいて口唇、舌、喉頭などの発声器官ごとに、話している間に取られている平均的な構えを導き出す。Laver et al.(1981/1991) は、この方法で訓練された複数の分析者から得られた分析結果が高い割合で一致したことを報告している。本章では発声器官の生理的観察は行っていないが、他研究で MRI(磁気共鳴画像診断装置)を用いて受聴による分析の結果が検証されている(Teshigawara & Murano 2004)。

筆者が Laver(1994) の記述枠組みに加えた変更で今回報告する結果に大きく関わるものとしては、善玉・悪玉の声質の違いに最も寄与していると考えられる咽頭部の構え(咽頭部の狭めと拡張)が挙げられる。咽頭部の構えは Esling らが詳細に研究している(e.g., Edmondson & Esling 2005; Esling 1999; Esling & Harris 2005)。咽頭部の狭めとは、咳や咳払いをする過程に起こる咽喉の奥の狭めだと考えればよい。Esling らの研究では咽頭部の狭めを起こす仕組みを laryngeal constriction mechanism と呼び、狭めの程度によって、最も少ないもので披裂喉頭蓋ヒダの収縮を伴い、次に舌の後退を伴ってより狭められ、喉頭の上昇が加わることによって最も狭められるものと記述している。本研究では Esling らの咽頭部の狭めを伴う音声のサンプルと本研究で扱う音声資料を聴覚的に比較し、受聴による分析の基準を定めた。咽頭部の拡張は喉頭を下げたり、舌を前進させたりすることにより実現されると考えられる。

受聴による分析ではまず、発声器官のどこにも狭めが生じていない状態を

第3章 声質から見た声のステレオタイプ

想定し、その状態からの逸脱の程度を3段階のスケールを用いて記述した（Laver 1994:402-404 参照）。発声器官のどこにも狭めが生じていない状態とは、声道では [ə] を生成する構え、発声様式においては地声（modal）である。善玉・悪玉一人ずつの声を繰り返し聞きながら、各々の発声器官について平均的な構えを導き出し記述していった。

3.2　音声資料

善玉と悪玉の区別が物語の展開上比較的はっきりしている計20の、1960年代から90年代に日本のテレビで放映されたもの、もしくは映画として公開されたアニメを選択した（表1）。これらのアニメの登場人物のうち、背景音が重なっていない音声区間の長さが5秒以上ある88人の登場人物の音声を分析の対象とした。内訳は善玉が44人（男性25人；女性19人）、悪玉が42人（男性30人；女性12人）、その他に2人の脇役（話の前半では悪玉のように振舞う）も比較の対象として加えた。

表1：分析に用いられたアニメの題名と長さ

No.	題名	長さ(分)	No.	題名	長さ(分)
A	アンパンマン	100	K	リボンの騎士	25
B	鉄腕アトム	75	L	天空の城ラピュタ	120
C	名探偵コナン	80	M	美少女戦士セーラームーン	150
D	デビルマン	75	N	ふしぎの海のナディア	100
E	北斗の拳	60	O	タイムボカンシリーズ	75
F	未来少年コナン	125	P	宇宙船艦ヤマト	75
G	科学忍者隊ガッチャマン	150	Q	マジンガーZ	45
H	キューティーハニー	150	R	レイアース	45
I	快傑蒸気探偵団	50	S	聖闘士星矢	150
J	スーパードール★リカちゃん	100	T	セイバーマリオネット	75

3.3　結果

Teshigawara（2003）では登場人物の性別、年齢（子供・大人）によってグループ分けをして分析結果を詳細に報告しているが、ここでは結果の概要を報告する。

表2：受聴による分析に基づく善玉型・悪玉型の特徴

善玉・悪玉型	発声器官の構えと発声様式
善玉1型	咽頭部の狭めが特にない、息混じり
善玉2型	咽頭部に若干、または断続的な狭め、modal発声
悪玉1型	咽頭部に中程度から極端な狭め、喉頭の上昇、下顎の突き出し、口唇の緊張、harsh voice
悪玉2型	咽頭部の極端な拡張(喉頭の下降)、下顎の突き出し、口唇の緊張

　まず、咽頭部の形状を基準にして、計4種類の善玉型および悪玉型を定義した(表2参照)。善玉の声には善玉型2種類(善玉1型、2型)しか観察されなかったのに対し、悪玉の声には過半数(42人中28人)を占めた悪玉型2種類(悪玉1型、2型)に加え、善玉型の2種類も観察された。ちなみに悪玉で善玉型の声を持つと診断されたものは、特に「美少女戦士セーラームーン」などの新しいアニメに多く、外見も善玉とあまり変わらないものだった。次に善玉型・悪玉型の声質それぞれについてより詳しく述べる。

　善玉1型は、咽頭部の狭めが特にないのが共通した特徴で、善玉の場合34人中28人が息混じりの発声である。男性の声優では若干の咽頭部の拡張が認められた。また、女性の善玉では舌が前進している。さらに半数の女性話者では、開口度が広く口唇の横への引きも伴う。

　対する善玉2型は、咽頭部に若干、または断続的な狭めが感じられ、息混じり声ではない。全体的に声を張り上げた発声に似た特徴を持つ。

　善玉型の特徴が声道に狭めが生じていない状態からの逸脱があまり大きくないのに対し、悪玉型の特徴には極端な逸脱が見られ、その逸脱は1型で中程度から極端な咽頭部の狭め、2型で極端な咽頭部の拡張と、咽頭部において顕著である。また、二つの型に共通して下顎の突き出しと口唇の緊張が感じられ、口唇と顎が緊張して開口度が固定された聴覚的印象を作り出している。こうした緊張は口唇や顎など声道の終端に限定されるものでなく、恐らく声道全体が緊張状態にある証拠だと思われる。その他の特徴を悪玉1型、2型別々に見てみると、1型には咽頭部の狭めに伴い、喉頭も上昇しており、harsh voiceも聞かれる。声門上構造物の狭めによって声帯振動と共に低い倍音が聞こえる二重音(diplophonia)の特徴を示す話者もあった(16人中10人)。これらの特

徴のうち、咽頭部の狭め、喉頭の上昇と声道の緊張は、仮説1に示された不快感情を表す音声の調音的特徴と一致し、仮説1が支持されたと言える。

悪玉2型の特徴は、悪玉1型の咽頭部の狭めとは逆に、主に喉頭を下げることによって達成される極端な咽頭部の拡張である。前出のように下顎の突き出しや口唇の緊張も伴う。

なお、声優の性別によって悪玉型の分布が異なり、男性の声優による悪玉30人では悪玉1型が13人、2型が5人と1型の方が多数であったのに対し、女性の声優による悪玉12人では悪玉1型が3人、2型が5人と2型の方が多数であった。発話者の性別による声質の違い、そしてそれによって与えられる印象の違いも考慮に入れるべきだろう。

3.4　考察

以上の受聴による分析の結果をまとめると、まず悪玉1型の特徴には咽頭部の狭め、喉頭の上昇と声道の緊張が認められ、「悪玉の声は不快感情を表す音声の特徴を持つ」という仮説1を支持するものであった。また、善玉の声には善玉型2種類が認められたのに対し、悪玉の声には全部で四つの型が観察されるという善玉型・悪玉型の声の分布から、「善玉の声の特徴はより典型的で一般化しやすいが、悪玉の声はより特異でばらつきが大きい」という仮説2も支持された。

これらの結果を標準性の観点から見てみると、声道に狭めが生じていない状態からの逸脱が小さいもの、特に善玉の声において多数派であった善玉1型が本研究の音声資料においては標準であるという定義ができそうである。すると、善玉の声はより標準的であったのに対し、悪玉の声の多数派を占めた二つの悪玉型は声道に狭めが生じていない状態からの逸脱が大きく非標準的なものであったということから、悪玉の声にはより非標準的な声質が多かったと言える。すなわち、日本語の役割語における言語表現、北米の訛りの使用における結果に続いて、日本のアニメ音声における声質の分布についても、善玉、悪玉においてそれぞれ標準、非標準的な声質を用いるという一般化が成り立ちそうである。

それでは標準的・非標準的な声質とは何か、何が原型になっているのかという疑問が湧き上がる。非標準的な声質の代表格である悪玉1型については

不快感情を表す音声との関係が指摘された。悪玉2型については不快感情を表す音声との関係は示されていないが、以下に両者の関係を示唆するものを述べる。

悪玉2型の声と不快感情を表す音声との関係を示すものは二つある。一つはTeshigawara(2003, 2004)で報告された聴取実験(第4節参照)の結果で、悪玉2型に分類された声が他のどの声のタイプよりも不快の感情を持つという印象を聴取者に与えたと解釈できることである。さらに、同実験で音声が表している感情を自由筆記させた結果では、実験に用いられた悪玉2型の刺激音は二つとも「怒り」のラベルを付与されている(Teshigawara 2003：Section 5.2.8, 2004)。二つ目に挙げられるのは、インドネシアのワヤンという人形劇において人物像を描くのに用いられる声質についての記述である(Poedjosoedarmo 1986)。それによると、咽頭部の拡張は口唇の丸め、突き出しを伴って、怒り、苛立ちやその他の否定的な感情を表すのに用いられる。この観察は言語・文化も違う芸能における音声表現に関するものだが、悪玉2型のような咽頭部の拡張を伴う音声のタイプと不快感情を表す音声との関連を示唆するものと思われる。以上のことから、悪玉型の声は共に不快感情を表す音声の特徴と関係があると言える。

以上、受聴による分析・記述結果に基づいて日本のアニメにおける悪玉の声質と不快感情を表す音声との関連が示された。こうした善玉・悪玉の声の特徴は日本で生まれ育てばアニメを通して幼少期から繰り返し刷り込まれ、製作者側もこうして刷り込まれたルールに従いながら新しい作品を生み出しているのだろうと考えられる。このような現代日本アニメの善玉・悪玉の音声表現、すなわち役割語の音声的側面の起源は、現代の漫画で用いられる役割語の起源を古典文学に遡って追究する金水(2003)と同様の手法を用いて、伝統芸能を用いて追究が可能であろう。ここでそのような手続きを踏んだ研究を行っていない現時点にあえて憶測で、今回の受聴による分析結果に基づいて導き出される悪玉の声と不快感情を表す音声との関係から、悪玉の声は不快感情を表す音声に由来するのではないかという仮説を立てる。そして、感情を表す音声の知覚における言語・文化の違いを超えた普遍性を示唆する研究報告(Scherer et al. 2001)に基づくと、悪玉の声が不快感情を表す音声に結びつくのは言語・文化の違いを超えて普遍的なのではないかという仮説が立てられる。そこで次節で

は、まず①受聴分析によって抽出された音声的特徴の妥当性を検証するために、日本語母語話者に対して行った聴取実験を行い(Teshigawara 2003, 2004)、次に②不快感情を表す音声との関わりが示された悪玉の声と、対する善玉の声の知覚に普遍性が見られるか検証するために、日本とは言語・文化の全く異なるイスラエルのヘブライ語母語話者を対象に行った聴取実験の、二つの別々の実験の結果をまとめ、Teshigawara et al.(in press)に基づいて報告する。

4　聴取実験

　現在までに声に関するステレオタイプの異文化間比較研究はほとんど行われていない(Lee & Boster 1992; van Bezooijen 1988)。そのうち van Bezooijen が行った研究が本研究と最も近い。彼女は実験刺激音の音声的な特徴と被験者の印象評定の相関を算出している。彼女が用いた音声特徴量のうち、声質に関するもの(声質という因子としてまとめられた)が印象評定と相関があり、相関の向きはオランダとその他の国の間で一貫していた。日本も他の西洋の国、アフリカと並んでこの研究の対象国に含まれていたので、日本のアニメ音声を用いた実験を行ってもこれらの国で似たような結果が得られる可能性は考えられるが、van Bezooijen の研究における因子「声質」の構成要素には疑問も残り、まだ議論の余地がありそうである(Teshigawara et al. in press)。本研究では、日本語母語話者およびヘブライ語母語話者を対象に行った聴取実験の印象評定と、受聴により判断した発声器官の構えの逸脱の程度の一部を含む音声的な特徴との相関を母語別に算出し、相関の傾向を比較する。

4.1　方法
4.1.1　刺激音
　受聴による分析の結果では善玉・悪玉の声の区別には咽頭部の構え(狭め・拡張)が重要だと示唆されたが、一般人の知覚においてもこれらの特徴が重要であるかはわかっていない。そこで、88人の登場人物の音声の中から、咽頭部の構えが極端な狭めから極端な拡張まで様々である27人の音声を刺激音として用い、聴取実験を行った。

　選択された27人の登場人物の音声のうち、背景音がない部分をVHSテープからサンプリング周波数22,050Hzで録音保存した。その中から、受聴

による分析の結果を基に、それぞれの人物の平均的な発声器官の構えが保たれているところを抜き出した。本実験では、言語内容から役柄がわかってしまうことを避け、被験者に声質のみに基づいて印象評定を行わせる必要がある。Scherer et al.(1985)によると random splicing という手法は本研究が関心を持っている声質に関する情報を保持する。そこで、本研究では random splicing を用いて音声を加工した。Random splicing では、音声を細切れにして並び替えることによって、言語内容をマスクする。先行研究(Friend & Farrar 1994; Scherer et al. 1985; van Bezooijen & Boves 1986)に基づいて、ポーズを除去したのち、実験に用いる部分を 250ms ごとのセグメントに分割した。各セグメントの始端と終端において、3ms の区間を線形に減衰させた上で、セグメントを接続した。1 人の登場人物につき 5 秒の刺激音を用意するために、250ms のセグメントを 20 個用意し、元と違う順序に並び替え、つなぎ合わせた[1]。

実験では、各刺激音は 1 秒の無音区間を挟んで 2 回再生された。その後、70 秒間の無音区間を設けた。すなわち、被験者は一つの音声を評定するのに 81 秒間与えられた。この長さは先行研究(木戸・粕谷 2001; van Bezooijen 1995)によると本実験で用いた 21 の評定項目を評定するのに十分な時間であったと考えられる。

4.1.2 質問紙と手順

被験者が音声から受ける印象を記録するために質問紙を用いた。被験者には刺激音がアニメの登場人物の声であることを告げ、音声から受ける印象を質問紙に記録するように指示した。質問紙に用いた項目は全部で 21 あり、本章で扱わない 2 項目(「性別」、「年齢」:適切な選択肢を選択)以外の残りの 19 項目はすべて形容詞、または特徴を形容する句で、7 段階スケールを用いて「1：全くあてはまらない」から「7：非常によくあてはまる」までのうち、適切な値を選ぶものである。19 の形容詞項目は 4 つのグループ(外見、性格、感情、声の特徴)からなる。外見に関するのは 2 項目(「大柄だ」、「ハンサム・美人だ」)だった。性格に関する項目は全部で 11 あり、3 項目は日本のアニメの善玉に特に関わると思われるもの(「献身的な」、「誠実な」、「一生懸命な」)；

---

[1] くろしお出版ホームページ(http://www.9640.jp/yakuwarigo/)に、random splicing を施した刺激音の音声ファイルを置いたので、試聴していただきたい。

Levi 1998)、3項目は善玉の普遍的な特徴に関わると思われるもの(「勇敢な」、「知的な」、「強い」)、残りの5項目にはNEO Personality Inventoryの5因子(McCrae & Costa 1987)を代表するものを一つずつ(「社交的な」、「穏やかな」、「好奇心旺盛な」、「まじめな」、「思いやりのある」)選択した。話者の表している感情については「快の感情である」の1項目を、そして声については5項目(「高い」、「大きい」、「リラックスした」、「心地よい」、「魅力的な」)を選んだ。また、感情に関しては快・不快では表せない感情であると判断した場合、自由筆記できるスペースも与えた(自由筆記の結果はTeshigawara [2003, 2004] 参照)。イスラエルではヘブライ語に翻訳した質問紙を用いた。

　被験者は、日本では大学生を中心とする若年層であった(男性15名、女性17名、平均年齢22.8歳)。うち男性1名のデータは他の被験者の評定値との相関が著しく低かったので、分析では除外した。イスラエルではヘブライ語を母語とするテルアビブ大学言語聴覚療法学科の学生であった(女性21名、平均年齢23.0歳)。ヘブライ語母語話者に日本語の知識のある者はなかった。両国とも実験は防音設備の整った実験室で行われた。被験者は少人数のグループで実験を受けた。実験は、日本では予め筆者が録音した実験の指示と刺激音を収めたCDを再生して行い、イスラエルでは実験者が実験前の指示、実験中の刺激音間の時間配分(日本の基準に準拠)をその場で行いながら進め、両国とも1時間弱かかった。

4.2　音声特徴量

　聴取実験の結果と音声的な特徴の間に対応関係があるか調べるために、筆者が受聴により判断した、発声器官の構えの逸脱の程度の一部と簡易的な音響特徴量を選択し、それらの値と印象評定値との間に相関があるか調べた。受聴による分析の結果からは、発声器官の構えの中でも特に善玉・悪玉の声の区別に重要だと思われる咽頭部の狭め、拡張と発声様式(息混じり)のスケール値を採用した。音響特徴量には、基本周波数(F0)の平均値と標準偏差、母音「あ」の第2フォルマント周波数(F2)の平均値を採用した。母音「あ」を選択した理由は、最も高い頻度で現れた母音で、Teshigawara(2003)においても印象評定値との相関が見られたからである。F0の平均値は平均的なピッチの高さ、標準偏差はピッチの幅の目安として用いた。

4.3　結果・考察

　今回の分析では被験者の個人差ではなく、全体としてのふるまいに関心があったので、評定値をそのまま用いるのではなく、評定項目ごとに 27 の刺激音の各々について被験者群ごとに被験者全体の平均値を分析に採用した。すなわち刺激音 A の評定項目「ハンサム・美人だ」に関して得られる値は、両国とも被験者全体の平均値一つずつである。被験者全体の平均値は、各被験者の評定値の範囲のばらつきをできるだけ均一にするため、項目ごとに個々の被験者内で評定値を z スコアに換算してから算出した。日本・イスラエルのデータとも同じ処理をほどこした。また、本章では Teshigawara(2003, 2004)のように 27 人の登場人物の音声を一括して相関分析の対象とするのではなく、声優の性別によって相関の傾向に違いが見られたと指摘する勅使河原・他(2005)に習って、声優の性別で分けて算出した。以下、日本人被験者とイスラエル人被験者に分け、それぞれの被験者群が同じ 27 人の音声を評定した結果と音声特徴量との相関について男女の声優を別々に扱って議論する。（声優の男女の内訳は男性 9 名、女性 18 名となり、特に男性の標本数が少ないことと、今回得られた結果はその限られた標本数に基づいていることに注意を喚起したい。）

　まず音声特徴量との相関関係を検討する前に、評定項目間での単純相関を算出したところ、相関の強い項目がグループを形成し、そこには、両国の被験者の評定とも、また男女の声優に対する評定とも概ね類似する項目が含まれた。「ハンサム・美人だ」や「誠実な」を初めとする一連の好ましい特徴を表す項目同士に強い相関が見られ、それらの項目がグループを形成した[2]。このことから、今回の実験で用いられた刺激音に関しては、2 国の被験者は同じような印象形成を行ったと言えるかもしれない。しかしながら 2 国間で、相関の傾向には違いも見られた。特に大きな違いが見られた項目は、「（体が）大きい」、「好奇心旺盛な」、「快の感情を表す」、「リラックスした」であった。また、イスラエル人被験者の女性の声優の声に対する評定は、同被験者の男性の声優に対する評定および日本人被験者の評定に見られる傾向とやや異なり、「強い」、

---

[2] 本章では 27 の刺激音を声優の性別によって分けて扱ったことにより標本数が減ったため、因子分析を用いて相関の強い評定項目同士をまとめる方法は取らず、その後の議論がやや煩雑になった。将来的に聴取実験を続行し標本数が増やせれば、因子分析を用いて評定項目をまとめることも考えている。

第3章 声質から見た声のステレオタイプ

「(声が)大きい」以外のすべての項目が中程度以上に相関しており、相関傾向の構造が単純化されていた。

表3に印象評定項目と音声特徴量との単純相関を示す。まず、一見しただけで、有意な相関が現れている項目と音声特徴量の組み合わせは2国間で概ね類似していることがうかがえる。咽頭部の狭めと息混じりの程度が「誠実な」、「知的な」など多数の項目と有意な相関を示し、相関の向きも2国間で共通していることがわかる。咽頭部の拡張の程度や音響特徴量(特にF0標準偏差と「あ」のF2平均)と有意な相関を示す項目の数が少ないことも共通している。以下、評定項目と音声特徴量の相関関係を、音声特徴量ごとにもう少し詳しく見てみる。

表3：印象評定値と音声特徴量の単純相関

日本 評定項目	受聴による分析						音響特徴量					
	咽頭狭め		咽頭拡張		息混じり		F0 平均		F0 標準偏差		「あ」のF2	
	M	F	M	F	M	F	M	F	M	F	M	F
大きい	-.37	-.18	.69*	.58*	-.02	-.04	-.31	-.17	-.58	-.14	-.93**	-.35
ハンサム・美人だ	-.93**	-.76**	.25	-.05	.50	.39	-.87**	.69**	-.58	-.19	-.21	.37
勇敢な	-.67	-.60**	.68*	.26	.24	.29	-.56	.18	-.66	-.01	-.75*	-.36
献身的な	-.59	-.76**	.07	.01	.43	.60**	-.09	.64**	-.57	-.25	-.35	.29
誠実な	-.82**	-.84**	.22	.02	.40	.60**	-.33	.56*	-.68*	-.26	-.38	.21
一生懸命な	.19	-.74**	.02	-.06	.23	.37	.50	.64**	.02	-.21	.00	.27
知的な	-.90**	-.64**	.46	.19	.15	.50*	-.82**	.38	-.71*	-.25	-.44	.20
強い	-.53	.02	.78*	.63**	.16	-.21	-.59	-.46	-.53	.12	-.77*	-.54*
社交的な	-.23	-.56*	-.57	-.18	.70*	.16	.14	.62**	.06	-.13	.32	.30
穏やかな	-.89**	-.66**	.11	-.18	.37	.77**	-.76*	.38	-.65	-.19	-.27	.18
好奇心旺盛な	.34	.00	-.58	-.35	.35	-.13	.24	.12	.80**	.15	.88**	.04
真面目な	-.69*	-.81**	.38	.06	.13	.56*	-.21	.63**	-.78*	-.29	-.59	.29
思いやりのある	-.80**	-.82**	.07	-.06	.65	.60**	-.56	.58*	-.45	-.22	-.13	.24
快の感情	-.30	-.17	-.56	-.53*	.35	.36	-.16	.12	.12	-.01	.38	.20
高い	.12	-.37	-.82**	-.33	.22	.11	.28	.76**	.27	-.09	.75*	.58*
大きい	.85**	.37	.08	.26	-.53	-.70**	.72*	-.06	.56	-.02	-.02	-.04
リラックスした	-.67*	-.03	-.07	-.47*	.42	.36	-.74*	-.16	-.28	.00	.03	.03
心地よい	-.86**	-.76**	.21	-.22	.54	.60**	-.86**	.47*	-.45	-.22	-.18	.23
魅力的な	-.82**	-.82**	.31	-.11	.45	.56*	-.88**	.57*	-.41	-.13	-.15	.32

(次項へ続く)

イスラエル評定項目	受聴による分析						音響特徴量					
	咽頭狭め		咽頭拡張		息混じり		F0 平均		F0 標準偏差		「あ」のF2	
	M	F	M	F	M	F	M	F	M	F	M	F
大きい	-.34	.19	.60	.32	-.06	-.27	-.21	-.63**	-.64	.24	-.92**	-.61**
ハンサム・美人だ	-.82**	-.67**	.17	-.19	.33	.61**	-.74*	.52*	-.44	-.18	-.27	.28
勇敢な	-.51	-.51*	.56	-.06	.00	.41	-.41	-.06	-.82**	-.05	-.88**	-.15
献身的な	-.83**	-.75**	.32	.08	.15	.68**	-.72*	.24	-.70*	-.30	-.58	-.12
誠実な	-.90**	-.79**	.25	.07	.22	.62**	-.70*	.39	-.71*	-.28	-.48	.14
一生懸命な	-.16	-.65**	.63	.11	-.12	.50*	-.37	.24	-.65	-.37	-.78*	.18
知的な	-.85**	-.73**	.29	-.27	.29	.65**	-.83**	.38	-.64	-.27	-.43	.36
強い	-.33	.02	.76*	.12	-.25	-.07	-.38	-.48*	-.61	.13	-.89**	-.45
社交的な	-.86**	-.62**	-.01	-.26	.41	.63**	-.70*	.35	-.53	-.11	-.20	.23
穏やかな	-.82**	-.43	.26	-.33	.29	.75**	-.84**	-.16	-.51	.00	-.34	.02
好奇心旺盛な	-.51	-.29	.21	-.30	.15	.30	-.71*	.55*	-.05	-.14	.04	.48*
真面目な	-.90**	-.77**	.08	-.08	.39	.61**	-.71*	.40	-.64	-.35	-.35	.20
思いやりのある	-.87**	-.70**	-.01	-.12	.39	.64**	-.66	.29	-.55	-.24	-.22	.21
快の感情	-.78*	-.57*	.19	-.32	.22	.74**	-.78*	.20	-.49	-.08	-.34	.30
高い	.54	-.44	-.76*	-.26	-.14	.17	.66	.81**	.67*	-.08	.74*	.60**
大きい	.70*	.35	.07	-.08	-.56	-.73*	.66	.19	.29	.20	-.22	-.03
リラックスした	-.82**	-.30	.24	-.36	.27	.74**	-.85**	-.11	-.43	.06	-.20	.17
心地よい	-.86**	-.66**	.15	-.23	.33	.76**	-.80**	.29	-.54	-.13	-.28	.23
魅力的な	-.85**	-.55*	.19	-.31	.34	.65**	-.82**	.44	-.53	-.10	-.32	.34

（備考）M（男性）：平均 F0、F0 標準偏差は $n = 8$、それ以外 $n = 9$；F（女性）：$n = 18$. * $p < .05$. ** $p < .01$.

　今回用いた6つの音声特徴量の中で相関がある評定項目が最も多かったのは、イスラエル人被験者の女性の声優の声に対する評定を除いて、咽頭部の狭めの程度であった。日本人被験者では、男性の声優に対しての評定で10項目、女性の声優に対しての評定で12項目との中程度以上の有意の相関がある。対するイスラエル人被験者では、男性の声優に対しての評定では13項目と有意の相関があったが、女性の声優に対しての評定では12項目で最多ではなかった。咽頭部の狭めの程度と評定項目との相関の向きは、男性の「（声が）大きい」を除きすべて負である。評定項目は、声が「高い」、「大きい」を除き肯定的な特徴と考えられるので、咽頭部の狭めの程度が高ければ高いほど好ましくない（例えばハンサム・美人でない、誠実でない、知的でない、（声が）心地よくない）印象を被験者に与えたということになる。すなわち、今回の受聴による分析の結果に関しては、善玉・悪玉の声の区別に重要な役割を果たした咽頭部の狭めの程度は、日本・イスラエル両国の被験者の音声に基づく印象形成において重要な役割を果たしたことを意味していると言え、受聴による分析の結

果の一部の妥当性を示す。またこの点において両国の被験者の知覚は似通っていたことがわかる。

　咽頭部の狭めの程度と上記のような評定項目との間の相関の傾向と類似した相関の傾向を持つ音声特徴量が他にもある。一つは、女性の声優に対しての評定での息混じりの程度で、特にイスラエル人被験者においては評定項目との有意な相関の数が14項目と最多である。咽頭部の狭めの程度との相関と逆向き（正）で、相関の強さは中程度である。すなわち、女性の声優の声は息混じりであればあるほどこれらの項目において好ましい印象を与えたということになる。二つ目は日本人被験者の女性の声優の声に対する評定でのみ見られた傾向で、評定項目と正の中程度の相関を示した平均F0である。三つ目に挙げられるのは、イスラエル人被験者の男性の声優の声に対する評定において特に見られた傾向で、平均F0との負の相関である。すなわち、イスラエル人被験者は話者が男性である場合のみピッチが低ければ低いほど好ましいと評定したことになる。日本人被験者においても男性の声優に対して多少そのような傾向が見られるが、イスラエル人被験者のそれほどは突出していない。

　次にもう一つの咽頭部の形状である咽頭部の拡張の程度に関して見てみると、イスラエル人被験者の女性の声優の声に対する評定を除いて、「（体が）大きい」、「強い」と中程度の正の相関がある。（男性の声優に対する評定では声の「高い」とも両国とも相関がある）。すなわち、咽頭部の拡張の程度が大きいと判断される音声ほど（喉頭の位置が低い、すなわち声道が長いほど）体が大きく強い印象を与えたことになる。この音声特徴はイスラエル人被験者の女性の声優の声に対する評定では評定項目とほとんど相関がなかった。

　他に咽頭部の拡張の程度と似た相関の傾向を示す特徴量としては、多少被験者群、声優の性別により傾向の強さが異なるが、「あ」のF2の平均が挙げられる。「あ」のF2の平均が低ければ低いほど強い印象を与えるということになる。喉頭を下げるとフォルマント周波数が下がることを考えると（Laver 1980: Chapter 2）、「あ」のF2がこれらの項目と負の相関があったことは頷ける。

　上記をまとめると、評定項目と音声特徴量との間の相関の全体的な傾向は二国間で類似していることがわかる。中でも、咽頭部の形状、特に咽頭部の狭めの程度が好ましい特徴を表す多くの評定項目と負の相関があり、両国の被験

者の知覚においてこの特徴は重要な役割を果たすことが確認された。

　以上2国の被験者の評定と音声特徴量との相関における全体的な類似点を見てきたが、違いがある項目には「(体が)大きい」、「一生懸命な」、「社交的な」、「好奇心旺盛な」、「快の感情を表す」、そして「(声が)リラックスした」が挙げられる。これらのうち、「好奇心旺盛な」、「快の感情である」は日本人被験者においては息混じりの程度と相関があまりないが、イスラエル人被験者の女性の声優の声に対する評定においては中程度以上の正の相関を示す。また、これらの項目はイスラエル人被験者においては声優の性別に関わらず咽頭部の狭めの程度と、また男性の声優の声に対してはF0平均と負の相関があり、すべてではないが有意な相関があった。このうち特に「社交的な」と「快の感情を表す」は咽頭部の狭めの程度と負の相関がある評定項目とは異なる相関の傾向を日本人被験者の評定では示すのだが、イスラエル人被験者の評定においては同じ相関の傾向を示す。すなわち、イスラエル人被験者の評定ではより多くの項目が咽頭部の狭めの程度(と息混じりの程度)に結び付けられ、それ以外の音声特徴との相関が弱まっているような印象を受ける。この二国間における評定に関する違いが、言語・文化の違いに起因するものなのか確かめるためには、より標本数を増やし、刺激音の咽頭部の形状や他の音声的特徴のバリエーションを持たせることが必要である。

　また、上でも述べたように平均F0と評定項目の相関の傾向は被験者の国によっても、声優の性別によってもかなり違いがある。高いF0は日本人被験者における女性の声に対する評定では一般的に良い印象(例えば「美人だ」、「献身的な」)と結びつきがちだが、男性の声に対する評定では逆に悪い印象(ハンサム・美人でない、知的でない)と結びつくことがわかった。このことは、日本文化における望ましい声の高さが男女で著しく異なることを示唆する(van Bezooijen 1995)の結果とも一致する。一方、イスラエル人被験者において、女性の声に対する評定では評定項目とほとんど相関がなかったが、男性の声に対する評定では日本人被験者におけるのと同様の傾向がより強調される形で現れた。イスラエルで今回実験者を務めたEdna Milano氏はイスラエルにおいても男性では低いピッチが好まれるのではないかと私見を述べたが、同時に今回の刺激音のピッチが特に男性において全体的に高く聞こえたという被験者のコメントも伝えている。Teshigawara(2003:Chapter 4)でも示されているよう

にアニメの登場人物のF0は日常生活に観察されるF0の平均1.5倍程度である。日本のアニメではそのようなピッチが使われるのが慣習だが、イスラエルのアニメではもしかすると全体的に（特に男性において）低めであるのかもしれない。もしそうならば、イスラエル人被験者にとって今回の男性の声優の声は奇異に高く感じられ、日本人被験者におけるのよりも悪い印象と結びつくこととなったのかもしれない。しかしこのことを定量的に検証するには、イスラエルのアニメ音声のF0を測定して確かめる必要がある。

　ここまで述べた2国間での印象評定と音声特徴量との相関の相違点をまとめると、イスラエル人被験者における相関の傾向は日本人被験者におけるそれよりも単純化されていたと言うことができる。この一見したところのイスラエル人被験者の音声に基づく印象形成における単純化には以下のような要因が考えられる：①イスラエル人被験者は日本のアニメ音声に不慣れであった；②今回用いられた刺激音にはイスラエル人被験者が声に関するステレオタイプをより細かく分類するのに重要な手がかりが含まれていなかった；③日本人はイスラエル人よりも声に関するステレオタイプをより細かく分類する。（重野[2005]の実験結果は日本人の方がアメリカ人よりも感情を表す音声に敏感であることを示唆している。）しかし、もう一つ忘れてならないことは、今回の日本人被験者には男女両方が含まれていたが、イスラエル人被験者には女性しか含まれていなかったということである。今後は被験者の性別も考慮に入れてこのような実験を行う必要もあろう。

　以上の結果をまとめると、まず受聴による分析で善玉・悪玉の声の区別に重要だとされた咽頭部の構えのうち、咽頭部の狭めの程度は日本人だけでなくイスラエル人の知覚においても今回用いた半数以上の印象評定項目と相関があり、咽頭部の狭めの程度は聴覚による印象形成に重要であることがわかった。この特徴には主に肯定的な特徴との負の相関が認められた。息混じりの程度も評定項目と類似した相関の傾向を示した。一方、咽頭部の拡張の程度は「（体が）大きい」、「強い」とある程度一貫した相関の傾向が見られるにとどまった。

　言語・文化によらない普遍性と個別言語・文化の特殊性に関しては、今回の刺激音を用いた聴取実験の結果からは、日本人被験者とイスラエル人被験者の印象評定と音声特徴量との相関の大まかな傾向(咽頭部の狭めを伴う話者は否定的な印象を与える)は一致しており、普遍性を示していると考えられる。一

方、「快の感情を表す」、「社交的な」などの項目において両国の相関傾向に違いが見られたように、個別言語・文化の特殊性の例も示された。

5　まとめと今後の課題

本研究では日本のアニメの音声を対象として、善玉と悪玉を区別する調音的な特徴が咽頭部の形状であることが受聴による分析により導き出され、悪玉の声質の特徴と不快感情との関わりが示唆された。また、善玉の多数派の声質を標準とした時、悪玉の声質は非標準的であるとみなせることも述べた。日本人およびイスラエル人を対象とした聴取実験では、咽頭部の狭めと否定的な印象との結びつきという普遍性が示されたが、一方で個別言語・文化の特殊性につながる例も示された。

今後のこの種の研究の発展の可能性としては、いろいろな方向性が考えられる。まず今回示された咽頭部の形状と印象の関係をより追究していくためには、引き続き咽頭部の形状が様々であるアニメの登場人物の音声を用いて聴取実験を行い、男女とも標本数を増やし、今回の分析結果が適用できるか確かめる必要がある。また、今回扱わなかったが、特に声質と関係がある音響特徴量を考慮し、より客観的な指標を用いて印象形成の過程を説明することを目指す必要もあろう。しかしながら、本研究のような音声資料の音響分析を行う場合には困難も多い。アニメ音声は発声器官の特徴も異なる話者が、多くの場合自分と異なる人物像を演じるために、声に関するステレオタイプを頼りにその人物の年齢、性別、外見、性格などの特徴にふさわしい声を出して演じる。また、録音環境も収録されたアニメ音声からだけではわからない。このような言わば声に関するステレオタイプと音声的特徴の対応の考察を難しくする紛らわしい要因を排除するためには、咽頭部の形状などを自由にコントロールできる話者が統一された録音環境で収録した音声を用いて、分析する必要がある。さらに、今回の受聴による分析の結果はMRI等を用いた生理的観察によって裏付けられるべきである。Teshigawara & Murano(2004)のような研究は今後も続けられるべきである。

次に考えられる方向性は、イスラエルのアニメ音声を対象に今回と同様の受聴分析および聴取実験を行うことである。それによりMilano氏のピッチに関する私見の検証も可能となろう。

その他にも、今回の分析・実験では主に声質を音声分析の対象としたが、他の音声的特徴(分節音、韻律)を考慮する可能性、また、金水(2003)で現代の漫画から古典文学に遡って役割語のルーツを探索しているのにならって伝統芸能の音声を研究する可能性など、挙げだしたらきりがないほど役割語の音声的側面は多くの可能性を秘めた魅力的な研究分野である。このような魅力的な分野に一人でも多くの研究者を巻き込み、議論を活性化させ、この日本発信の新たな役割語理論を発展させるために拙論が少しでもお役に立つことができれば幸いである。

参考文献

Abercrombie, David (1967) *Elements of general phonetics*. Edinburgh: Edinburgh University Press.

Brody, Michal (2001) Invoking the ancestors: Edward Sapir, Bugs Bunny, and the Popol Vuh. *Texas Linguistic Forum* 44, pp.216-226.
〔http://studentorgs.utexas.edu/salsa/proceedings/2001/papers/brody.pdf〕

Cutts, Stephen P. (1992) The deviant phonology of several Warner Bros. Cartoon characters. *California Linguistic Notes* 23, pp.37-38.

Dobrow, Julia R. and Calvin L. Gidney (1998) The good, the bad, and the foreign: The use of dialect in children's animated television. *The ANNALS of the American Academy of Political and Social Science* 557, pp.105-119.

Edmondson, Jerold A. and John H. Esling (2005) *The Valves of the Throat and Their Functioning in Tone, Vocal Register, and Stress: Laryngoscopic Case Studies*. Manuscript submitted for publication.

Esling, John H. (1978) *Voice quality in Edinburgh: A sociolinguistic and phonetic study*. Unpublished doctoral dissertation, University of Edinburgh, UK.

Esling, John H. (1999) The IPA categories "pharyngeal" and "epiglottal": Laryngoscopic observations of pharyngeal articulations and larynx height. *Language and Speech* 42, pp.349-372.

Esling, John H. and Jimmy G. Harris (2005) States of the glottis: An articulatory phonetic model based on laryngoscopic observations. In William J. Hardcastle and J. Mackenzie Beck (eds.) *A figure of speech: A festschrift for John Laver*, pp.347-383. Mahwah, NJ: Lawrence Erlbaum Associates.

Friend, Margaret and M. Jeffrey Farrar (1994) A comparison of content-masking procedures for obtaining judgments of discrete affective states. *Journal of the*

Acoustical Society of America 96, pp.1283-1290.

木戸博,・粕谷英樹(2001)「通常発話の声質に関連した日常表現語:聴取評価による抽出」『日本音響学会誌』57, pp.337-344.

金水敏(2003)『ヴァーチャル日本語 役割語の謎』東京:岩波書店.

Laver, John (1980) *The phonetic description of voice quality.* Cambridge, UK: Cambridge University Press.

Laver, John (1994) *Principles of phonetics.* Cambridge, UK: Cambridge University Press.

Laver, J., S. Wirz, J. Mackenzie, and S. M. Hiller (1991) A perceptual protocol for the analysis of vocal profiles. In John Laver, *Gift of speech: Papers in the analysis of speech and voice*, pp.265-280. Edinburgh, UK: Edinburgh University Press. (Reprinted from *Edinburgh University Department of Linguistics Work in Progress* 14, pp.139-155, 1981.)

Lee, Hyun O. and Franklin J. Boster (1992) Collectivism-individualism in perceptions of speech rate: A cross-cultural comparison. *Journal of Cross-Cultural Psychology* 23, pp. 377-388.

Levi, Antonia (1998) The new American hero: Made in Japan. In Mary Lynn Kittelson (ed.), *The soul of popular culture: Looking at contemporary heroes, myths, and monsters*, pp.68-83. Chicago: Open Court.

Lippi-Green, Rosina (1997) *English with an accent: Language, ideology, and discrimination in the United States.* London: Routledge.

McCrae, Robert R. and Paul T. Costa, Jr. (1987) Validation of the five-factor model of personality across instruments and observers. *Journal of Personality and Social Psychology* 52, pp.81-90.

Ohala, John J. (1994) The frequency code underlies the sound-symbolic use of voice pitch. In Leanne Hinton, Johanna Nichols, and John Ohala (eds.), *Sound symbolism*, pp.325-347. Cambridge, UK: Cambridge University Press.

Poedjosoedarmo, Gloria (1986) The symbolic significance of pharyngeal configuration in Javanese speech: Some preliminary notes. *NUSA, Linguistic Studies in Indonesian and Languages in Indonesia* 25, pp.31-37.

Scherer, Klaus R. (1986) Vocal affect expression: A review and a model for future research. *Psychological Bulletin* 99, pp.143-165.

Scherer, Klaus R., Rainer Banse, and Harold G. Wallbott (2001) Emotion inferences from vocal expression correlate across languages and cultures. *Journal of Cross-Cultural Psychology* 32, pp.76-92.

Scherer, Klaus R., Stanley Feldstein, Ronald N. Bond, and Robert Rosenthal (1985) Vocal cues to deception: A comparative channel approach. *Journal of Psycholinguistic Research* 14, pp.409-425.

重野純（2005）「感情認知における視聴覚情報の統合と文化の影響」『電子情報通信学会技術研究報告』TL2005-14, pp.25-30(2005-09).

Stuart-Smith, Jane (1999) Glasgow: Accent and voice quality. In Paul Foulkes and Gerard Docherty (eds.) *Urban voices: Accent studies in the British Isles*, pp.203-222. London: Arnold.

Teshigawara, Mihoko (2003) Voices in Japanese animation: A phonetic study of vocal stereotypes of heroes and villains in Japanese culture. Unpublished doctoral dissertation at University of Victoria, Canada.
〔http://web.uvic.ca/ling/students/graduate/Dissertation_Teshigawara.pdf〕

Teshigawara, Mihoko (2004) Vocally expressed emotions and stereotypes in Japanese animation: Voice qualities of the bad guys compared to those of the good guys. 『音声研究』8, pp.60-76.

Teshigawara, Mihoko (in press) Vocal expressions of emotions and personalities in Japanese *anime*. In Krzysztof Izdebski (ed.), *Emotions of the human voice, Vol. III Culture and Perception*. Plural Publishing: San Diego.

Teshigawara, Mihoko, Noam Amir, Ofer Amir, Edna Milano Wlosko, and Meital Avivi (in press) Perceptions of Japanese *anime* voices by Hebrew speakers. In Krzysztof Izdebski (ed.), *Emotions of the human voice, Vol. III Culture and Perception*. Plural Publishing: San Diego.

勅使河原三保子・伊藤克亘・武田一哉（2005）「日本のアニメの音声に表された感情と性格－声のステレオタイプの音声学的研究」『電子情報通信学会技術研究報告』TL2005-14, pp.39-44(2005-09).

Teshigawara, Mihoko and Emi Zuiki Murano (2004) Articulatory correlates of voice qualities of good guys and bad guys in Japanese *anime*: An MRI study. *Proceedings of INTERSPEECH 2004 - 8th ICSLP*, Jeju, Korea, Vol. 2, pp.1249-1252.

Van Bezooijen, Renée (1988) The relative importance of pronunciation, prosody, and voice quality for the attribution of social status and personality characteristics. In Roeland van Hout and Uus Knops (eds.), *Language attitudes in the Dutch language area*, pp.85-103. Dordrecht: Foris.

Van Bezooijen, Renée (1995) Sociocultural aspects of pitch differences between Japanese and Dutch women. *Language and Speech* 38, pp.253-265.

Van Bezooijen, R. and L. Boves (1986) The effects of low-pass filtering and random splicing on the perception of speech. *Journal of Psycholinguistic Research* 15, pp.403-417.

Yarmey, A. Daniel (1993) Stereotypes and recognition memory for faces and voices of good guys and bad guys. *Applied Cognitive Psychology* 7, pp.419-431.

第4章
日韓対照役割語研究
—その可能性を探る—

鄭　惠先

1 はじめに

　本章は、金水(2003)の役割語の定義をもとに、日韓対照役割語研究の可能性を提示し、本研究への取り組みを促すことを目的としている。日韓対照役割語研究を進めるにあたってのアプローチの方法はさまざまである。さし当たって、図1にそのいくつかの可能性を並べてみる。

視点
人物像と役割語
方言と役割語
翻訳と役割語
言語習得と役割語…

方法
作品分析
意識調査
判断テスト
談話分析…

対象
対訳資料
両言語話者
両言語学習者
実会話…

図1：日韓対照役割語研究へのアプローチの方法

　まず、「人物像と役割語」いう視点からは、両言語母語話者がいわゆるステレオタイプというものをどのように認識しており、それが両言語の役割語にどう表われているかが考察できる。また、「方言と役割語」という視点からは、役割語的な性質を強く持つ「方言」というものに対して、両言語母語話者がど

＊ この原稿は関西言語学会第30回記念大会シンポジウム「対照役割語研究への誘い」での発表を加筆訂正したものです。貴重な研究発表の場を与えて下さった金水敏氏に感謝を申し上げます。また，発表以降も，定延利之氏、山口治彦氏、勅使河原三保子氏から良い刺激とコメントを頂きました。ありがとうございました　なお、常に私の研究への悩みに対し的確なアドバイスをくださる野田尚史氏にもこの場を借りてお礼を申し上げたいと思います。

のようなイメージを持っているか、両国の方言イメージが両言語間でどう重なりあい、またずれているかを調べることができる。「翻訳と役割語」という視点からは、日韓・韓日翻訳において役割語がどのように訳され、それが両言語母語話者の心理にどう影響しているか、両者の間にずれはないかなどを考察することができる。さらに、「言語習得と役割語」という視点からは、文化的な共通理解、いわゆる社会の常識が強く作用するといわれる役割語への知識を、はたして両言語学習者がどうやって習得していくのかが考察できる。

　これらの視点から実際研究を進めるための研究方法と研究対象もさまざまである。図1にも示したように、役割語の特徴がもっとも表われやすい媒体である文学作品の分析や、両言語母語話者への意識調査などのほかに、もし韓国人日本語学習者あるいは日本人韓国語学習者を対象とした研究ならば、判断テストも有効な方法となる。さらに、談話分析を通して、知識としての役割語と実態とのギャップを調べることもできる。このように、視点と研究方法、研究対象を自由自在に組み合わせることで、日韓対照役割語研究の幅は限りなく広がるのであり、上に提示したほかにもアプローチの方法はいくらでもあるだろう。

　本章では、前述したさまざまな可能性の中から、実際に行った3つの研究を紹介する。まず、第2節では「対訳作品にみる両言語役割語の相違」というテーマで、「翻訳と役割語」という視点のもと行った対訳作品の分析結果について述べる。次に、第3節では「意識調査から見る役割語に対する意識差」というテーマで、「人物像と役割語」という視点のもと行った日本語母語話者と韓国語母語話者に対する意識調査の結果について述べる。ここでは、被験者の韓国語母語話者の中に韓国人日本語学習者を加えることで、「言語習得と役割語」という視点からの考察も試みることにした。最後に、第4節では「役割語としての方言イメージの対照」というテーマで、「方言と役割語」という視点のもと行った韓国語母語話者への意識調査の内容と結果について述べる。

2　対訳作品にみる両言語役割語の相違

　本調査は、翻訳本の中で役割語がどのように扱われているのか、さらに、役割語の語彙や語法が持つ独特のイメージが、はたして翻訳本の中でも正確に伝わっているのかという疑問をもとに出発している。「おれがやるぞ」と「あたしがするわ」では、伝えている情報は同じでも連想する話者の人物像は異なる。

特に文学作品の類を翻訳する際には、言語機能の中でも「情報機能」以上に「象徴的機能」が強く働く[1]。このような役割語的な要素を無視してその作品を正しく理解させることは難しい。本調査によって、日本語と韓国語の相互翻訳における役割語の重要性と、それに関する研究の必要性を示すことができると考える。

調査対象は対訳資料として、日本語原作の6作品と韓国語原作の5作品の、両言語で書かれた11作品の計22冊の漫画を使用した(詳細は文末の用例出典一覧を参照)。その漫画の中から役割語的な特徴が見られる会話文を抜き出して、両言語版の同一箇所において対照を行った。両言語で書かれた同じ内容の漫画を分析することで各言語での役割語の特徴と両言語間の相違を明らかにすることが本調査の目的である。ここではできるだけ考察の焦点をしぼることにして、役割語的要素は「性別」「年齢」「方言」の3項目をとりあげ、分析する役割語的表現は「文末形式」に限定した。

ここから、役割語的要素の項目別に、対訳作品の会話文を詳しく考察していく。

2.1　「性別」を表わす文末形式

(1) a.　<u>いらしてたの</u>。　　　　　　　　　　　　　　　　　　　(花)[2]
　　　b.　<u>와 있었구나</u>.　　　　　　　　　　　　　　　　　　　(꽃)
(2) a.　好き<u>なのかしら</u>。　　　　　　　　　　　　　　　　　　(花)
　　　b.　좋아하<u>나 봐</u>.　　　　　　　　　　　　　　　　　　　(꽃)

例(1)(2)は、漫画の中で「上品なお嬢様」という設定の人物が用いている言葉づかいである。例はaが原作でbが訳本となっている(以下全例同様)。下線の部分に注目すると、日本語原作では「〜の」「〜かしら」などのいわゆる

---

[1] 真田・ロング(1992)では、言語には単に相手に情報を伝えるだけの「情報機能」のほかに、「象徴的機能」が働いていることを、つぎのように述べている。「象徴的機能とは、同じ内容の話であっても、違う表現を使うことによって伝わる「裏」のメッセージのことである。たとえば、「ウチ、行ケヘンネン」と「オレ、行カネーンダ」との2つの発話では、「行かない」という情報以外にもそれぞれの話者は近畿の女性と東日本の男性であるというメッセージが伝わってくる。(p.73)」

[2] 記号や句読点などを含む文の形式は、すべて元の作品の形をそのまま転記している。

女性専用の終助詞が用いられていることがわかる。一方、韓国語訳本では女性に特徴的な文末形式は見あたらない。韓国語文の下線部を直訳すると(1b)は「来てたんだ」、(2b)は「好きみたい」になる。日本語原作では、「上品なお嬢様」という設定をうらづける役割語的要素が明確に見られるのに対し、韓国語訳の文末形式でお嬢様キャラを思い浮かべることは難しい[3]。

だからといって、韓国語のほうに「性別」を表わす文末形式が存在しないということではない。

 (3) a. そんなのうれしくない<u>じゃんか</u>！   （モンスター）
   b. 별로 안 기쁘지 않<u>냐</u>?   （몬스터）

これは「活発な少年」という設定の人物の言葉づかいで、日本語原作(3a)では「〜じゃんか」という文末形式をもって男の子という人物像を表現している。これに対して韓国語訳本では「-냐(nya)」という文末形式を当てている。

ここで、韓国語の対者敬語法について述べておく必要がある。李翊燮他(2004)では、現代韓国語で使われる対者敬語法の等級を、文末語尾の違いによって6等級としており、その内容を簡単にまとめると表1のようである。

表1：韓国語の対者敬語法の6等級

	平叙文	疑問文	命令文	勧誘文
합쇼体 (hapsyo)	-ㅂ/습니다	-ㅂ/습니까	-(으)십시오	-(으)십시다
해요体 (haeyo)	-아/어요	-아/어요	-아/어요	-아/어요
하오体 (hao)	-(으)오	-(으)오	-(으)오	-ㅂ/읍시다
하게体 (hage)	-아/어네	-아/어나, -ㄴ/는가	-아/어게	-아/어게
반말体 (banmal)	-아/어	-아/어	-아/어	-아/어
해라体 (haera)	-ㄴ/는다	<u>-냐, -니</u>	-아/어라	-아/어자

（上に行くほど敬意が高い）

(3b)で用いられている「-냐(nya)」は、色付き部分のように6等級の中でもっとも低いといわれる「해라体(haera)」の疑問語尾である。同じく「해라体(haera)」の疑問語尾

---

[3] この判断については、鄭(2004)で行った両言語母語話者への意識調査の結果によっても、すでに検証されている。

第4章　日韓対照役割語研究

の中に、「-니」という形式（下線部）があるが、전혜영（2004）では、この2つの形式の性別による使い分けについて、次のように言及している。

> 疑問形の下称の場合、男性は「-(으)냐」体を、女性は「-(으)니」体を用いる。男性が「못 하냐, 그러냐, 안 오냐」で言うなら、女性は「못 하니, 그러니, 안 오니」などと言う。
>
> （p.39 日本語訳・下線・ルビは、筆者による）

実際、韓国語母語話者に内省調査した結果でも同じ回答が得られており、男性が「-냐」を多く用いる反面、女性は「-니」を多く用いると認識されていることがわかる。

韓国語での性別による発話の違いについては、先行研究の中でもたびたび指摘されている。たとえば、「女性は男性より濃音を多用する。（例；조금→쪼끔）」「女性の発話語には「ㄹ添加」現象が多く見られる。（例；요거로→요걸로）」「女性は男性に比べて縮約語を多用する。（例；그렇지？→그치？）」などをとりあげることができる。

このように、韓国語にも性別を表わす言語的特徴は存在するが、これらの基準は日本語に比べるとバラエティーに乏しく非常に潜在的なものである。よって、日本語のいわゆる「男性語・女性語」が役割語として力を発揮するのとは違い、韓国語でのこれらの特徴は、社会全体が共有する知識としての度合いがまだ低いと思われる。

以上、「性別」という役割語的要素をもって、日本語と韓国語の対訳作品の分析を行った。日本語と同じく韓国語にも性別による言語的特徴が見られるものの、対訳作品中の文末形式を中心に考察すると、韓国語に比べて日本語のほうに性別を表わす文末形式が豊かであることが明らかになった。

2.2　「年齢」を表わす文末形式

ここでは、「年齢」を表わす文末形式について考察する。(4)(5)は、漫画の中で「中年男性」という設定の人物が用いている言葉づかいである。

(4) a. 가르쳐 주게. 　　　　　　　　　　　　(세일즈)
　　b. 教えてくれ。　　　　　　　　　　　　（セールス）
(5) a. やめろよ。　　　　　　　　　　　　　（ブラック）
　　b. 관두쇼… 　　　　　　　　　　　　　　(블랙잭)

　(4)は韓国漫画、(5)は日本漫画が原作なのだが、(4b)「～くれ」と(5a)「～ろよ」の日本語文の文末形式は両方ともぞんざいな命令形で、発話者が男性であることが推測できる。しかし、ここから年齢層まで特定するのは難しい。一方、韓国語文では(4a)で「-게ᵍᵉ」、(5b)で「-쇼ˢʸᵒ」という文末形式が使われている。表１の韓国語の対者敬語法の６等級によると、(4a)の「-게ᵍᵉ」は等称の「하게ʰᵃᵍᵉ体」、(5b)の「-쇼ˢʸᵒ」は「-시오ˢⁱᵒ」の縮約形で中称の「하오ʰᵃᵒ体」の命令形である。この「하게ʰᵃᵍᵉ体」と「하오ʰᵃᵒ体」について、李翊燮他(2004)に以下のような記述がある。

　　　この等級(注；하게ʰᵃᵍᵉ体)を成立させている最も大きな要素は年齢である。(中略)年齢を十分にとらないと하게ʰᵃᵍᵉ体を使うのが気恥ずかしく感じられる。(中略)30歳代になってようやく使い始めることができるであろう。(中略)하게ʰᵃᵍᵉ体は女性話者にはあまり使われない。　　(pp.253-254)
　　　하오ʰᵃᵒ体は하게ʰᵃᵍᵉ体と同様で自分より下の人に使うが、その下の人を丁重に遇しようする言葉づかいであり、その丁重さの程度が하게ʰᵃᵍᵉ体より一等級上である。(中略)하오ʰᵃᵒ体は、今日その生命力をほとんど失った状態にある。今やこの言い方を使う人はごく一部に過ぎず、若い世代になればなるほどその数は減っている。　　(pp.254-255)

　この記述から、韓国語の中で「하오ʰᵃᵒ体」「하게ʰᵃᵍᵉ体」は若い人や女性が使うには相応しくないことがわかる。(4a)(5b)の韓国語文では、このような特徴を持つ「하오ʰᵃᵒ体」「하게ʰᵃᵍᵉ体」の文末形式を意図的に用いることで、発話者が「中年男性」であることを暗示しているのである。
　ところが、以下の例を見てみよう。

(6) a. 昔からそう<u>じゃの</u>ー…　　　　　　　　　　（モンスター）
　　b. 옛날부터 그랬<u>어</u>.　　　　　　　　　　　（몬스터）
(7) a. 覚え<u>とるか</u>？　　　　　　　　　　　　　（モンスター）
　　b. 기억하고 <u>있겠지</u>?　　　　　　　　　　　（몬스터）

　これは、「年寄りの博士」という設定の人物の言葉づかいだが、日本語原作(6a)(7a)では「～じゃの」「～とるか」という、いわゆる「博士語」が役割語的要素として使われている[4]。これに対して、韓国語訳本の(6b)(7b)からは、老人の言葉づかいといったイメージはまったく伝わってこない。「博士語」といった役割語的な要素は、日本語だけに強く見られる特徴なのである。
　ここまでの考察により、韓国語には、日本語のような「博士語」といった特徴は見られないが、「하오体」「하게体」といった話者の年齢層が限定される文末語尾が存在し、これが人物像を連想しやすくする役割語的な働きをしていることがわかった。
　前節の内容とあわせて考えてみると、同じ内容の発話でも両言語での役割語的な形式が異なることによって、日本語では性別が、韓国語では年齢が強調されるということが言える。これは、日韓対照役割語研究にとって非常に興味深い結果であると考える。

2.3　「方言」を表わす文末形式

　対訳作品による分析の最後として、「方言」を表わす文末形式について考察する。都川(1994)には、翻訳での方言使用についてつぎのような記述が見られる。

　　訳文において用いられた方言がどこかの地域方言の特徴に相当する場合、その地域方言に対して抱かれているステレオタイプ的なイメージが読者の中に呼び起こされ、それが作品中の人物像に適用されるという相乗効果を訳者は期待した上で、方言使用を行っているのではないだろうか。
　　　　　　　　　　　　　　　　　　　　　　　　　　　　　(p.90)

---

[4]「博士語」という用語は金水(2003)によるもので、「～じゃ」「～とる」「～おる」などの形式がこれに含まれる。

今回分析した漫画の中には、日本語原作で関西方言が使われている例があって、以下の(8)(9)がそうである。

(8) a. ボーッと見とらんで助けて<u>えな</u>！　　　　　（モンスター）
　　 b. 보고만 있지말고 나 좀 살려주<u>랑께</u>！　　　　（몬스터）
(9) a. その2匹使い<u>いな</u>。　　　　　　　　　　（モンスター）
　　 b. 그 포케몬들을 쓰<u>랑께</u>！　　　　　　　　（몬스터）

この例は、漫画の中で、人間とネズミをかけ合わせた異様な外見の人物が用いている言葉づかいである。日本語原作(8a)(9a)での関西方言が韓国語訳本(8b)(9b)でも方言で訳されており、原作の方言を生かすことで「ネズミ人間」という異質なイメージを表現しようとする意図が見受けられる。韓国語訳本(8b)(9b)で用いられている文末形式「-랑께（rangke）」は全羅方言である[5]。しかし、以下の例を見てみよう。

(10) a. いきなり調子悪うなってし<u>もうた</u>！　　　（モンスター）
　　　b. 이거 또 고장났<u>구먼</u>！　　　　　　　　　（몬스터）

(10)は上記の(8)(9)と同じ漫画から抜き出したものであり、すべて同じ人物の発話である。しかし、(10b)は、上記の2例とは違って必ずしも全羅方言とは言い切れず、訳本での方言形式に不一致が見られる[6]。このような脚色された方言形式のことを木下(1982)は「普遍的方言」と呼び、つぎのように述べている。

> いろんな地方のことばの中からおもしろい効果的なことばを拾って来て、自分の感覚によってそれらを組み合わせまぜ合わせたということになります（後略）。　　　　　　　　　　　　　　　　　　　（p.273）

---

[5] 李・他(2004)では全羅方言の特徴について、つぎのように述べられている。「語末語尾 -응께（ngke）はこの方言の顔であると言ってもよく、この方言を最も直接的に代表する形態である。(中略)前に来る言葉によって랑께（rangke）、당께（dangke）、-응께（ngke）/-응께（eungke）などとして現れ、これらの後に가（ga）が再びつくこともある。(p.321)」

[6] この判断について、全羅方言話者2名、忠清方言話者2名の内省を調べたところ、全員から「全羅方言というより、忠清方言形式に近い」との回答を得た。

上記の例(8)〜(10)を見ると、日韓・韓日翻訳の際にも原作での方言を訳すのにいくつかの方言形式が混用されており、翻訳における「普遍的方言」という手法が駆使されていることがわかる。

以上、「性別」「年齢」「方言」という3つの役割語的な要素をとりあげ、「対訳作品にみる両言語役割語の相違」について分析・考察した。この結果を、以下の3点にまとめることができる。

1) 対訳作品の言葉づかいから受けるイメージは、両言語の間で必ず一致するものではない。
2) 日本語の役割語では性別的な特徴、韓国語の役割語では年齢的な特徴が表われやすい。
3) 日本語でも韓国語でも、方言は人物像を連想する重要な指標となり、十分に役割語的な要素として働いている。

3　意識調査から見る役割語に対する意識差

本調査では、日本語母語話者と韓国語母語話者の間で、母語における役割語意識に違いが見られるかどうかを検証する。前述したように、翻訳の過程で相手言語に加工された役割語が、本来持っていた語感やイメージをそのまま伝えることは非常に難しい。しかし、これは翻訳の問題だけではなく、役割語という要素がそもそも各言語の中でどの程度の心的な影響力を持っているかにもかかわってくる。よって、ここでは、両言語母語話者が各母語の役割語に対して持っている意識、刷り込みの度合いなどについて考察していく。

さらに、本調査では、日本語の役割語に対する日本語母語話者と韓国人日本語学習者の意識の違いも調べる。これに関連して、金水(2000)は、

> 我々は、ある特定のしゃべり方を聞くだけで、その人物がどのようなタイプ／キャラクターの人間かを予測することができる。(中略)そのような知識は特別な教育で身につけた訳ではなく、普通の日本語の母語話者として日本で暮らして行くだけで身に付くものであり、しかも多くの人々が共有しているものである。　　　　　　(p.323)

と述べている。すなわち、役割語についての知識は学習されるものではなく、

日本語母語話者に共通する常識のようなものなのである。それなら、はたして韓国人日本語学習者は、日本語の役割語についての知識をどうやって習得し理解しているのだろうか。日本語母語話者と韓国人日本語学習者の間に、役割語理解のストラテジーに違いはないのだろうか。ここでは、このような疑問をもとに考察を行う。

3.1　意識調査の概要

　本調査は、2004年6月から7月の間に、10代から30代までの日本語母語話者53名と韓国語母語話者87名（日本語学習者21名、非学習者66名）の合計140名を被験者として行った。各調査地域は、日本語母語話者の場合、京都を中心とした関西地域と長崎を中心とした九州地域、韓国語母語話者の場合、ソウルを中心とした京畿道地域と春川を中心とした江原道地域である。

　なお、韓国人日本語学習者においては、日本滞在経験が2年以上で日本語能力試験1級以上の日本語力を持つ人に限定し、上記の日本と韓国の両地域で調査を行った。これは、日本語によるコミュニケーションに不自由せず、さらに日本での日常生活にある程度馴染みを持っている韓国語母語話者が、日本語の役割語についてどの程度の判断能力を持っているかを調査するためである。

　本調査の具体的な目的は、人物像とその人物像から思い浮かべる言葉づかいの間での、日本語母語話者と韓国語母語話者、さらに韓国人日本語学習者の意識の差を調べることである。そのため、本調査では、漫画の登場人物のイラストと、それらの登場人物が漫画の中で用いている言葉づかいの例を調査内容として使用した。言語別に2名の判定者を交えて調査項目となる人物像と言葉づかいの選別作業を行った末、最終的に選別されたのは以下の表2に示した人物イラスト10種、言葉づかい20文である[7]。

---

[7] 漫画の中に出てくる各登場人物の数多い発話の中からどの言葉づかいをとりあげるかは、本調査全体の信頼性にかかわる重要な点である。調査項目の選別を調査者一人の判断で済ませるのではなく、複数の判定者によるさらなる絞り込みを行うことで調査の信頼度が高まると考え、2段階の選別作業を行った。選別の際重視したのは、定めた人物像にふさわしい言葉づかいであることと、役割語的要素以外の部分でイラストが推測できないようにすることであった。

表２：本調査で使用した人物像と言葉づかい

人物像（イラスト）	言葉づかい 日本語版	言葉づかい 韓国語版
A. 活発な少年 ⓒ真斗・日下秀憲（モンスター, p.37）／MATO・KUSAKA Hidenori（김혜정 訳）（몬스터, p.37）	・ついて**くんな**！！(p.45) ・待ってた**ぜ**(p.39)	・따라오지마(p.45) ・기다렸다(p.39)
B. 上品なお嬢様 ⓒ神尾葉子（花, p.104）／Yoko Kamio（조영희 訳）（꽃, p.104）	・幼なじみ**ですのよ**(p.107) ・**いらしてたの**？(p.159)	・어렸을 때부터 친한 사이에요．(p.107) ・와 있었구나．(p.159)
C. 年寄りの博士 ⓒ青山剛昌（コナン2, p.95）／AOYAMA Gosho（이희정 訳）（코난, p.95）	・昔からそう**じゃのー**…(p.95) ・辛い事もある**じゃろう**が，もう少しの辛抱**じゃ**！(p.8)	・옛날부터 그랬어．(p.95) ・조금만 참거라．힘들겠지만．(p.8)
D. インテリ医者 ⓒ佐藤秀峰（ブラック, p.95）／Syuho Sato（박련 訳）（헬로우, p.95）	・どうし**ますかな**？(p.98) ・もう一度よく**お考え下さい**(p.99)	・어떻게 할까요？(p.98) ・다시 한번 잘 생각해 보시죠．(p.99)
E. ネズミ人間 ⓒ真斗・日下秀憲（モンスター, p.120）／MATO・KUSAKA Hidenori（김혜정 訳）（몬스터, p.120）	・**なんや**，おる**やないけ**．(p.121) ・ムチャしたら**アカン**！(p.123)	・왜 거기 있잖여．(p.121) ・그건 안돼．나까지 위험하당께．(p.123)

（日本語原作）

鄭　惠先

韓国語原作	F. 昔のお姫様 ⓒ김혜린(비천무, p.21)／金恵琳(文享寛他 訳)(飛天舞, p.15)	・失礼します (p.131) ・○○にいわれる筋合いはありません (p.107)	・실례하옵니다. (p.137) ・○○가 상관하실 일은 아니지요. (p.113)
	G. 昔のお爺さん ⓒ김혜린(비천무, p.109)／金恵琳(文享寛他 訳)(飛天舞, p.103)	・こっちにくれ (p.38) ・そうかい… (p.103)	・이리 좀 다오. (p.44) ・오냐… (p.109)
	H. 優しいおばさん ⓒ한승원(연인1, p.77)／韓丞媛(文享寛他 訳)(恋人, p.63)	・おかえり (p.105) ・やっぱりわたしがやるわ (p.10)	・어서 오너라. (p.119) ・아니다. 내가 하마. (p.24)
	I. 男子高校生 ⓒ박산하(붐붐, p.58)／朴山河(文享寛他 訳)(ブンブン, p.58)	・だからどーするってんだよ (p.90) ・ちょっとおかしいんだよ… (p.24)	・그래서 어쩌자는 거냐？ (p.90) ・그…근데, 그게… 좀 이해가… 안 되걸랑. (p.24)
	J. 怠け者のおじさん ⓒ허영만(세일즈, p.45)／許英萬(文享寛他 訳)(セールス, p.47)	・結局同じものか (p.47) ・明日まで決めて連絡するから (p.47)	・결국 같은 종류구먼. (p.45) ・내일 결정해서 알려줌세 (p.45)

　A～Eは日本語原作の漫画から、F～Jは韓国語原作の漫画から抜き出した人物イラストである。言葉づかいについては、「.」「ー」「！」「？」などの記号や日本語の漢字がな混じり文、韓国語の分かち書きなど、すべて原本のまま転記している。ただし、文字の網かけは本稿にだけ付け加えたものである。こ

れは、原作での言葉づかい選別の際に、役割語的な要素として想定し選別の基準とした言語形式の部分を示す。各人物イラストにつけたタイトルは、今回の調査で調査者が意図した人物像を意味するが、調査の際、被験者には知らせていない。

　実際の調査票では、まず、各人物イラストに対する両言語母語話者のイメージを聞いた。被験者にイメージの選択肢を提示し、複数回答してもらう形式である。つぎに、人物イラストと言葉づかいを原作別に二分したあと、各10文の言葉づかいをランダムに再配置し、各人物イラストにふさわしいと思う言葉づかいを2文ずつ選んでもらった。日本語母語話者と韓国人日本語学習者には日本語版の調査票、韓国語母語話者には韓国語版の調査票に回答してもらった。

3.2　人物イラストとイメージに対する意識差

　まず、提示された各人物イラストに対する各被験者のイメージについて考察する。調査票の中で提供したイメージの選択肢は、「子ども、若者、年寄り、男性、女性、高学歴、低学歴、上品、下品、都会の人、田舎の人、短気、辛抱強い、活動的、非活動的、まじめ、不まじめ」の17項目である。

　このいくつかの相反する項目群の中から、10種の人物イラストに当てはまると思われるイメージを選んでもらった。調査の結果、各人物イラストに対する両言語母語話者のイメージに大きなギャップはないことがわかった。紙面の都合上、図2には「A. 活発な少年」「B. 上品なお嬢様」という人物イラストについての回答結果のみを折れ線グラフで示す。図2のJJは日本語母語話者、KKは韓国語母語話者、KJは韓国人日本語学習者のことである。

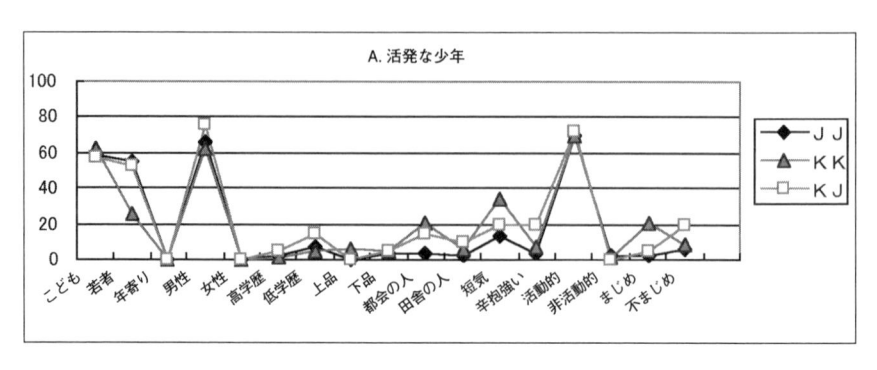

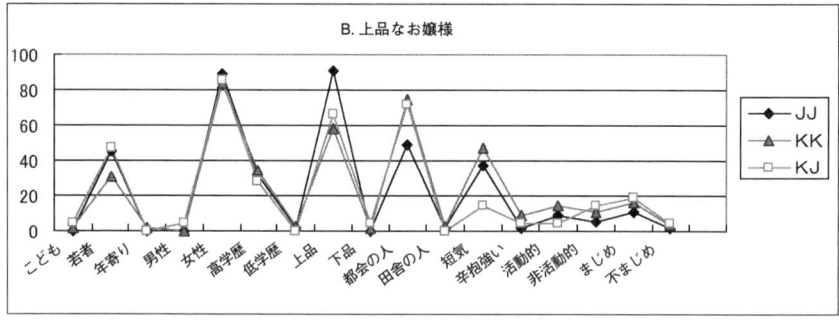

図2：人物イラストに対するイメージ

　具体的に見てみると、「A.活発な少年」の結果で、JJにもっとも多い回答は「活動的、男性、子ども」である。これは、順序には差があるものの、KKとKJにもっとも多い回答3項目と同じであり、人物イラストAは「活動的な男の子」というイメージとして、全被験者に一致していることがわかる。

　また、「B.上品なお嬢様」の結果でも、JJと、KK、KJの回答に大きな差は見られず、もっとも多い回答の3項目は「女性、上品、都会の人」で同じである。3本の折れ線がほぼ重なり合っていることからも、お互いの回答にさほど差がないことがわかる。三者ともに人物イラストBに「都会の上品な女性」というイメージを持ち、さらに、このイメージはイラスト選別の際に調査者が意図していた「上品なお嬢様」という人物像に一致していることも確認できた。

　他の人物イラストにおいても、細かい項目では若干差があったものの、三者の間でまったく異なったイメージを持つような例は見られなかった。

3.3 人物像と言葉づかいに対する意識差

ここでは、3.2節の人物イラストのイメージ調査結果をもとに、各人物像にもっともふさわしいと思われる言葉づかいを選んでもらった結果について述べる。日本語母語話者と韓国語母語話者、韓国人日本語学習者の三者から得られた各回答を、もともと漫画の中で用いられた言葉づかい ―表2で示したとおりである― に照らし合わせ、人物イラスト別の正解率を割り出したのが、以下の図3である。

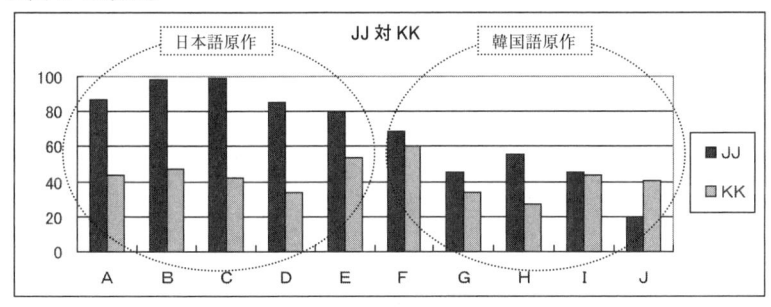

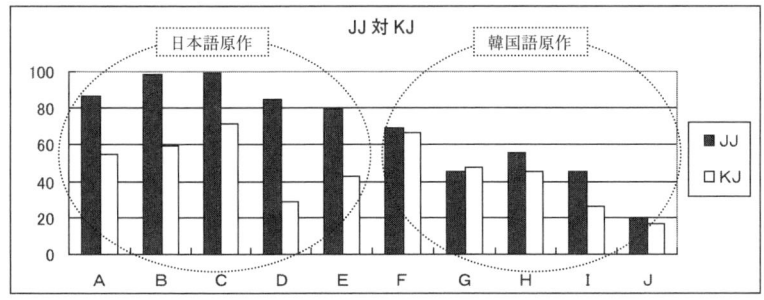

図3：人物像に対する言葉づかいの正解率

まず、日本語版調査票による JJ の正解率と、韓国語版調査票による KK の正解率の間に、明確な差が見られる。正解率の全体平均は、JJ が 70.2％、KK が 42.8％である。人物イラストに対するイメージ調査では、両者の間に意識の差はほとんどなかったが、それらの人物像を言葉づかいと組み合わせる段階で明確に差が出ているのである。

つまり、人物イラストから連想する人物像は同じでも、言葉づかいの選択では KK に比べて JJ がより確かな共通知識を持っているということが明らかになった。とりわけ、本調査では主に文末形式に現れた役割語的な特徴をとりあげている。この結果から、KK に比べて JJ は、文末形式の役割語的要素に

より敏感であり、ひいては役割語についての知識や刷り込みの程度が高いということが推測できる。

　さらに細かく見ていくと、JJの正解率は、日本語原作からのイラストA〜Eでは平均89.6％だが、韓国語原作のイラストF〜Jでは平均47％であり、両者の間に非常に開きがあることがわかる。一方、KKの正解率はA〜Eで平均44.2％、F〜Jでは平均41.2％で、両者の間にそれほど開きがない。

　すなわち、JJは提示された言葉づかいが原作からのものか訳本からのものかに大きく影響をうけているのに対し、KKはほとんど影響を受けておらず、しかも韓国語原作のほうでの正解率がもっと低いという逆の結果となった。ちなみに、両言語母語話者の正解率の標準偏差値を調べたところ、JJでは24.8％なのに対し、KKでは9.3％であり、この結果からも、JJの正解率の原作別によるバラツキが激しいことは明らかである。

　これは、JJの役割語についての知識が、韓国語原作の日本語訳本では十分活用できていないことを意味する。ここから、韓国語を日本語に訳する段階での日本語役割語への配慮のなさがうかがえる。逆の立場からも同じようなことがいえる。つまり、KKの正解率において原作別による違いが見られないことから、日本語を韓国語に訳する段階で日本語の役割語の特性が薄れ、原作と訳本の間に心的ギャップが生じた可能性も考えられるのである。

　ちなみに、両言語母語話者間で差がより明確に表われた、日本語原作からのイラストA〜Eの結果をもとにさらに細かく見てみると、両者の正解率にもっとも差がない項目は「E．ネズミ人間（正解率差25.4％）」である。この人物の言葉づかいの正解文は両言語ともに方言形式となっている。このことから、JJもKKも、異質な人物像に同じく方言を当てはめる傾向があると考えられる。

　また、A〜Eで正解率にもっとも差がある項目は「C．年寄りの博士（正解率差56.6％）」である。このことから、JJはいわゆる「博士語」についてのステレオタイプ的なイメージを持っており、役割語知識としての「博士語」の刷り込みが強いと考えられる。

　つぎに、両方とも日本語版調査票で行ったJJとKJの正解率を見てみると、この両者にも差が見られる。正解率の全体平均は、JJが70.2％、KJが46.5％である。つまり、日本語能力試験1級以上の上級の学習者であっても、役割語についての知識レベルにおいては日本語母語話者との間にかなりの隔たりが

あることがわかる。

　前述したように、JJ の平均正解率は、日本語原作か訳本かによって明確に差が見られる。一方、KJ の平均正解率は A～E で 51.4％、F～J で 40.5％であり、JJ ほどの差は見られず、KK の韓国語版調査票による結果と同じく韓国語原作での正解率のほうが低い。ちなみに、KJ の正解率の標準偏差値は 17％で、JJ と KK の標準偏差値のちょうど平均に当たることも興味深い。

　ここでも、日本語原作からのイラスト A～E の結果をより細かく見てみると、両者の正解率にもっとも差がない項目は「C．年寄りの博士（正解率差 27.7％）」で、もっとも差がある項目は「D．インテリ医者（正解率差 56.3％）」である。これらの結果から、KJ はある程度、「じゃのー、じゃろう」などが「博士語」特有の言語形式だと認識していることがわかる。その反面、「どうしますかな？」「よくお考え下さい」など、丁寧度や日本語の微妙な文脈の違いで人物像を連想する能力に欠けていると考えられる。つまり、KJ は文全体のニュアンスから人物像を読み取るより、「じゃのー、じゃろう、じゃ」など、何か特徴的な言語形式をマーカーとして「役割語」を理解しようとする傾向が強いのではないかと予想される。

　本調査によって、人物イラストから連想する人物像は同じでも、言葉づかいの選択では JJ、KK、KJ の間に顕著な差が見られることが明らかになった。その詳細をまとめると、以下の 3 点のようである。

　　1）韓国語母語話者に比べて日本語母語話者の正解率が高く、役割語に対する共通知識化が日本語母語話者のほうでより進んでいる。
　　2）韓国語母語話者の正解率には原作別による違いがそれほど見られず、日本語母語話者に比べて役割語に対する刷り込みが弱い。
　　3）韓国人日本語学習者は終助詞などの言語形式をマーカーとして日本語の役割語を理解する傾向が強く、特徴的なマーカーがない微妙な役割語については明確なストラテジーを持たない。

4　役割語としての方言イメージの対照

　日本語でも韓国語でも、方言が役割語として大いに活用できるということは前述したとおりである。以下に、日韓または韓日翻訳が行われた小説や映画などの作品の中から、方言翻訳の例をいくつか紹介する。

(11) a. きょうは泊まってけるだら？　　　　　　　　　　（うらぼんえ）
    b. 오늘 자고 갈겨?　　　　　　　　　　　　　　　　（백중맞이）
(12) a. 어데 가노　　　　　　　　　　　　　　　　　　（チング）
    b. どこへ行くんや　　　　　　　　　　　　　　　　（チング）
(13) a. 내래 담배 한 대 피갔수다래.　　　　　　　　　（DMZ）
    b. たばこを一服さスてもらいます。　　　　　　　　（JSA）

　(11)は日本語原作の小説から抜き出した例で、日本の中部方言が韓国の忠清方言に訳されている。(12)は韓国映画のセリフで、韓国の慶尚方言が日本の関西方言に訳されている。(13)は韓国の小説が原作で、朝鮮半島北部の、今の北朝鮮地域となる平安方言が日本の東北方言に訳されている。

　このように、両国で出版・公開されている作品の中で、方言を方言に訳した例は少なくない。しかし、対訳作品などで用いられた両言語の両方言が、はたして読者に同じようなイメージを与えているといえるのだろうか。日本でも韓国でも各地域の方言になにかの形でステレオタイプが存在することを考えると、日韓・韓日翻訳での両言語方言のむやみな置き換えが、さらに両言語話者の読者、あるいは視聴者の間に心理的なギャップを増幅させる可能性も看過できないのである。

　このような考えから、日韓・韓日翻訳での方言使用がプラスとして作用するのか、それともマイナス効果をもたらしてしまうのかを測る1つの基準を示すために、韓国で方言イメージ調査を行った。ここでは、その調査の内容と結果について述べていく。

　2005年3月、韓国のソウル、江陵、大田、大邱の4都市で、韓国語母語話者の大学生330名(ソウル80、江陵77、大田73、大邱100)に意識調査を行い、韓国の8方言(咸鏡、平安、ソウル京畿、江原、忠清、全羅、慶尚、済州)についてのイメージを聞いた[8]。

---

[8] 本方言区画は李・他(2004)を参考にしている。このうち、「咸鏡」と「平安」は、現在の北朝鮮地域にあたり、行政的な区分からいえば韓国方言とはいえないが、今回の調査はあくまでも言語学的観点から進められたため、あえて省くことはしなかった。

4.1 韓国の地域方言についてのイメージ

　ここでは、韓国語母語話者が韓国の各地域方言について、具体的にどのようなイメージを持っているか、はたして一般化された共通のイメージは存在するのかを調べる。そのため、調査票に提示された16評価語の選択肢から各方言にもっともふさわしいと思うイメージを複数回答で選んでもらった。方言イメージの16評価語は、井上(1980)を参考にして作成した[9]。表3は、調査結果からもっとも回答の多かったイメージのベスト3を各方言別にまとめたものである。

表3：各方言イメージの回答率ベスト3　　（　）内は％

回答率 地域名	1位	2位	3位
咸鏡	訛りがある(23.6)	地味(18.4)	素朴(12.6)
平安	訛りがある(21.5)	地味(15.0)	素朴(12.4)
ソウル京畿	標準語に近い(33.0)	都会的(14.7)	近代的(14.2)
江原	素朴(19.5)	地味(18.2)	訛りがある(15.8)
忠清	大らか(27.4)	陳腐(17.2)	地味(16.8)
全羅	地味(16.6)	乱暴(12.3)	訛りがある(11.4)
慶尚	乱暴(18.6)	豪快(16.7)	歯切れがよい(14.5)
済州	訛りがある (34.7)	不明瞭 (30.4)	素朴(7.7)

　この結果から、まず「標準語」と「方言」に対する対比的な意識が明らかになった。波線部のように、ソウル京畿方言についてのイメージは「標準語に近い」「都会的」「近代的」で知的プラスのイメージが強い反面、他の方言についてのイメージでは「訛りがある」「地味」といった知的マイナスのイメージが目立つ。このソウル京畿方言のイメージは、日本語における共通語のイメージとも共通している。井上(1980)によると、東京、西関東の言葉は「知的＋」で都会的なものと評価されており、そのイメージも「標準語に近い」「都会的」「歯切れが良い」「近代的」の順で、韓国語でのソウル京畿方言のイメージとほとんど変わらないのである。

---

[9] 井上(1980)はこの16評価語の上位分類として、知的・情的指数という概念を設けており、本稿でもその基準を応用して考察を進めていく。

もう1つ特徴的な点は、実線部のように、咸鏡方言と平安方言の順位がまったく同じでしかもその回答率においてもほぼ同じ数値を示しているということである。現代の韓国社会で生活している若い世代の韓国語母語話者にとって、実生活の中でほとんど触れることのない咸鏡方言と平安方言の区別は難しく、北部方言という固まりとしてのイメージが強いことがわかる。

4.2　日本語と韓国語の方言イメージの対照

ここでは、4.1の韓国での方言イメージ調査の結果をもとに、日本の方言イメージとの対照を行う。考察の内容は、1つ目に、例(8)(9)と(12)でとりあげた日本の関西方言と韓国の全羅、慶尚方言の比較、2つ目に、例(13)でとりあげた日本の東北方言と朝鮮半島の北部方言の比較に焦点を絞った。

まず、関西方言と全羅・慶尚方言との比較である。表4は、井上(1980)で示した「16評価語の8地方ごとの平均値(p.51, 図2)」による関西方言のイメージと、今回の調査で明らかになった韓国の全羅・慶尚方言のイメージをもっとも数値の高い順にまとめたものである[10]。

表4：関西方言と全羅・慶尚方言のイメージの比較

関西方言	全羅方言	慶尚方言
大らか(情的＋)	地味(知的－)	乱暴(情的－)
やわらかい(情的＋)	乱暴(情的－)	豪快(情的－)
素朴(情的＋)	訛りがある(知的－)	歯切れがよい(知的＋)
乱暴(情的－)	素朴(情的＋)	厳しい(情的－)
訛りがある(知的－)	大らか(情的＋)	訛りがある(知的－)
地味(知的－)	厳しい(情的－)	素朴(情的＋)

井上(1983)によると、総合的に関西方言は知的マイナス、情的プラスの方言であるが、表4では、全羅方言に知的マイナスのイメージが強く、慶尚方言に情的マイナスのイメージが強い。この結果から見ると、関西方言は慶尚方言より全羅方言のイメージに近いとも考えられるが、細かく観察すると、両者とも関西方言との共通項目が「素朴」「乱暴」「訛りがある」で、項目別にはかなり似ていることがわかる。

---
[10] 井上(1980)では「関西方言」の代わりに「近畿方言」という表現を用いており、厳密に言えばこの両者は異なるといえるのだが、ここでその区別は考慮に入れないこととする。

ただし、ここでとりあげた日本語の方言イメージが 20 年も前の調査結果であることを考慮すると、とりわけ「関西方言が情的にプラスだ」という井上（1983）の分析結果が、はたして現在の日本語母語話者の方言イメージにどれほど当てはまるかは疑問が残るところである[11]。

つぎに、東北方言と朝鮮半島北部の咸鏡・平安方言との比較である。上記と同じく、井上（1980）の「16 評価語の 8 地方ごとの平均値」による東北方言のイメージと、今回の調査結果を比べた。表5によると、東北方言についての評価でもっとも目立つのは、知的評価が極端にマイナスということである。一方、咸鏡方言と平安方言のイメージを見てみると、知的マイナスのイメージが多いだけではなく、上位 3 項目の内容が「素朴」「訛りがある」「地味」という東北方言のイメージにぴったりと共通していることがわかる。

表５：東北方言と咸鏡・平安方言のイメージの比較

東北方言	咸鏡方言	平安方言
素朴（情的＋）	訛りがある（知的－）	訛りがある（知的－）
訛りがある（知的－）	地味（知的－）	地味（知的－）
地味（知的－）	素朴（情的＋）	素朴（情的＋）
昔の言葉を使う（知的－）	不明瞭（知的－）	不明瞭（知的－）
重い（知的－）	乱暴（情的－）	乱暴（情的－）
不明瞭（知的－）	厳しい（情的－）	厳しい（情的－）

すなわち、少なくとも今回の調査結果によれば、韓国語母語話者が朝鮮半島の北部方言に対して抱いている方言イメージと、日本語母語話者が東北方言に対して抱いている方言イメージが極めて類似しているということは明らかである。上記の(13)で、韓国小説の平安方言を日本語版では東北方言に当てた例を紹介した。表5の結果からすると、朝鮮半島の北部方言と日本の東北方言の共通するイメージをうまく利用した例と考えていいのだろう。

ここまで、「役割語としての方言イメージの対照」について考察を行った。

---

[11] 実際、今回の調査の事前準備として、日本語母語話者にインタビューを行った結果によると、関西方言に対して「荒い」「やくざ」「うるさい」などの情的マイナスのイメージを持つ人が非常に多く、井上（1980）とはかなり隔たりがあることがわかった。なお、韓国人日本語学習者への聞き込みでも、全羅方言より慶尚方言と関西方言の共通点を強調する声も多く、心的な距離感では本調査と若干ずれている面も見られる。今後の課題として、今回韓国で行った調査と同じ方式での日本国内での新しい調査が必要であると考える。

結論をまとめると、以下の3点である。
1) 関西方言と韓国の全羅、慶尚方言の間には共通するイメージと相反するイメージが複合的に絡み合っている。
2) 東北方言と朝鮮半島北部の咸鏡、平安方言には共通するイメージが多く見られる。
3) 両言語の方言間の共通する部分を生かすことで、翻訳における心的なギャップを縮めることができる。

5　まとめ

　以上、本稿では、日韓対照役割語研究の例として、「対訳作品にみる両言語役割語の相違」、「意識調査から見る役割語に対する意識差」「役割語としての方言イメージの対照」という側面から考察を行った。しかし、現段階で示した結論はまだ本研究の必要性を提起するための現状報告に過ぎない。したがって、日韓対照役割語研究を日韓対照言語研究の一分野として定着させるために今後の課題は多い。冒頭でも言及したように、日韓対照役割語研究の領域は非常に幅広く、さまざまな視点のもとで、いろいろな研究方法と分析対象を組み合わせることができ、その研究への可能性も無限大である。このような、さまざまな過程を積み重ねていくことで、日韓対照役割語研究の日本語学全体への貢献度も高まると期待している。

用例出典一覧（下線は本文中の略語）
青山剛昌『名探偵コナン 2』，小学館，1994
浅田次郎「うらぼんえ」『鉄道員』，集英社，2000
神尾葉子『花より男子 2』，集英社，1993
金恵琳（文享寛他 訳）『飛天舞 1』，タイガーブックス，2001
クァク・キョンテク『友へ チング』，ポニーキャニオン，2002（DVD）
佐藤秀峰『ブラックジャックによろしく 2』，講談社，2002
高橋留美子『犬夜叉 18』，小学館，2000
朴山河（文享寛他 訳）『ウルトラブンブン 1』，タイガーブックス，2001
朴商延（金重明　訳）『共同警備区域 JSA』，文藝春秋，2001
韓丞媛（文享寛他 訳）『あなたの恋人 1』，タイガーブックス，2001
許英萬（文享寛他 訳）『セールスマン 1』，タイガーブックス，2001

藤子・F・不二雄『ドラえもん 2』，小学館，1974
真斗・日下秀憲『ポケットモンスター スペシャル 1』，小学館，1997
梁栄淳(文享寛他 訳)『ヌードヌード 1』，タイガーブックス，2001
AOYAMA Gosho(이희정 訳)『명탐정 코난 2』，서울문화사，1997
아사다 지로(양윤옥 訳)「백중맞이」『철도원』，문학동네，1999
Yoko Kamio(조영희 訳)『꽃보다 남자 2』，서울문화사，1997
김혜린『비천무 1』，대원문화출판사，1997
Syuho Sato(박련 訳)『헬로우 블랙잭 2』，서울문화사，2003
TAKAHASHI Rumiko(서현아訳)『이누야샤 18』，학산 문화사，2002
박산하『레드붐붐 1』，시공사，2000
박상연『DMZ』，민음사 ,1997
한승원『그대의 연인 1』，대원문화출판사，1995
허영만『세일즈맨 1』，타이거북스，2001
후지코 F 후지오(박종윤 訳)『도라에몽 2』，대원 씨아이，1995
MATO・KUSAKA Hidenori(김혜정 訳)『포켓몬스터 스페셜 1』，대원씨아이，1999
양영순『하드코어 누들누드 1』，소담출판사，2000

参考文献

李翊燮 他 (2004)『韓国語概説』東京：大修館書店．
井上史雄 (1980)「方言のイメージ」『言語生活』341，pp.48-56．
井上史雄 (1983)「方言イメージ多変量解析による方言区画」平山輝男博士古稀記念会 (編)『現代方言学の課題』1，pp.71-98，東京：明治書院．
木下順二 (1982)「戯曲の日本語」『日本語の世界 12』東京：中央公論社．
金水敏 (2000)「役割語探求の提案」佐藤喜代治(編)『国語史の新視点 国語論究』8，pp.311-351，東京：明治書院．
金水敏 (2003)『ヴァーチャル日本語 役割語の謎』東京：岩波書店．
都川典子 (1994)「翻訳に見る方言イメージの活用技法」『東京女子大学言語文化研究』3，pp.90-101．
真田信治・ダニエル＝ロング (1992)「方言とアイデンティティ」『言語』21-10，pp.72-79．
鄭惠先 (2004)「日本語と韓国語の役割語の対照 ―漫画の登場人物に対する意識調査結果をもとにして―」『韓国日本語学会 第 10 回学術発表会 論文集』pp.217-222．
전혜영 (2004)「남자와 여자의 언어 , 어떻게 다른가」『새국어생활』14-4
  [http://www.Korean.go.kr/nkview/nklife/2004_4/14_2.html]

第2部

「近代マンガの言語と身体」

第5章　近代日本マンガの言語
　　　　金水　敏

第6章　近代日本マンガの身体
　　　　吉村和真

第5章
近代日本マンガの言語

金水　敏

1　はじめに

本章と次章では、近代日本のポピュラーカルチャーの中でも、とりわけ世界的に強い影響力を持つマンガを取り上げ、その言葉と身体描写の特徴と、歴史的形成について論ずる。そこには、評価の定まった小説や映画などのハイカルチャーではむしろ不鮮明にしか現れない、普通の近代日本人の言語観、身体観、世界観が鮮やかに浮かび上がってくると考えられる。本章では金水が言語の面について述べ、次章では、視覚的な身体と顔の描写をめぐって、吉村和真氏が論じていく。

2　役割語について

金水は2003年に『ヴァーチャル日本語　役割語の謎』という著作を発表した。「役割語」（role language）という概念を提示し、その歴史的起源や心理的・社会的機能について述べたものである。役割語は次のように定義できる。

> ある特定の言葉遣い（語彙・語法・言い回し・イントネーション等）を聞くと特定の人物像（年齢、性別、職業、階層、時代、容姿・風貌、性格等）を思い浮かべることができるとき、あるいはある特定の人物像を提示されると、その人物がいかにも使用しそうな言葉遣いを思い浮かべることができるとき、その言葉遣いを「役割語」と呼ぶ。
>
> （金水 2003 : 205）

即ち、性別、年齢、職業、階層等の人のカテゴリーと分かちがたく結びついた、ステレオタイプ的な話体（speech style）ということが出来るであろう。役割語の表現は、小説、演劇、映画、テレビドラマ、流行歌等の大衆的な作品に

ふんだんに見ることがでるが、特にマンガでは、その視覚的な人物描写と緊密に組み合わされて、効果的に活用されている。役割語無くしては、マンガは成立しないと言ってもいい。

3　老人語・博士語について

日本のマンガによく現れる役割語として、例えば次のようなものが挙げられる。

- 老人語(博士語)
- 男性語、女性語

老人語は文字通り、老人(とくに男性の老人)が用いる言葉である。博士語というのも老人語とほぼ同じ物であるが、マンガでは「博士」と呼ばれる人物が頻繁に登場し、その博士たちが老人語をよく用いるので、特に博士語という名称を与えている(金水 2003：第 1 章参照)。老人語ないし博士語の特徴は、例えば、次のような点に現れる。

標準語：**私が博士だ**
博士語：**わしが博士じゃ**
標準語：**私は知らない**
博士語：**わしは知らん**

すなわち、「A=B」の関係を表すとき、標準語では B の後ろに「だ」をつけるが、老人語・博士語では「じゃ」をつける。また否定を表す表現として、標準語では動詞の後ろに「ない」をつけるが、老人語・博士語では「ん」をつける。さらに、一人称代名詞として、老人語・博士語ではよく「わし」(博士語では、さらに「吾輩」)を用いる。

ここで大変面白い問題がある。現実の東京やその近辺では、老人だからといって、決してここに見るような老人語を用いるわけではない。これに対し、西日本の多くの地方では、「じゃ」「ん」「わし」などの表現をよく用いるが、これは方言として用いるのであって、年齢や世代とは直接関係しない。即ち、マンガに見られる老人語・博士語の表現は、現実を反映したものではない。現実に老人語を話す老人、博士語を話す博士は、東京近辺には存在しないのである。

第5章　近代日本マンガの言語

　ここで、この老人語・博士語の起源をつきとめるために、マンガを始めとするポピュラーカルチャー作品を過去にさかのぼっていくという作業を行うこととする。役割語は、純文学小説のようなハイカルチャー作品にももちろん用いられるが、むしろポピュラーカルチャー作品にこそ露わであり、我々は、幼少時からそのようなポピュラーカルチャー作品を通じて、役割語を始めとするステレオタイプを植え付けられると考えられるからである。

　「博士語」としての用例は、戦前の少年雑誌までさかのぼれる。例えば『少年倶楽部』に連載された「滑稽大学」の「メチャラクチャラ博士」などがその例である。それ以前では、立川文庫や落語の口演記録などに、老人語として現れている。さらに幕末、そして江戸時代後期の戯作・歌舞伎作品など、その起源は江戸時代後期にまで行き着くことが分かる。

　江戸時代は、武士層を頂点とする封建的で固定的な社会が260年あまり続いた時代であるとともに、政治・経済の中心が東日本の江戸（現在の東京）に置かれた時代でもあった。江戸時代以前には、政治・経済の中央は常に西日本の京都や大阪の近辺にあり、江戸のあった東国は、辺境・周縁の地でしかなかったのである。江戸時代においてすら、京都・大阪は「上方」=upper directionと呼ばれていた。江戸時代の半ば頃までは、江戸の町でもむしろ上方語を話す人が多かったことも知られている。

　江戸固有の言葉としての江戸語の形成については、小松(1985)が詳しい。小松によれば、江戸語の形成は第一次形成（寛永期：慶長〈1596〉〜明暦〈1657〉）、第二次形成（明和期：1764〜1771）、第三次形成（化政期：文化〈1804〉〜文政〈1829〉）の3つの過程に分けられるという。第一次形成では武士のことばが形成されるが、江戸の町全体としては方言雑居の状態であった。第二次形成では、町人層にも江戸の共通語というべきことばが形成されていった。なお、上方語では「じゃ」や「ん」を用いるのに対し、江戸語では「だ」や「ない」を用いる。これは江戸語の基層にある、東国語の特徴を受け継いだものである。小松氏は、こののち、「上方語的表現と東国語的表現の対立は、方言間の対立ではなく、江戸語内部の階層的対立へと変質していく。」としている(90頁)。第三次形成では、下層の東国語的表現が次第に非下層に浸透して行く過程が認められるという。第二次形成から第三次形成にかけて、江戸語の社会的な拡大の過程で、時代の推移に敏感な若者が江戸語を、保守的な老

人語を多く用いたという状況がおそらく出現したであろう。そしてその対立を、当時のポピュラーカルチャー作品である歌舞伎や大衆小説が誇張して描いたということが想像できる。これこそが、役割語としての老人語の確立である。

その後、近代に入って、江戸語の文法特徴は東京語に受け継がれ、さらに東京語を基盤として標準語が形成される。すなわち、かつての辺境・周縁のことばを基層とする江戸語は、江戸・東京の政治的な優位性に支えられて首都の言葉、そして標準語へと上昇していき、逆に上方語は、かつての威信を失い、老人の言葉へと成り下がったのである。なおかつ、標準語とかつての上方語、すなわち老人語との関係は、現代社会においては既に現実の反映ではなく、日本人の知識の中に共有された、仮想的な配置であることに注意すべきである。

4 男性語・女性語について

次に、役割語としての男性語・女性語について考えていきたい。

日本語は、話し言葉において男女のスタイルの絶対的な相違を明瞭に持つ言語であり、その点で、世界の主要な言語の中でも珍しいと言われる。例えば、次のような違いである。

　　男性語：明日は｜**ぼく／おれ**｜の誕生日だよ。
　　女性語：明日は｜**わたし／あたし**｜の誕生日よ。

本稿の立場では、結局このような対立も、役割語としての対立であると考える。現実の使用を観察すれば、このような対立が傾向として存在するとしても、それに反する使用もまたいくらでも見出せるのである。以下述べることは、基本的に現実の言語についてではなく、役割語としての男女の言葉遣いの差であると考えていただきたい（金水 2003：第 4 章・第 5 章参照）。

一人称代名詞「ぼく」「おれ」は男性専用語である。また話し言葉の文末で「だ」を用いるのも男性専用の形式である。女性は、「だ」を省略した形で発話する。一方、「わたし」は男性も公的な場面では用いるが、女性は場面に関わらず用いる。「あたし」は、私的な場面で女性が用いることが多いようである。「名詞＋だ（だよ、だね）」「動詞・形容詞＋の＋だ（だよ、だね）」等の形式で、女性が用いる形式において「だ」を落とすのは、強く断定することを避けるという心理が背景にあると考えられる。一方「名詞＋だわ」「動詞・形容詞＋の

（ん）＋だわ」等の形式では「だ」が残っているが、これは終助詞「わ」に、独り言的なニュアンスがあるからと言える。すなわち、聞き手に対して自分の判断を強く主張する形は女性的ではないのである。

　また、動詞のいわゆる命令形「飲め」「行け」「やめろ」等は、男性専用であり、女性は使用しない。一番強くて「飲んで」「行って」「やめて」等の、依頼文に由来する柔らかい形式である。また、「飲んでくださる？」「飲んでくださらない？」等の、ごく丁寧で間接的な依頼形式は、はなはだ女性的である。

　相対的な特徴としては、敬語や間接的な表現を多用すればするほど、女性的に聞こえる、ということがある。以上の点から、一般的に言って、女性語に見られる女性性は「断定しない」「命令しない」「へりくだる」「美化・丁寧化する」といった特徴としてまとめられるであろう。

　繰り返しになるが、こういった対立は、現実の日常会話の中でも確かに見られ、その点で現実の基盤を失っている老人語・博士語とは事情が異なる。しかし、現実の日常会話で、絶対的な女性専用形式が用いられることは、日本人が思っている以上に稀であり、今日の男性と女性の話し方の違いは、現実には極めて小さい（尾崎 1999, Shibuya 2004 等参照）。

　しかし一方で、役割語としての男性と女性の話し方の違いは広く日本人に共有されており、従ってさまざまな作品に便利に利用されている。もちろん、マンガも然りである。ただし、男性、女性にもさまざまなヴァリエーションがあり、それぞれの類型に従って、微妙に異なるスタイルが使い分けられているという点にも注意すべきである。例えば男性専用語の一人称代名詞「ぼく」と「おれ」には、かなり明瞭なイメージの差がある。「ぼく」は、知的、思慮深さ、優しさ、弱々しさといった印象を与えるのに対し、「おれ」は荒々しさ、行動力、男くささ、力強さといった印象を与える。マンガでは、「ぼく」の使用者と「おれ」の使用者で絵柄もかなりはっきり書き分けられている。

　一方女性の場合、話し手の女性性の濃淡により、女性的な表現の使用率も変わっていると考えていいであろう。例えば幼い少女はほとんど女性的表現は用いられない一方で、成熟した女性は明瞭な女性語を使用する。また社会的地位の高い女性ほど女性語が明瞭である。高貴な地位にある女性、良家の子女ともなると、最も女性的な特徴を持った女性語の典型を話す。即ち、「お嬢様ことば」「奥様ことば」「お姫様ことば」と呼ぶべきものである。

なお歴史的に見れば、今日の男性語、女性語の基盤は、明治時代、近代日本の出発後ほどなくして築かれた。男性語の重要な基盤の一つが「書生語」である。「ぼく」は漢語に起源を持つが、江戸時代の儒学者の言葉が近代の書生語に受け継がれ、それが近代の支配者層の言葉、そして少年語に流れ込んだ。一方で「おれ」は古くから用いられていた日本の固有語であり、庶民を中心に土着的な日常語として用いられていた。「ぼく」「おれ」の印象の違いは、こういった起源の違いにも一部由来するものと見られる。

また近代女性語の重要な基盤の一つは、「女学生ことば」である。明治時代になって山の手に発生し、女学校を媒介として東京に広まっていったスタイルであり、典型的な語尾をとって「テヨダワことば」などとも言われる。女学校は明治時代、「女子にも高度な教育を与える」という近代的・理想主義的な思想から出発し、やがて「良妻賢母」教育に絡め取られていくわけであるが、女学生ことばに起源を持つ女性語の発する女性性のイメージは、そのような女子教育の変質とよく釣り合っている。即ち、断定せず、へりくだり、常に男を立てて、自分は背後に退いているという姿勢である。

5　ケーススタディ：サイボーグ009

図1：©石ノ森章太郎／メディアファクトリー版『サイボーグ009』vol.9, 179頁。
［初出は『週刊少年キング』（少年画報社）1966年8月26日第34号］

ここで、マンガのキャラクターと言葉の関係を検証するために、具体的な作品を示したい。その作品は、石ノ森章太郎作「サイボーグ009」で、1964年から1986年まで、掲載誌を変えながら断続的に連載されていた、少年向けSFアクション漫画である。連載の間に、劇場版アニメやテレビ版アニメ・シリーズとしても公開され、広く人気を集めた。改造人間を表す「サイボーグ」という言葉を一躍世に広めた作品でもある。

作品のシノプシスを簡単に紹介しておく。ブラックゴーストという悪の軍団が、世界各国から拉致してきた9人の男女に、最強の兵士として仕立てるべく改造をほどこし、超人的な能力をそれぞれに与えた。その改造に手を貸したのが、天才的科学者、ギルモア博士であるが、博士

は良心の呵責に堪えきれず、9人と力を合わせて脱出を果たす。その後、9人のサイボーグたちとギルモア博士は、日常的な世界では、様々な職業について世間の目から逃れる一方で、機に応じて参集し、その能力と知力を結集して、ブラックゴーストはじめ、世界の悪人や、地球をおびやかす超常的な存在と死闘を展開していく。

　この作品では、9人+1人というパーティが、それぞれの個性を発揮しながら協力し、また時には対立もしながら、敵と立ち向かうという枠組みが採用されている。作品のおもしろさは、まずこの10人の登場人物の個性の書き分けにかかっているといっていいであろう。10人というパーティはヒーロー集団としては多すぎるようであるが、作者の力量は並々ならぬものがあり、10人のヒーローは、視覚的にも、また言葉の面でもうまく描き分けられ、その個性の協調とぶつかり合いが、ストーリーのなかでうまく生かされている。設定としてとりわけ面白いのは、10人の国籍がばらばらであり、日本人読者の国籍ステレオタイプがうまく利用されているという点である[1]。すなわち、登場人物の国籍・出自は次のようである。

---

[1] この作品に国籍・人種ステレオタイプが極めて明瞭に表現されている点について、今回参照したメディアファクトリー版『サイボーグ009』シリーズには、次のようなメッセージが付されている。

　　読者のみなさまへ
　　「サイボーグ009」の作品中には、世界中のいろいろな国の人々が登場します。その中の黒人をはじめとする外国人の絵におきまして、一部、誇張された表現になっております。
　　　このような描き方を不快に思われる方から、人種差別であるとの指摘がなされております。私たちは、真剣にその声に耳をかたむけなければなりません。
　　この作品を描いた当時においても、作者には差別の意識・意図はまったくなく、作者は作品を通してヒューマニズムを大切に考え、本編中にも「世界の人がなかよくくらせるように」とのメッセージを加えています。
　　　作者は1998年におなくなりになりました。作者の著作者人格権を考えますと、私たちが作品を手直しすることはできません。これらのことを考え、原作の世界を尊重して出版をしています。
　　　私たちは、あらゆる差別に反対し、差別がなくなるように努力しなければなりません。読者のみなさまにも、この作品を読まれたことをきっかけに、現在もいろいろな差別が続いていることを理解し、人権(人間が人としてもっている権利)を守ることの大切さを考えていただければと思います。

　　　　　　　　　　　　　　　　　　　　　　　　石森章太郎プロダクション
　　　　　　　　　　　　　　　　　　　　　　　　　　　メディアファクトリー

金水 敏

001
ロシアの幼児にして天才児、超能力者

図2

002
ニューヨーク・ウェストサイドの不良少年

図3

003
フランスのバレリーナ

図4

004
東ベルリンの反政府主義者

図5

005
ネイティブアメリカンのカウボーイ

図6

006
中国人の料理人

図7

007
イギリスの元シェークスピア俳優

図8

008
アフリカの元奴隷、野生動物の監視官

図9

009
日本人の母と国籍不明の父との間に生まれた混血児であるカーレーサー

図10

ギルモア博士
ハーバード大学出身のサイボーグ研究者

図11

図2～11：
©石ノ森章太郎／メディアファクトリー版
『サイボーグ009 コンプリートブック』
26頁, 27頁, 30頁

第 5 章　近代日本マンガの言語

　それぞれの人物の身体描写については、吉村氏が次章で触れることとなる。ここでは言葉の面から、個性の書き分けについて考えていきたい。彼らは母語がすべて異なるはずであるが、日本の少年マンガなので、作品の中ではみんな日本語を話す。各人の個性は、日本語のヴァリエーションとして、役割語によって表現されている訳である。

　まず、ギルモア博士は典型的な博士語を話している。マンガにおける博士とは、科学の力を主人公に与え、勇気づけ、旅立たせる教師としての役割を果たす（一方で、主人公を苦しめる悪の化身として現れる博士もいる）。すなわちこれは、おとぎ話における魔法使いの役どころと重なる。魔法使いも博士も、日本の作品ではほとんど同じような老人語を話す。

　赤ちゃんである 001 は、言葉ではなくテレパシーでコミュニケーションするが、その表現は、ロボットのように無機質で平板なものになっている。ネイティブアメリカンである 005 は、怪力の持ち主であるが、寡黙であり、ほとんどことばを発しない。002、004、007 は、男性語を用い、一人称代名詞としては「ぼく」「おれ」の両方を用いている[2]。黒人である 008 は、時として日本の田舎言葉の要素が混じった表現を用いており、出自の辺境性が強調されている（金水 2003：第 3 章・第 6 章参照）。次のような例である。

(1)　ありがとう！おいらはよわむしだったよ／きゅうにがらっとかわっちまったんでびっくりしたんだ。

図12：ⓒ石ノ森章太郎／メディアファクトリー版『サイボーグ009』vol.8, 170 頁

---

[2] 大雑把な観察であるが、1950 年代くらいまでの少年マンガでは、主人公は概ね「ぼく」を使用し、「おれ」を用いるのは悪玉、不良、田舎者、子分等、ヒーロー性の薄い登場人物に偏っていた。また「ぼく」を使用する主人公の人格は、知恵と勇気と正義感に溢れた理想主義的な人物で、明治時代の「書生」的男子像を引きずっていたと思われる。その後、主人公から理想主義的世界観が薄れ、ひたすら野性的で強い身体能力を備えた男子がヒーロー像として登場するようになるとともに、「ぼく」の使用は減少し、「おれ」に置き換わっていった。吉村和真氏は、この現象と、マンガ雑誌が月刊から週刊に移り変わっていったことの関連性を指摘している（個人的談話）。すなわち連載のサイクルが短くなると、山場を頻繁に作る必要があり、そのために格闘、戦闘、スポーツのような「勝負」ものが少年マンガの主流を占めるようになった。その結果、「賢い」ヒーロー像ではなく「強い」ヒーロー像が求められた、という分析である。「サイボーグ 009」は 60 年代のマンガであるが、まだ旧世代の「ぼく」的ヒーロー像が力を保っている。

そしてヒーロー中のヒーローである009は、言葉のうえではもっとも没個性的な標準語を話し、一人称代名詞として「ぼく」のみを用いている。「ぼく」を用いるのは、フェミニストであるうえに、登場人物中唯一、003と恋愛関係にあるということとも関連するであろう。恋愛する男は概ね「ぼく」で表現されることが多いのである。なお、ヒーローが没個性的な標準語を話すという設定は、マンガをはじめ、ポピュラーカルチャー作品に広く見られる特徴で、読者が最も自己同一化しやすいという理由によるものと思われる(金水2003：第2章参照)。

唯一の女性である003は、典型的な女性語を話している。元バレリーナであり、現在は、赤ちゃんである001や老人であるギルモア博士の身の回りの世話をし、009の恋人でもあるという、女性性を一身に背負わされた存在である。彼女のサイボーグとしての能力が、力強い戦闘能力ではなく、超視覚、超聴力という感覚的なものであるという点にも、ステレオタイプな女性性が色濃く現れている(斎藤1998参照)。

10人のことばの中でもとりわけユニークなのが、中国人である006の言葉である。彼が話すのはまともな日本語ではなく、ある種の「ピジン(pidgin)」である(本書：第10章参照)。すなわち次のようなものである。

(2)　おそろしい世の中にならはったアルなあ……
　　　／災難はわすれたころにきやはるアル

図13：©石ノ森章太郎／メディアファクトリー版
『サイボーグ009』vol.8, 112頁。

日本人読者は、006の話すようなピジンを聞くと、間違いなく中国人を連想する[3]。このピジン日本語の歴史的出自は、近代直前のアジアにおける通商都市にあると思われ、近代以後は横浜のような居留地や、植民地化された中国内陸、また南島で行われていたようである。第二次大戦後、実態としてのピジ

---

[3]　なお、006の話すピジンには微妙に関西弁が混ぜ合わせられている。関西弁キャラクターの、トリックスター的性質をうまく取り合わせる工夫であろう(金水2003：第3章第4節参照)。

ンは消滅してしまったにも関わらず、マンガや一部の映画などでは、中国人の描写として繰り返し用いられてきた。006 がピジンを話すこと、彼の料理人という職業、火を噴くという、奇術師的な彼の超能力、そして何よりもアジア人的な彼の風貌には、日本人の中国人に対するまなざしが顕著に現れているであろう。一方でヒーローの 009 の容姿が、理想化された西洋人的なものであることに注意すべきである(次章参照)。

6　本章のまとめ

　日本人の日本語に対する知識は、言語学的に正確なものとはほど遠く、仮想的なステレオタイプによって構成されているといっていいであろう。そのステレオタイプによって分類された言語・役割語は、日本の歴史のなかで形成され、ポピュラーカルチャー作品によって媒介・拡散され、日本人の心に深く植え付けられてきたのである。優れたマンガ作品は、その役割語の特徴を巧みに生かし、誇張された絵柄と組み合わせて、物語を効果的に構成している。その様子を、「サイボーグ009」という作品を例にとって紹介した。私たちは作品を作品として楽しむだけでなく、作品を支えているステレオタイプの仕組みとその歴史的起源にも目を凝らし、作品が期せずして発しているメッセージを読みとっていかなければならない。

参考文献

金水敏（2003）『ヴァーチャル日本語　役割語の謎』東京：岩波書店．
小松寿雄（1985）『江戸時代の国語 江戸語』国語学叢書 7, 東京：東京堂出版．
尾崎喜光（1999）「女性専用の文末形式のいま」現代日本語研究会（編）『女性のことば・職場編』pp.33-82, 東京：ひつじ書房．
斎藤美奈子（1998）『紅一点論 ―アニメ・特撮・伝記のヒロイン像―』東京：ビレッジセンター出版局(2001 年、筑摩書房より文庫版が刊行)．
Shibuya, Rinko（2004）*A Synchronic and Diachronic Study on Sex Exclusive Differences in the Modern Japanese Language.* Unpublished PhD. Dissertation, the Department of East Asian Languages and Cultures, UCLA.
ゼロゼロナンバー・プロジェクト（編）『サイボーグ 009 コンプリートブック』東京：メディアファクトリー．

第6章
近代日本マンガの身体

吉村　和真

1 〈マンガ読者〉とは何者か

　私の問題関心の大元は、「マンガを読む」という経験をめぐる、以下の2つに集約される。第1に、その経験は、いつ・いかにして日常的な行為として成立・普及したのか、すなわち、その経験の歴史的形成過程に関する研究である。第2に、その経験は、人々の物事の見方や考え方をどう変えてきたのか、そして、それらを通じて人間関係や世界観がどう変わってきたかということである。これは、「マンガを読む」ことに慣れ親しんだ人々(以下、本稿ではこのような人々を〈マンガ読者〉と呼ぶ)に関する思想的・社会的考察を指す[1]。

　これまでの私の研究は、いずれも日本を対象としてきたので、ここで示すところの〈マンガ読者〉とは、日本に居住する人々になるわけだが、彼ら／彼女らの行動様式には、さまざまな興味深い特徴が見られる。以下に、いくつかの例を挙げてみよう。

- 小学校低学年でも数百ページあるマンガを1週間に5〜6冊なら楽々と読める(立ち読みでも大丈夫)。
- 中身を確認しなくても、雑誌名からそこに掲載された作品のジャンルや画風の傾向をおよそ推察できる。
- 一度雑誌で読んだマンガでも単行本で購入するくせに、新古書店が繁盛するほど、それをどんどん捨てる。
- マンガが荒唐無稽なフィクションとわかっていながらも感情移入して泣き笑いする。

---

[1] 〈マンガ読者〉という視座、および「マンガ研究」という方法の有用性については、吉村和真(1999)「方法としての「まんが研究」の模索．まんがと「学」の関係．」(『日本思想史研究会会報』17号)を参照のこと。

・マンガの連載第1回目を読んだだけで誰が主役か脇役か見分けることができる。

　これらは別に科学的根拠に基づいたものではないし、世代や性別などによる個人差もあるので、もちろんすべての〈マンガ読者〉に該当する特徴ではない。また、当然ながら、日本に住む誰もがマンガを読み慣れているわけでもない。ただし、周知の通り、日本におけるマンガの出版部数は膨大であり、集英社『週刊少年ジャンプ』などトップクラスの週刊誌は200〜300万部の刊行を維持しているし、単行本でも1巻につき100万部発行を越える人気作品は少なくない[2]。
　したがって、この〈マンガ読者〉なる存在が日本において決して少数派ではなく、広範囲にわたって読書共同体・解釈共同体を形成していることがうかがえる。その意味では、これから始めるマンガの登場人物の身体描写に関する考察も、現代日本を知るための重要な一面となるだろう。

2　『サイボーグ009』の身体が意味すること

　まず、前章で金水氏が取り上げた『サイボーグ009』の登場人物たちの身体と顔、すなわち外面的特徴を押さえておきたい。なお、次に示す頭身の分類や特徴は、本作品における10人の相対的尺度から導いたものとしてご了解いただきたい［図版1, 2］。

---

[2] 出版科学研究所調べでは、2002年のマンガの販売部数は前年比2.1％減の15億888万冊、推定販売金額は前年比1.6％減の5230億円。同年の1番人気は、尾田栄一郎『ONE PIECE』27巻(集英社『週刊少年ジャンプ』連載)の263万部。このほか100万部を越える作品としては、井上雄彦『バガボンド』16巻(講談社『週刊モーニング』連載)の180万部、青山剛昌『名探偵コナン』(小学館『少年サンデー』連載)の140万部、神尾葉子『花より男子』(集英社『マーガレット』連載)の117万部などがある。

第 **6** 章　近代日本マンガの身体

図版1：©石ノ森章太郎プロ／メディアファクトリー版『サイボーグ009』vol.1, 79頁

図版2：©石ノ森章太郎プロ／メディアファクトリー版『サイボーグ009』vol.1, 144頁

001　2頭身、茶髪、眼が前髪で覆われている、いつもおしゃぶりをくわえている

002　やや長身の6頭身、極端に長い鼻、茶髪、流線型で洒落た髪型

003　6頭身、茶髪、長いまつげ、大きな眼、整った鼻(つまり、いわゆる「美女」)

004　やや長身の6頭身、白眼、長い鼻、白髪

005　大型の6頭身、モヒカン、顔に紋様、茶褐色の肌、つりあがった眼

006　4頭身、ヒゲ、毛先が丸い黒髪、極端に大きく丸い鼻、目玉が見えないほどしょぼくれた眼

007　6頭身、大きな眼、つりあがった大きな口、下に伸びた少し長い鼻、丸坊主(丸禿)

008　5頭身、黒い肌、口の周りだけ白くて太く見える唇、丸い眼、丸く低い鼻、茶髪

009　6頭身、茶髪、長いまつげ、大きな眼、整った鼻(つまり、いわゆる「美男」)

ギルモア博士　4頭身、白髪、極端に大きな鼻、黒目

　実のところ、この外面的特徴と前半で説明された役割語を考慮するだけで、10人の登場人物たちの基本的な性格や役割について、〈マンガ読者〉はかなり

の部分を読み解くことができる。その鍵となるのが、顔と身体に関する細部の描写およびバランスであるが、ここで重要となるのが「人種」概念である。驚くべきことに、『サイボーグ009』の登場人物の描き分けには、約100年前に紹介された「人種」に関する説明が、色濃く影を落としているのだ。

　もともと日本に「人種」概念を紹介したのは、現在も1万円札の肖像に使われるなど、日本で最もよく知られた明治期の知識人の1人、福沢諭吉（1835-1901）である。福沢は西洋の書物を複数翻訳したが、その1つ『掌中万国一覧』は1869年に刊行されている。福沢は、その中で、「世界の人口」を「白皙人種即ち欧羅巴人種、黄色人種即ち亜細亜人種、赤色人種即ち亜米利加人種、黒色人種即ち亜非利加人種、茶色人種即ち諸島人種」の5つに大別し、それぞれの人種に関する外見的特徴と内面的性格を紹介している[3]。

　まず外面的特徴についてまとめると、以下のようになる。すなわち、白い肌で髪が細く手足が長くて容貌が美しい「白色人種」、黄色の肌で頭が大きく鼻が短くて目が細い「黄色人種」、赤茶色の肌で口が広く強壮で体格が大きい「赤色人種」、黒い肌で眼や口が大きく唇が厚くて巻毛で鼻が平らな「黒色人種」、茶色の肌で口が大きく鼻が短く眦が斜上がりのところは黄色人種に似ている「茶色人種」、といった具合である。

　当然ながら「人種」は先天的な存在ではなく、後天的に規定された概念である。しかし、その概念が持つ視覚イメージは根強く、現在の〈マンガ読者〉が登場人物たちの役割を読み解くうえでも、有効な区分材料となり続けている。その意味で注目すべきは、明らかに「白色人種」ではない005・006・008の3人である。この3人の外面的特徴は、福沢が紹介するところの「赤色人種」「黄色人種」「黒色人種」にほぼ重なるのだが、実に3人の出自は、ネイティブアメリカン、中国人、アフリカの黒人なのである。見逃せないのは、これらの人物描写が、連載当時の1960年代中頃の日本人が抱いていた「人種」イメージを、作者の石ノ森章太郎が最大公約数的に視覚化した産物だと考えられる点である。

　次に注意したいのは、福沢が紹介したこれら5つの「人種」が、その生存地域、および近代的文明度の高低に基づいた内面的性格と結び付けられている

---

[3] 時事新報社編（1926）『福沢全集』第2巻、国民図書株式会社、533～536頁。以下の「人種」に関わる説明部分も同じ。

点である。すなわち、「白色人種」は「西洋人」とほぼ重なるのだが、彼らは聡明で1番文明度が高く、以下同様に、「黄色人種」≒「アジア人」は勉強熱心だが才能が狭くて進歩が遅く、「黒色人種」≒「アフリカ人」または「アメリカの奴隷」は性格が怠惰で進歩の意味を知らない、という具合になる。

この「人種」の出自と内面的性格の関係は、サイボーグである9人に与えられた超能力とあだ名を連想させる。例えば、マッハ5の加速装置を内蔵した002は「ジェット」、マシンガンやミサイルなどで全身武器化した004は「死神」と呼ばれるなど、最新の科学技術を備えている。しかしその一方で、大柄で頑丈な身体を持つ百人力の005は「鋼鉄人間」、水中でも呼吸を必要としない008は「人魚」、火を噴きどこにでも潜ることができる006は「もぐら」と呼ばれるなど、身体能力そのものの肥大化や奇術的な側面が強調されることになる。これらの設定は、この3人が「白色人種」ではないことと決して無縁ではない。ちなみに、1番優秀な頭脳の持ち主である001は「電子頭脳」、元俳優らしく何にでも変身できる007は「カメレオン」というあだ名である。

さらに、各々の国籍や職業、生い立ちなども9人の役割と深く結び付いている。幼くしてエスパーの001は超能力開発研究の先進国であるロシアのイメージと、不良らしい顔形の002はニューヨークの荒々しい下町のイメージと、美形バレリーナである003は「芸術の都・パリ」に象徴されるフランスの美的イメージと、白眼・白髪が冷徹さを物語る004は東ドイツの哲学的イメージと、という具合である。これらは「人種」区分に収まりきらない、国民性や地域性を組み入れた設定だと言えよう。そこには、同じ「白色人種」である者同士をいかに細分して差異化するかという課題への応答が看取できる。

要するに、各登場人物の役割分担は、「人種」と「国民」という2つの概念を包括する形でなされているわけである。私は、この2つの概念こそ、近代日本マンガの表現や物語の設定を考察するうえで、極めて重要な要素であると思っている。というより、「人種」と「国民」という要素を、いかに取り込んで応用するかという課題と向き合う中で、近代マンガの文法は練り上げられた経緯があり、それなしには、現在のような日本マンガの隆盛はありえなかったとさえ考えている。

3　ヒーローとヒロインの身体

　続いて、ヒーローの009とヒロインの003に言及したい。

　これは何もマンガに限らないことだが、通常、物語のヒーローとヒロインは美男と美女であり、恋愛関係を持ちやすい。本作品も同様だ。注目すべきは、やはりというべきだろうが、ヒーローとヒロインがともに「白人」的身体と顔の持ち主という点である。その結果、009と003がいずれ相思相愛になることや、同じ003に叶わぬ恋愛感情を抱く別の男性サイボーグが出現するだろうことを、〈マンガ読者〉は一目で見抜くわけである。

　その2人に与えられた超能力は、003は超視覚と超聴力といった感覚的なものだが、009はその他8人の超能力をすべて兼ね備えるという設定である。その意味では万能のはずなのだが、日本人の母と国籍不明の父の間に生まれた009には、自分が混血児であるという悩みが常につきまとう。その心の弱さと正義感の強さが表裏となって彼の人格は形成されていくのだが、そのことで彼が矛盾や葛藤を抱えることと、日本人とのハーフであるにも関わらず、明らかに「白人」的身体の持ち主であることは、やはり無縁ではない。おそらく、彼が「アジア人」や「黒人」的身体の持ち主であったとしたら、そこまで悩む必要はなかっただろう。それに、003と恋愛関係になることもなかっただろうし、金水氏の報告との関連で言えば、彼が標準語を喋ることもなかっただろう。

　実は、作者の石ノ森はこの辺りに関して、以下のような興味深いことを述べている。

　　ヒーロー(hero)英雄。物語などの主人公。たいてい、カッコよくて強い男。ヒロイン(heroine)物語などの女主人公。たいていキレイで、心も美しい少女。

　　ぼくがマンガ家になるまえ、まだマンガファンだったころ。どのマンガを見てもヒーロー、ヒロインはみな美男美女で、強くて正義を愛し……といった申しぶんのない人物ばかりだったので、よし、ひとつマンガ家になったら、ブ男、シュウ女が主人公のマンガをかいてやるぞと決心しておりました。ところが、いざマンガ家になり、いよいよやるぞという段になったのですが、発表するまえに編集者に総スカンをくい、とうと

うこの決心はオジャンになってしまいました[4]。

　この記述からは、登場人物の外面描写が、どれだけ作家の自由になりづらいかがわかる。そのことは、現在でも大差ないはずだ。余談になるが、1人の漫画家が描ける美形のパターンはそれほど多様ではなく、同性だけでなく、異性でさえ顔が似てしまうことがある。例えば図版2でも、仮に009と003の髪型を入れ替えてしまえば、おそらく2人の見分けは簡単にはつかないだろう。

　ただし、この種の不自由さを自覚していた石ノ森は、むしろ漫画家の中では少数派かもしれない。というのも、ヒーローらしさ、ヒロインらしさ、脇役らしさ、悪役らしさなど、マンガにおけるこの「○○らしさ」を支える外面的特徴と内面的性格の組み合わせパターンは、先述の「人種」概念の来歴をふまえれば、少なくともこの100年の間、およそ変化していないと思われるからだ。その1世紀にわたる時間経過の中で、形成され、踏襲され、蓄積され、練り上げられ、ついにはそれ以外のパターンを想像することが困難になるほど、あるいはそのパターンをまったく無視することができなくなるほど、常識的な文法になってしまったのである。

4　「西洋人」的身体と「日本人」的身体

図版3:『別冊太陽.子どもの昭和史.少女マンガの世界Ⅱ.昭和38年～64年』平凡社, 1991年, 表紙

　事実、日本マンガの多くは、特定の類型化された外面的特徴と内面的性格の結び付きを前提に成り立っている。しかもそれは個別の作家や作品を超えて、ジャンル形成にまで影響していると言っても過言ではない。例えば少女マンガにおいては、周知の通り、登場人物の多くが「西洋人」的な顔と身体の持ち主である［図版3］。流麗なブロンドヘアー、異様に大きくキラキラした瞳、バランスの良い頭身と細長い手足など、そこには、理想化された「西洋人」的外面を持った「日本人」の女性・男性

---

[4] 石森章太郎（1965）『少年のための.マンガ家入門』秋田書店、103頁。なお、石ノ森章太郎への改名は1986年のこと。

吉村　和真

図版4：ⓒ林 晃／接力出版社
『美少女的画報』2001年, 10頁

図版5：『第5回アジアMANGAサミット日本大会』公式カタログ、アジアMANGAサミット実行委員会事務局、2002年、47頁に掲載された「日本の少女マンガ風」の中国人作家の作品

たちが居並んでいる[5]。

　しかし、〈マンガ読者〉ではない海外の人々には、これが奇異に見える場合がある。例えば、読者諸氏は、図版4の顔を見てどう思うだろう。「こんな日本人いないよ」と笑う方もいるだろうか。

　例えばアメリカでは、こうした「金髪、大きな瞳」で8頭身の人物描写を"ジャパニーズスタイル"と呼ぶことがあった。私自身の経験から言っても、このような顔に対して、日本の〈マンガ読者〉のように違和感なく感受するのではなく、笑いの対象とするぐらい、客観的な目を向ける欧米の読者も存在する。しかし、同じ海外でも、東アジアでは事情が異なる。実は、この顔は、林晃『美少女的画報』（接力出版社、2001年）という、中国・北京で出版されていた「マンガの描き方」から引用したものだが、同書は日本で出版されている林晃『美少女キャラの描き方』（グラフィック社、1999年）の翻訳版である。私がこれを購入した書店には、同じような「マンガの描き方」が多数並んでいた。すなわち、中国（少なくとも北京）では、アメリカでいうところの"ジャパニーズスタイル"が、違和感なく受容されるどころか、お手本にまでなってい

---

[5] 例えば、社会心理学者の小坂井敏晶は同様の事例について、以下のように述べている。
「意識的であれ無意識的であれ、白人に近づきたいという日本人の気持ちの表出は様々な分野において観察される。マンガに登場する主人公はその大半が西洋人タイプの顔をしている。そしてこの傾向はとくに少女マンガに著しい。体型にしても、主人公のかっこよさを売り物にするいわゆる劇画においては、8頭身あるいはより誇張した体型に描かれている。そして同じ作品中でも脇役は主人公に比較すると胴長短足であることに気づく。マンガは現実と切り離されているがゆえに自由な想像が可能であり、読者の深層心理を汲みとり増幅しながらそれを理想型として提供するのである。したがってこの媒体に登場する主人公が白人化しているということは、白人のようになりたいという願望を日本人が心のどこかで抱いていることの証左であるといえるはずである。」小坂井敏晶(1996)『異文化受容のパラドックス』朝日新聞社、72頁。

るのである［例えば図版5も参照］。

一方、日本のギャグマンガには、しばしば「アジア人」的な外面の持ち主が登場する。それは「メガネ・出歯・がに股」という、現在でも通用するステレオタイプ化された「日本人」像と重なるものである。実のところ、この「日本人」像の原型には、先述した福沢の人種論とは異なる媒体が存在する。それは、幕末から明治初頭にかけて来日したイギリス人のチャールズ・ワーグマン（1832-1891）と、そのワーグマンと入れ替わるように来日したフランス人のジョルジェ・ビゴー（1860-1927）という、2人の画家による諷刺画である。ワーグマンは『ジャパンパンチ』の編集長を、ビゴーは陸軍士官学校の画家教師を務めたり、『TOBAE』をはじめとする画集を多数刊行したりしたが、2人は当時の日本および日本人に関する諷刺画を数多く残している。それもあって、彼らの功績は、近代日本マンガの原点の1つとして、日本マンガ史の中でも評価されているが、その描写は写実的なものから極端なデフォルメを施したものまで多岐にわたる。

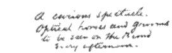

図版6：Ⓒ清水勲編／岩波書店『ワーグマン日本素描集』1987年, 88頁

図版7：Ⓒ清水勲編／岩波書店『続ビゴー日本素描集』1992年, 121頁

その2人の図を見てほしい［図版6, 7］。ワーグマンの方は、人間だけではなく馬にもメガネをかけ、その安易な流行を皮肉っている。ビゴーの方は、明治政府の欧化政策を象徴する鹿鳴館というダンスホールに向かう日本人の男女の容姿が、しょせん西欧文明の猿真似に過ぎないことを揶揄している。しかし、ここに描かれた「日本人」から見えてくるのは、「メガネ、出歯」や「猿顔、つり目」といった外面的特徴だけではない。この2枚の絵からは、当時の後発近代国家に属する「日本人」という〈他者〉の未開性を描くことによって、先発近代国家に属する「イギリス人」「フランス人」としての〈自己〉の文明性を確認しようとす

る、紙背に潜んだワーグマンとビゴーの自他認識までもが看取できるのである。そのことは、ビゴーの絵の右上に書かれた「名磨行（なまいき）」という文字にも如実に反映されている[6]。

したがって、この「メガネ、出歯、がに股」の「日本人」像は、ある意味当然ながら、当時の日本人にとっては不名誉なものであった[7]。ところが現実には、このイメージは20世紀を通じた国際社会の広がりの中で普及・定着し、戦後の「エコノミック・アニマル」に代表される「日本人」像にも連なっていくことになる。しかも、興味深いことに、当の日本人が同じアジアの人々を描いた諷刺画に、あるいはおよそ1960年代以降の日本のマンガに、このビゴーたちが描いた「日本人」像に類似した姿が登場するのである。そこからは、日本人の「アジア人」に対する偏見や、「日本人」自身に対する反転した自己認識が看取できるだろう。「火を噴きピジンを話す中国人」という、あの006の設定も、それと同じ流れにあるのかもしれない。

これに関わって、「西洋人」的身体と「アジア人」的身体が組み合わさったマンガの典型例を紹介したい。松本零士『銀河鉄道999』である［図版8］。私はこの種の説明をする際にいつもこの作品を用いるのだが、ここに登場する2人には、次のような外面的特徴と内面的性格の組み合わせが成立している。

---

[6] チャールズ・ワーグマンおよびジョルジェ・ビゴーの諷刺画に関する詳しい思想史的考察については、吉村和真（1998）「歴史表象としての視覚的「日本人」像」（『江戸の思想』8号、ぺりかん社）を参照のこと。

[7] 例えば、当時の有力な政論新聞であった『朝野新聞』には、「画工ビゴー」と題した以下のような記事が掲載されている（1886年12月11日号）。「先年我邦へ渡来し自今麹町区五番町辺に住居する仏国の画工ビゴーは我東京市中を徘徊せる紙屑拾い或は新内語り等の諸商人を呼び入れ日本人の最も賎しき状態を写して、その本国へ送りやるとのことなるが是等は大に我が国風に関し外人の軽蔑を受くる一端ともなるべければ何とか御免を蒙り度きものなり。」

第 6 章　近代日本マンガの身体

図版8：©松本零士／小学館『ビッグゴールド』より

左の男性＝星野鉄郎
　　外面：小さな目、黒髪、短足、
　　内面：ドジだけど純真
右の女性＝メーテル
　　外面：大きな目、金髪、8頭身
　　内面：聡明で謎めいた美女

〈マンガ読者〉にとって、この組み合わせの入れ替え、例えば「金髪、8頭身」で「ドジだけど純真」な鉄郎や、「小さな目、短足」で「聡明」なメーテルの存在はありえない。もしありえるとすれば、この作品がギャグマンガか不条理ものになった場合だけである。

　同じように、もう1つの典型例としていつも紹介するのが、次のマンガ、秋本治『こちら葛飾区亀有公園前派出所』である［図版9］。

図版9：©秋本 治／集英社『こちら葛飾区亀有公園前派出所』19巻, 1981年, 99頁

右の男性＝両津勘吉
　　外面：短足、ガニ股、五頭身、
　　　　　黒髪の角刈
　　内面：下品だけど純真、義理人情に
　　　　　厚い、いわゆる「江戸っ子」
　　　　　気質
左の男性＝中川圭一
　　外面：長足、8頭身、おしゃれ、
　　　　　ブロンドの長髪
　　内面：冷静沈着、上品で優しい、
　　　　　いわゆる「お金持ち」気質

　こちらも鉄郎とメーテルの関係と同様、内面と外面の要素の入れ替えはありえない。さらに言うと、両津は佃煮屋の息子で、中川は財閥の御曹司なのだが、『サイボーグ009』の登場人物同様、2人の出自が外面と内面の組み合わ

せと深く関係していることは言うまでもない。

とはいえ、現実の世界に、「ガニ股で角刈の御曹司」や「8頭身でおしゃれな佃煮屋」がいても別におかしくない。つまり、これらの組み合わせは、物語をスムーズに展開させるために用いられた、マンガという視覚表現における、イメージの問題なのである。しかし、そのイメージが、単に作者の一方的な発案や好みではなく、読者との長年にわたるキャッチボールを通じて出来上がったということを忘れてはならない。さらには、これまで見てきたように、そのイメージの形式過程に、近代というパラダイムの骨子とも言うべき、「人種」と「国民」という2つの概念が、深く影響していることの意味を問い直さねばならない。

5 まとめ

以上、日本マンガの登場人物たちの顔と身体を手がかりに、その外面的特徴と内面的性格との結び付きについて駆け足で述べてきた。それらがどのような背景のもとに、どれだけ幅広く強固に流通してきた文法なのか、多少なりとも示せていればと願う。しかし断っておくが、だからといって、そのことの是非を結論にしたいのではない。詳細は別に委ねるが、表現としての、メディアとしての、マンガが持つ可能性や課題はこれだけでは語り尽くせず、今回はその一部を提示したに過ぎない。ただ、このようなマンガの文法がおよそ近代という時代・空間の産物であることを知ることによって、〈マンガ読者〉の思想や価値観を規定する諸条件について思いをめぐらすことは、今後の国際社会を見据えるうえで少なからぬ意義を持つと思われる。

なぜなら、近年の日本マンガの海外進出を考慮すれば、〈マンガ読者〉になるのは決して「日本人」だけとは限らないからである。先述の北京のように、すでに日本マンガの文法が浸透しつつある地域は、現在進行形で増えている。本フォーラム開催地のフランスでも、日本マンガの翻訳出版は着

図版10:『LE VIRUS MANGA 6』 Anime Manga Presse, 2004年、表紙

実に進んでいるし、熱烈なファンも急増しているようである[8]。

　大げさに聞こえるかもしれないが、今回のテーマである「近代日本マンガの言葉と身体」は、「近代の日本」はもちろんのこと、「今後の世界」を見つめ直すためにも、様々に問い続けられるべき有用な材料なのである。

参考文献

金水　敏（2003）『ヴァーチャル日本語 役割語の謎』岩波書店．

吉村和真（1999）「方法としての「まんが研究」の模索．まんがと「学」の関係．」『日本思想史研究会会報』17 号．

吉村和真（1998）「歴史表象としての視覚的「日本人」像」『江戸の思想』8，東京：ぺりかん社．

---

[8] 現在、フランスでは LE VIRUS MANGA というマンガ専門情報誌が Anime Manga Presse から刊行されており、その記者もフォーラムに参加していた。ジャンルを越えた雑誌・単行本情報、作品紹介・批評、作家インタビュー、さらには、マンガに登場する日本の地域訪問記など、マニアックな「濃さ」を感受できるその内容からは、フランスで文字通り「マンガウイルス」が増殖中であることが伺える。取扱書店のほか、キヨスクなどで購入できる。なお、私が手にした第 6 号（2004 年 11 月／ 12 月号）の外観情報は以下の通り。B5 変形版（天地 250mm ×左右 170mm）、オールカラー 84 頁、並製、中綴じ、3.90 ユーロ。公式サイト http://www.levirusmanga.fr/index.php（図版 10 は表紙写真）。

第3部

「役割語研究の射程」

第7章　小説における米語方言の
　　　　日本語訳について
　　　　トーマス・マーチン・ガウバッツ

◎

第8章　〈西洋人語〉「おお、ロミオ！」の文型
　　　　　　　　　　　　　　—その確立と普及—
　　　　依田恵美

◎

第9章　役割語としての「軍隊語」の成立
　　　　衣畑智秀・楊　昌洙

◎

第10章　役割語としてのピジン日本語の歴史素描
　　　　金水　敏

第7章
小説における米語方言の日本語訳について

トーマス・マーチン・ガウバッツ

1 序論

「本書には数種の方言が用いられている。すなわち、ミズーリ州の黒人方言、南西地方奥地の極端な方言、普通の「パイク郡」方言および、それから派生した四種の方言などである。その使い分けは、でたらめや憶測によってなされたものではなく、以上の各種方言と親しく接した経験による確かな知識をもとにして、苦心して行なわれたものである。

このような解説を記した理由は、さもないと多くの読者が、本書の登場人物はすべて、同じ言葉で話そうとして、うまくゆかなかったものと、誤解されてはこまると思ったからである。」　　　　　　　　　　作者[1]

『ハックルベリー・フィンの冒険』の序文で、著者のマーク・トウェインはそこに使われている方言について、以上のように書いている。特に最後の文では、トウェインはそれぞれの登場人物が異なった話し方をしていることについて、皮肉を込めて「異なる」ことは「間違い」ではないということを強調している。彼の描く小説の世界では様々な方言が存在し、トウェインにとってはその方言の使い分けが重要な意味を持っているのである。

トウェインはなぜ方言を使用しているのだろうか。もしトウェイン自身に尋ねてみれば、上記の引用にあるように、「『ハックルベリー・フィンの冒険』はアメリカ南北戦争前の南部ミシシッピ川周辺の話であり、当時その辺りに住んでいた人々はそのような話し方をしていたから」と答えるだろう。トウェインが使用している方言は必然的にその地方の地理と結ばれているので、なぜ方言を使用しているのかを問うのは、その小説の設定を問うこととなるのである。

---

[1] Twain、西田訳(1977)上、p.15

『ハックルベリー・フィンの冒険』を通してトウェインは、その時代や地方の現実をできるだけ正確に伝えようとしていたと思われる。

しかし、方言が地理と結ばれているとすれば、翻訳の際、例えば日本語など、その地理と直接関係のない外国語へ、本来の意味を保ちながら翻訳することはどのぐらい可能なのであろうか。谷崎潤一郎の『細雪』を英訳したエドワード・サイデンスティッカーは、その訳のはしがきでこの問題について以下のように述べている。大阪方言の持つ雰囲気を英語で伝えるためにアメリカ南部において上流階級で話される話し方を採用するなどの工夫をするかという例を挙げ、以下のように述べている：

> 「幸子はスカーレット・オハラのように話していたらおかしい。それが、方言が翻訳できない理由である。スカーレットはジョージア州の人間でジョージアの言葉を話し、幸子は大阪出身であるからである。」[2]

『ハックルベリー・フィンの冒険』の日本語訳にも同じようなことが言える。主人公は米国南西地方奥地の人であり、その人物が日本の方言を話していたらおかしい。本来あるべき地理的なアイデンティティを失ってしまうからである。そのためサイデンスティッカーは翻訳の際、方言などのニュアンスを伝えることを諦め、全てを英語の標準語に訳した。

では『ハックルベリー・フィンの冒険』の方言の日本語訳ではどうだろうか。今まで何冊かの訳が出版されているが、本稿では村岡花子訳(1959年)、加島洋造訳(1979年)、と西田実訳(1977年)を例に挙げる。最初にこの三冊の訳の特徴をつかむために、一つの場面をとりあげて比べてみよう。場面は、逃亡した奴隷のジム(最初の引用に出ている、「ミズーリ州の黒人」)が、ハックとフランスの王様の話をしているところである。ジムはフランス語と英語が違うことを初めて知った。

---

[2] Seidensticker(1993)、p.xxii(原文英語、訳は筆者)「Sachiko would be ridiculous talking like Scarlett O'Hara – and there we have the main reason that dialect is untranslatable. Scarlett is of Georgia and speaks its language, and Sachiko is from Osaka.」

第7章　小説における米語方言の日本語訳について

「なんだって、ハックさん、フランスの衆はおらたちと同じ物言いをしねえだかね？」
　　　　　　　　　　　　　　　　　　　　村岡花子訳、1959年[3]

「なんだって？　フランス人はあっしたちと同じ言葉をしゃべるんでねえのか？」
　　　　　　　　　　　　　　　　　　　　西田実訳、1977年[4]

「なんだってー、ハック、フランス人の喋る言葉はおらたちの言葉と違うだか？」
　　　　　　　　　　　　　　　　　　　　加島祥造訳、1979年[5]

　訳によって雰囲気が随分違っているが、共通な点は何かと言えば、まずいずれも標準語ではないことである。村岡、加島の「おらたち」と西田の「あっしたち」、村岡と加島の文末に出てくる「だ」（「しねえだ」「違うだ」）や、村岡、西田の「しねえ」「でねえ」など、日本の方言と思われる表現や訛りが多く出てくる。ジムの話し方はどうしてこのように訳されたのであろうか。また、こういったジムの話し方は日本人読者にどのように受け取られているのだろうか。
　本稿では、『ハックルベリー・フィンの冒険』を例に挙げ、小説に出てくる方言はどのように日本語に訳されているかを考察していく。まず最初に翻訳や方言など、本稿の基本となる概念の定義を定める。次になぜ訳者はそれぞれの話し方を採用したかを検討する。ダニエル・ロングと朝日祥之(1999)は英語や米語の方言の日本語訳に見られる傾向を指摘し、アメリカと日本の方言の対応性を示そうとした。彼らのデータから基本となるモデルを作り出す。そしてこのモデルの妥当性を検討するために独自に行ったアンケート調査を分析する。アンケート調査では、日本人の被験者39人(東北出身者5人、関東16人、関西4人、九州10人)に『ハックルベリー・フィンの冒険』の訳文におけるいくつかの登場人物の発話に対する印象を述べてもらった。これらの回答を被験者の言語的背景と比較しつつ分析する。
　もう一つのモデルとしては、金水(2003)の「役割語」という概念を導入する。「役割語」は日本人が日常生活で話す方言と異なり、小説などの登場人物が話

---

[3] Twain、村岡訳(1959)、p.121

[4] Twain、西田訳(1977)上、p.150

[5] Twain、加島訳(1979)、p.174

す、日本人の読者に決定的な意味を持つ独特な話し方を意味するものである。この「役割語」の概念を翻訳に適用し、二つ目のモデルを作る。そして「役割語」の視点からアンケート調査の結果を改めて分析し、モデルの妥当性を評価する。最後に『ハックルベリー・フィンの冒険』における翻訳の可能性と限界について改めて述べる。

2　定義

「翻訳」に対する典型的な定義の一例を挙げれば、「ある言語表現の意味を別の言語に直して表すこと」である[6]。ここでは暫定的にこのように定義しておくが、一つ不明な点がある。それは文章の「意味」とは何かが充分説明されていないという点である。一つの文章にはいくつかの意味があるからである。

エドワーズ(1985)は言語の機能を「伝達機能」と「象徴的機能」に分けている[7]。彼の定義によれば、伝達機能は発話の具体的な内容を伝える働きを言い、象徴的機能はその言い方によって話者の言語的アイデンティティを表す働きを言う。そして、その二つの機能にはそれぞれ対応する「内容的情報」と「象徴的情報」も含まれると考えられる。簡単な例を挙げれば、「僕ハ行ク」という発話では内容的情報は「行ク」で、象徴的情報は話者が男であるということであろう[8]。そして読者はその発話からできるだけ意味をくみ取るために、その二つの情報を理解したり解釈したりしなければならない。前者は単に言語の知識によって理解できるが、後者は社会的・文化的なアイデンティティを象徴しているので、読者は自分の社会的・文化的な背景によって解釈するとも言えるだろう[9]。言い換えれば、ある言語表現はある情報を表し、その「意味」の理解は読者の解釈によって作られるものと考えられるのではないだろうか。

以上をまとめると、翻訳とは以下のような過程を経るものと定義できる：

---

[6] 集英社国語辞典(1993)、p.1626　本稿では小説の翻訳を主題にするので、定義するには書き言葉を前提にする。しかし、小説に出てくるダイアログなどの話し言葉も含める。

[7] 「Communicative function」と「symbolic function」。Edwards(1985)、p.17

[8] 真田・ロング(1992)、p.72,73

[9] 言語、社会、とアイデンティティの関係の検討は以上で留めるが、詳しくはEdwards(1985)を参照。

1 原文の言語表現の内容的・象徴的情報を分析する。
2 それらの情報は原文の読者にとってどのような意味を持っているかを理解する。
3 訳文の読者ができるだけ近い意味が受け取れるように、内容的・象徴的情報を考えて訳す。

「方言」が何を意味するかを定めるためにエドワーズの定義を基本にする。エドワーズは、「方言とはある言語の異形体(ヴァリアント)を言う」としている。これには、主に話し言葉であるという条件が付け加わっている。また、一つの異形体は単語、文法、発音(アクセント)などの点で他の異形体と区別される[10]。つまり、ある異形体は同じ言語においてそれが他の異形体とどこかが異なる限り存在し、別のものとして定義されるわけである。異形体というのは独立したものでなく、むしろ相対的な存在であると言える。エドワーズは、ある言語の異形体全てを同じく扱い、そのそれぞれを比較しながら定義するべきだとしている。しかし、この定義は妥当なものであるとしてもあまりに概念的である。この定義を具体的な方言例に適用しても、何の弁別もできない。従って時としてもっと絶対的な基準で定義することが必要になってくると思われる。

本稿では、その基準として「標準語」の概念を導入する。金水(2003)によれば、「標準語」とはマスメディアで用いられる、学校で教えられるなどする言語の理想化した異形体を言う[11]。このように「標準語」を定義すれば、その基準と異なるという点で「方言」を定義することができ、少々扱いやすくなる。しかし、「標準語」を基準として採用しても、それは規範的に価値のある異形体などとは言えず、結局もう一つの異形体に過ぎないということになる。その上、ある方言を定義するために他の方言と比べても、また基準と比べても、それはやはり絶対的でなく相対的な存在でしかない。

この相対性には重要な意味があると考えられる。ある言語において、標準語以外はどのような異形体でも一部の人々だけがその異形体を使うわけであり、一つの方言はその人々がある地理・社会的グループに属していること表していると考えられる。方言と地理・社会的グループとの関係は非常に複雑な課題で

---

[10] Edwards(1985)、p.19, 20　方言と言語を区別するいくつかの学説も説明する。

[11] 金水(2003)、p.64

あるが[12]、少なくとも方言の話者は決まった社会的なグループを構成していると言えると思われる。

　ここで指摘したいのは、方言話者がある社会的なグループを構成していれば、方言の使用から得られる情報は以上で述べたような象徴的情報になるということである。例を挙げれば、「行カヘン」という発話では、内容的情報は標準語の「行カナイ」であり、象徴的情報は、話者が関西の人であるということである。既に序論で述べたように、このような地理的な情報を他の言語に翻訳しようとすることは意味もなく、また可能ではないと思われる。

　最後に「ステレオタイプ」を定義したい。「ステレオタイプ」とは、一般社会の人があるグループに属する人々に対して持っている一定のイメージのことである。実際にそのグループを構成する人々はそのイメージに似ているかどうかと関係なく、一般の人の意識にあるイメージなのである。

　上記の例に戻れば、一般の日本人には、「関西の人」と言えば、おそらく「関西地方に住んでいる人」という事実と共に、「関西の人」に関するイメージも浮かんでくるのではないだろうか。それが関西の人に対するステレオタイプである。どのようなステレオタイプであるかを説明するのに、金水は「冗談好き」「おしゃべり」などの特徴を挙げている[13]。このように、ステレオタイプはいくつかの個人的な特徴によって作り出されている。

　以上をまとめると、方言の使用は図1で表されるような働きをする(図1参照)。まず、方言の使用で、方言話者がある地理・社会的なグループに属することが分かる。そして一般の人には、そのグループに属することはステレオタイプ的な特徴を有していることを意味する。方言の使用の意味は結局ステレオタイプのイメージとなる。このイメージこそが翻訳の目標となると考えられる。

---

[12] 詳しくは真田・ロング(1992)、Edwards(1985)

[13] 金水(2003)、p.82

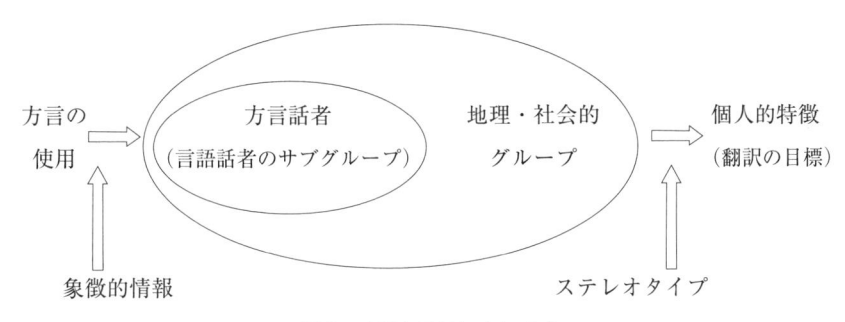

第 7 章　小説における米語方言の日本語訳について

図1：方言とステレオタイプ

3　訳の例文

　前章では、原文がどのように訳されるかは訳者によって異なると述べた。実際、一つの原文には数多くの訳が可能である。特に『ハックルベリー・フィンの冒険』の原文で使われている表現は象徴的な意味が豊かなので、可能になる訳の数が他より一層多くあると思われる。本章では、原文と前述の三冊の訳文から訛りの強い台詞の部分を取り出し、それらを比較しながら訳の多様性を詳しく見ていきたい。

　まず例として選んだ原文は、主人公のハックが読者に自己紹介をしているところである：

「You don't know about me, <u>without</u> you have read a book by the name of *The Adventures of Tom Sawyer*, but that <u>ain't no</u> matter. That book was made by Mr Mark Twain, and he told the truth, mainly. There <u>was things</u> which he stretched, but mainly he told the truth. That is nothing.」[14]

　英語を母語としない読者には、この文章は相当分かりにくいと思われる。教科書などに出てくる英語あるいは米語の標準語とはかなり異なり、標準語として読めば「間違い」と言えるところも多くある。最初の文の「without」は標準語の「unless」の、「ain't no」は「isn't any」の砕けた言い方である。そして三行目の単数動詞である「was」は複数名詞の「things」の動詞として使われている。この文は米語を母語とする読者には、ある一定の印象を与える。そ

---
[14] Twain(1884)、p.49

れは「砕けた」「訛った」「話し言葉」「のんびりした」といった印象である。語の用法から「教養がない」感じもし、「アメリカ南部の人」「田舎者」などのイメージもくみとれる。

それでは、訳文はどうなるだろうか。まず1959年出版の村岡訳を見てみよう：

> 「諸君が『トム・ソーヤーの冒険』という本を読んだことがないなら、僕のことは知らないだろう。だが、そんなことはどうでもいい。その本はマーク・トウェインさんという人が書いたもので、だいたい、ありのままのことを言っている。嘘のところもあるにはあるが、大部分は本当のことが書いてあるから、問題にしなくていい。」[15]

こちらの文章は標準の日本語に極めて近い。「諸君」「だが」など、固い感じがするところが多い。「どうでもいい」「しなくていい」などの話し言葉の表現もあるが、全体的には書き言葉のようである。そして一人称の「僕」で、話し手は男性であることが分かるが、それ以外にこの人物がどのような人物かを知るヒントはほとんどない。

次に1977年出版の西田訳を見てみよう：

> 「おらのことは、『トム・ソーヤーの冒険』ていう本を読んだ人でなければ、だれも知るめえが、そんなことはかまわねえ。その本はマーク・トウェーンさんが書いたもんで、あらましは本当のことが書いてある。少しは嘘っぱちもあるが、あらましは本当だ。でも、どうってほどのことじゃねえ。」[16]

こちらは村岡訳とだいぶ異なり、文体的には村岡訳よりも原文に近いと言える。まず初めの文であるが、原文では一文となっている文を村岡訳では二つに分けているのに対し、西田訳では一文のままに保たれている。また最後の文では村岡訳が前の文に付けているところは、西田訳では分けたままで残されてい

---

[15] 村岡訳(1959)、p.5

[16] 西田訳(1977)上、p.17

第 7 章　小説における米語方言の日本語訳について

る。雰囲気も西田訳と村岡訳では随分異なる。西田訳では「ていう本」「書いたもんで」「どうってほどのことじゃねえ」などの話し言葉を略したスタイルや「あらまし」「嘘っぱち」などの語を使うことで、話し言葉らしくなっている。また「知るめえ」「かまわねえ」などで話し言葉の音調も聞こえてくるようである。それは東北方言を思わせる訛った音調である。最後に、「おら」は非標準語的で田舎者のイメージを与える一人称である。これら様々な語の選択のおかげでこの訳では話し手がどのような人物かよく分かる。

最後に 1979 年出版の加島訳を見てみよう：

「『トム・ソーヤーの冒険』を読まない人は、<u>おれ</u>のこと知ら<u>ない</u>んだ。そんなことはどう<u>だって</u>いいけど、あの本を書いたのはマーク・トウェインって人で<u>ね</u>、<u>あの本のなかでは</u>、本当のことを言っている―<u>ほとんどはね</u>。あちこちに誇張があるけど、だいたいは本当なんだから、<u>まあいいのさ</u>。」[17]

文体的には前述の二つの訳それぞれと比べてもっと著しく異なっている。最初の文の後半を切り次の文に続ける、原文にない「あの本のなかでは」の文句も入れるなどしている。発音の省略形の「んだ」や「だって」、文中に出てくる「ね」と文末にくる「ほとんどはね」や、最後の「まあいいのさ」は確かに話し言葉であるが、西田訳のような「訛った」感じが全くしない。そして前述の二つの訳とまた異なる「おれ」の一人称が使われており、標準語的ではあるが野卑な感じがする。

以上の三つの訳文例から、原文の解釈は訳者によって大きく異なることが分かる。まず文体的なレベルであるが、内容は同じでも表現が多数ある。また表現の選択によって雰囲気が異なる。どのような文体、どのような雰囲気にするのかは、訳者がどのように原文を解釈しているのか、どのようにすれば日本人読者が原文に近いかたちで理解できると考えているのかによると思われる。

さらに広い構造的なレベルでも同じような相違点が見られる。例えば、ハックとジムは互いをどのように呼んでいるのかを見てみよう。原文では、二人とも自分のことは一人称で「I」と言い、相手のことは名前で「Huck」と「Jim」、

---
[17] 加島訳(1979)、p.18

あるいは二人称の「you」を使用している。

しかし、日本語では自分と相手の呼び方は英語より数多くある。表1は、三冊に出てくる呼び方を表にしたものである。これらの呼び方を見ると、訳者が二人の性格と関係をどのように解釈したかがある程度読み取れる。特にハックがジムを「おまえ」あるいは「おめえ」と呼び、ジムはハックを「あんた」「おまえ様」「おめえさん」と呼ぶその違いには彼らがその間柄をどのように意識しているかがよく出ている。

表1：ジムとハックの相互の呼び方

訳	ハック	ジム	ハックがジムを	ジムがハックを
村岡	僕	おら	お前（ジム）	あんた（ハックさん）
加島	おれ	おら	おまえ（ジム）	おまえ様（ハック）
西田	おら	あっし	おめえ（ジム）	おめえさん（ハック）

このような例を挙げたのは、翻訳はどうあるべきかについて、この三冊の訳を比較し評価するためではなく、むしろ一つの原文から異なる翻訳ができる可能性を指摘するためである。

次章以降では、それぞれの訳者がなぜそのように訳したのか、その訳文を読者はどのように受け取っているのかを考察していく。

アンケート調査では、以上の三冊の中から主に西田訳を選び、引用した。その選択の主な理由は、西田訳は方言の翻訳をもっとも工夫していると判断したからである。多くを標準語に訳した村岡訳、加島訳などでは、標準語を利用することにそれなりに工夫が見られるが、日本人読者は単にストーリーを追えるようにし、何をどのように受け取るのかなどの後の解釈は読者の想像にまかせている部分が多いように思われる。それに対し西田訳はもっと複雑に構成されている。西田訳はなぜそのようになっているのか、また日本人読者はどのように受け取っているのかについて検討の必要があると感じた。それらを明らかにしながら、本稿の課題となる方言の翻訳過程とはどのようなものかの考察を進めていきたい。

4　基本的なモデル

基本的なモデルはロングと朝日（1999）によって作られたものである。ロング等はアメリカ映画とその日本語吹き替え版を比較し、そこに出てくる英語方

言と日本語方言の使用が対応するとしている。

具体的には、四つのアメリカ映画の日本語吹き替え版から十人の登場人物を選び、その台詞を分析し、そこに現れる方言使用の傾向を以下のようにまとめている（表2参照）。

表2：登場人物の特徴と英語・日本語方言[18]

映画	登場人物	特徴	英語	日本語
風と共に去りぬ	プリシー	黒人の大農園奴隷	黒人俗英語	東北方言
	ポーク		黒人俗英語	関東方言
	マミー		黒人俗英語	東日本方言
星の王子様ニューヨークへ	黒人老人	都会の労働者階級	黒人俗英語	東北弁・広島弁
	ユダヤ人の老人		ユダヤ人英語	東日本方言
バック・トゥー・ザ・フューチャー	農家の父	30年前の白人農家	米国南部の英語	東北方言
	農家の母		米国南部の英語	東北方言
	農家の子供		米国南部の英語	東北方言
マイ・フェア・レディ	エライザ	都会の労働者階級	コックニー	関東方言
	ドゥーリトル		コックニー	関東方言

ロング等がどのような台詞を方言と言っているのか、例を挙げよう。「風と共に去りぬ」は、アメリカ南北戦争時代に設定されている。大農園の黒人奴隷のプリシーは英語版で以下のように話している：

「We don('t) need no cow Miss Sca(r)let. We'll be home soon. And I's sca(r)ed of cows.」[19]

括弧で表している音声的な特徴の上に、「don('t) need no」（「don't need any」の意）や「I's」（「I is」という非標準語的な文体の略。「I am」の意）などの文法的な特徴もある。これはどのような話し方かと言えば、19世紀の黒人奴隷が使った米語方言なのである。この文の日本語吹き替え版は以下のようになっている：

---

[18] 表はロング・朝日（1999）、p.75、表1を基にして作った。

[19] 前掲 p.69　括弧に囲まれている部分は発音で省略されている音を表している。

「牛なんていら<u>ねえ</u>ですよ。もうすぐなのに。<u>おら</u>、牛が恐い<u>だ</u>もん。」[20]

ロング等は「おら」の一人称や「ねえ」の音声的特徴から、これらを東北方言と呼んでいる[21]。他の台詞についても、方言に似た部分を指摘し、それぞれの台詞を関東方言、東日本方言や広島弁であるとしている。

方言の翻訳がなぜそのようになっているかを説明するために、ロング等は「ステレオタイプ」の概念を援用している。つまり、英語の話者が英語方言の話者に対してステレオタイプを持ち、そのステレオタイプはいくつかの個人的な特徴によって成り立っている。ロング等によると、英語の話者が英語の方言に対してステレオタイプ的なイメージを持っているように、日本語の話者も日本語の方言に対してイメージを持っている[22]。従って、翻訳の際にはどの方言を選ぶのかは次のような選考基準によるとする：

1 原文（アメリカ映画）では、登場人物にある一定の特徴を与えるために、それに合ったステレオタイプを持つ方言が使われている。
2 日本語吹き替え版には登場人物に原文と同じような特徴を与えたい。
3 同じようなステレオタイプを持つ日本語の方言を選ぶ[23]。

これは、日本語吹き替え版側でも、原文において人物に対して方言やステレオタイプによって特徴を与える過程をそのまま繰り返しているというモデルである。ロング等は「教養のない田舎者」という特徴についての例を挙げている。アメリカ南部方言には「教養のない田舎者」のイメージがあり、日本語の方言の中では、東北方言にも教養のない田舎者のイメージがあるので、登場人物が東北弁を使えばそのイメージは日本人の視聴者にも理解されるとする[24]。

このモデルには以下のような弱点がある。まず、ロング等は日本語の方言に関するステレオタイプとはどのようなものかは既に分かっているとせず、この仮説によってそれが分かるとしている点である。しかし、その部分を証明す

---

[20] ロング・朝日（1999）、p.68

[21] 前掲 p.69

[22] 前掲 p.66,67

[23] 前掲 p.68、図1はこれを表している。

[24] 前掲 p.68,76

る研究がなく、結局、指摘は推測の階段にとどまっている。実際に、英語と日本語の方言に関するステレオタイプがそれほどきれいに対応していると判断する理由がない。

　次に、このモデルはサイデンスティッカーが述べている問題に答えられていない。日本語吹き替え版において、例えばアメリカの黒人奴隷が実際に使われている日本語方言を話していたら、日本人視聴者にはそれがおかしく聞こえるのではないかということである。つまり、方言は一定の地方と結ばれているので、ある地方に属する人物が他の地方の方言を話していたら奇妙である。例えば上記のプリシーが東北弁を話せば、この黒人奴隷は東北出身であるかのようにイメージされてしまうのではないだろうか。

　ロング等はこのモデルが不完全であることをある程度は意識しているように思われる。正確な方言でない場合や、同じ登場人物が複数の方言を話す場合など、モデルとずれるところが多いことを認めている[25]。しかし、日本人視聴者がこのように正確でなかったり、複数の方言を話したりしていることをどのように受け取っているかという視点からの研究は行っていない。

　日本人は上記のプリシーの台詞を聞き、実際にそれを「東北方言」と思うのだろうか。そして、そのプリシーに対してどのようなイメージを持つのだろうか。以上の質問に対する日本人の回答を調べるため、アンケート調査を行った。次章ではそのアンケート調査について述べる。

5　アンケート調査説明・背景

　前章では方言翻訳の基本的なモデルを紹介した。原文ではある一定のイメージを与えるために英語方言を使用している場合、翻訳の際には訳者が同じようなイメージを保つことを目的として日本語方言を使用しているというモデルである。このモデルの妥当性を測るためには、以下の検討が不可欠である：

1　日本人読者は訳文にある方言的な台詞を読む際、それを方言として受け取っているかどうか。
2　もし方言として受け取っているならば、それはどこの方言であると思っているか。

---
[25] ロング・朝日(1999)、p.75,76

3 日本人読者は日本語訳文における方言的な台詞を話す人物に対してどのようなイメージを持つのか。

これらを知るために以下のようなアンケート調査を行った。台詞の例としては、序論や第二章で引用したように六つの訛りの強い台詞を西田訳から取り出した。その六つの台詞について上記の質問をした。

最初に、回答者の地理的・方言的背景について以下のことを聞いた。
1 年齢と性
2 自身の出身地、その他今まで住んだところ、両親の出身地
3 東北、関東、関西、九州という四つの地方の方言に対する知識の自己評価、具体的には回答者自身が方言を話したり聞いたりする能力、その使用頻度と場面。

これらの背景を聞いたのは、各回答者の言語アイデンティティがどこかにあるかを定めるためである。現在、その土地に住んでいるからと言ってその土地の方言になじんでいるとは限らない。また、他の土地の方言になじみがないとも言えない。以上の質問への回答を基にし、東北、関東、関西、九州の四つの方言とどのぐらい自己同一化ができるかの自己評価を［無］［低］［中］［高］のレベルに分けて評価した。分類は以下のようになる。

［無］ 話す力も聞く力もほとんどない。話したり聞いたりもしない。聞くことあればそれは生活の場面でなくマスメディア（映画、テレビ、ラジオ、漫画、小説など）である。
［低］ 話す力はほとんどなく聞く力も低い。話さないが時々聞くことがある。多くはマスメディアだが、街、店、学校や職場などの場面もある。
［中］ 話す力は低いが聞く力はかなりある。自分が話すことは少ないが、家族や友達も含めて周りの人が話している。「なじみがある」と言える。
［高］ 話す力も聞く力も高い。自分も周りの人も話している。その方言は言語アイデンティティとして意味があると言える。

回答者の出身地を大きく四つの地方に分けて分析したところ、以下のような傾向が見られた(表3参照)。

表３：回答者出身地による方言自己同一化の傾向

	方言			
	東北	関東	関西	九州
出身地 東北	○	○	○	×
関東	△	○	○	△
関西	△	○	◎	△
九州	△	○	○	◎

×＝無　△＝低　○＝中　◎＝高

これらのデータから、ほとんどの回答者は関西と関東の言葉にある程度のなじみがあることが分かった。その背景には、この二つの方言が漫画、アニメ、ドラマなどのマスメディアに頻繁に出てくることが挙げられる。これに対して、東北と九州は大阪や東京などとは離れたところの言語(地方の言語)と感じている。

性別や年齢に関わる傾向はどこにも現れなかった。加えて、回答者の親の出身地や、これまで住んだ所などは回答者の聞く力などに関わると考えられたが、自分がどのような言葉を話しているのかなどの言語アイデンティティには出身地がもっとも重要であるということが明らかになった。

最後に、この調査方法について述べたい。この背景調査の主な問題点は例として出した方言にある。つまり、地方を東北、関東、関西、九州とかなり広く分けたが、例を挙げるためには、それぞれの場所から具体的に一ヶ所の方言を選ばなければならなかった。東北、関東、関西と九州の方言の代表として、盛岡弁、東京下町方言、大阪弁と博多弁を引用した。その結果、回答者は同じ地方出身であってもその方言の使われているところから離れたところの出身者であれば、その人自身が方言話者であってもその方言が例に挙げられた方言とは異なるため、方言使用は調査の結果に表れなかった可能性がある。しかし、本研究の調査分析のためには、大雑把な地理的・言語的な背景以上は必要としなかったので、今回はこれらは問題としないことにした。

6　アンケート調査分析

前述のようにアンケート調査では西田訳から六つの台詞を取り出した。二

つはハックの台詞で、二つはジムの台詞であった。そして米語標準語と近い台詞を二つ、ロビンソン先生とシャーバン大佐という脇役の台詞を選んだ。四人の話者の六つの台詞について回答者に以下の質問をした：

1　この文章に出てくる言葉は、方言だと思うか。
2　方言なら、それはどこの方言だと思うか。
3　このような話し方をする人は、どのような人だと思うか。(性、年齢、教育、身分、性格、聞き手との関係、あなたと遠く感じるかあるいは近く感じるかなど)

6.1　ジム

まず最初に、ジムの台詞の原文と訳文を比べてみよう：

"Laws bless you, chile, I 'uz right down sho' you's dead agin.(中略) So's to be all ready for to shove out en leave soon as Jack comes agin en tells me for certain you is dead."[26]

「よかっただなあ―おめえさんはてっきり死んだものと思ってただ。(中略)おめえさんがたしかに死んだと知らせるのを聞いたらすぐこぎ出すべえと思っていただよ。」[27]

原文は米語を母語としない読者には読みにくいほど砕けた話し方である。方言の特徴をいくつか指すとすれば、文法的には「you's dead」(米語標準語で言えば「you were dead」の意)など、表現では「right down sho'」(何かが確かなことだと思っていた状態を表す表現)や「ready for to」(米語標準語では「for」を入れない)がある。そして訛りは「chile」(child)や「agin」(again)などという表記で出ている。

訳文の方では東北方言の文末表現「だ」「べえ」と東日本の「おめえ」が方言的特徴を備えている。

この台詞は方言であるという回答は圧倒的に多かった(図2参照、p.17)。ど

---

[26] Twain、p.176
[27] 西田訳(1977)上、p.211, 212

第 7 章　小説における米語方言の日本語訳について

　この方言かと言えば、東北出身者も含めて東北地方という回答がもっとも多かったが、北関東や不明という回答もあった（図3参照、p.17）。どのような人だと思うかという質問に対する回答にもはっきりした傾向が見られた。「身分・教育が低い」「田舎者」のような回答が多く、また「のんびり」「臆病」などの回答もいくつかあった。「昔の人」という回答も少しあり、ほとんどの回答者はこの台詞の話者を自分から遠い存在であると感じていると答えた。

　このデータではロング等のモデルが妥当であると考えられる。ジムは奴隷で、教養がなく身分が低い田舎者であり、原文での彼の話し方はアメリカ人読者にその特徴をよく伝えている。加えて、一般に米国小説などに出てくる奴隷に対しては、「のんびり」や「臆病」のようなステレオタイプもある。日本語の訳文においても、ジムの台詞に対して、同じようなイメージを持った回答が見られた。もし、この台詞が回答にあるように本当に東北の方言であるとすることができれば、ロング等のモデルは妥当なものであると言える。

　しかし、方言であるが東北方言ではないという回答も多くあった。確かに東北方言に似たような部分が出てくるが、一般の読者がそれを東北方言として読んでいるかどうかは不明である。加えて、東北の方言と自己同一化の高い者を含めて、ほとんどの回答者がその台詞の話者を自分から遠い存在と感じている。実際の方言であれば、その自己同一化の程度は地方によって異なるはずである。しかし「昔の話し方」というような回答もあり、そこには実際の方言とのずれが感じられる。

　ジムのもう一つの台詞は方言的な部分が少し異なっている：

"Why, Huck, <u>doan'</u> de French people talk de same way <u>we does</u>?"[28]

「なんだって？　フランス人は<u>あっし</u>たちと同じ言葉をしゃべるん<u>でねえ</u>のか？」[29]

原文は上記の台詞と同じ砕けた感じであり、「doan'」（don't）や「we does」（we do）などと方言が出てくる。訳文の方は、東日本の方言の「でねえ」がま

---

[28] Twain(1884)、p.135
[29] 西田訳(1997)上、p.150

た見られ、この台詞の特徴として東京下町の庶民に独特な「あっし」という一人称も出てくる。

このため、関東方言という回答が非常に多く、「下町の人」などのような詳しい回答もあった。しかし、前の台詞のように地方が不明という回答もあり、方言ではないとする回答も前の台詞に比べて少し多かった。イメージとしては「教育や身分が高くない」「素朴な性格」が多かったが、「田舎者」などはなく、「のんびり」も少なかった。「時代劇」などという回答もあった。

この台詞にも上記のような言語的ステレオタイプが現れている。ロング等のモデルから見れば、「黒人奴隷は素朴」というステレオタイプもあり、訳文でもジムに同じイメージを与えるために訳者が同じようなステレオタイプを持っている東京下町の一人称を使用したと考えられる。回答者がこれを実際の方言として受け取っているのかどうかは不明である。もしこれら二つの台詞を方言であるとすれば、ジムは二つのかなり異なる方言、つまり東北弁と関東弁を同時に話していることとなる。はたしてこれは何を意味するのだろうか。

簡単にまとめると、ジムの台詞に関して以下のことが言える：

1 ジムの台詞に出ているそれぞれの話し方はステレオタイプを持っている。
2 そのステレオタイプでは原文におけるジムのイメージが投影されている。
3 現実に使われている方言と受け取っている回答者が多かったが、非現実的な話し方と受け取っている回答者も多かった。

6.2　ロビンソン先生とシャーバン大佐

次にロビンソン先生の台詞を見てみよう：

"I was your father's friend, and I'm your friend;（中略）You know me（中略）for your unselfish friend, too."[30]

「わしはお前たちの父親の友人であったが、今はお前たちの味方だ。（中略）しかも無欲な味方だということはわかっておるな。」[31]

---

[30] Twain（1884）、p.234

[31] 西田訳（1977）下、p.30

第7章 小説における米語方言の日本語訳について

　原文は米語標準語と非常に近い言葉であるが、訳文には一人称の「わし」と最後の「おる」などの非標準語と考えられる語がある。ロング等は「わし」が使われる台詞を「広島弁」と呼ぶ。またここに出てくる「おる」の使い方も西日本の方言の特徴であると言える。この台詞は日本語としては標準語と言えない。

　しかしながら、アンケートではほとんどの回答者は訳された台詞は方言ではないと答え、方言であると答えた者は主に関東地方の方言であるとした。台詞の話者のイメージとして、「中年以上の男」「身分・教育が高い」「尊大」のような回答が多かったが、「昔の口語」というのも出てきた。

　シャーバン大佐の台詞も米語標準語と近く、訳文にも上記と同じような特徴が見られる：

"Do I know you? I know you clear through. I was born and raised in the South, and I've lived in the North; so I know the average all around."[32]

「わしがおまえらを知らぬと思うか。心(しん)の底まで知っておるわ。わしは南部で生まれ育ったものじゃが、北部にも住んでおったので、おしなべて人の心は分かっておる。」[33]

　原文には「clear through」という少し砕けた表現もあるが、その他は標準語に近い。しかし、訳文は非標準的な部分が多くある。上記のロビンソン先生も使っている「わし」や「おる」に加えて、西日本の言葉の特徴と言える文末表現の「じゃ」も入っている。そして「知らぬ」や「心(しん)」は方言的ではないが現在使われている標準語とも言えない。

　シャーバン大佐の台詞について、方言ではないという回答は多かったが、方言であるという回答はロビンソン先生の台詞より少し多かった。大多数の回答者はどこの方言かについては答えていない。どこの方言かを答えた者は「中部」「熊本」「九州」や「広島」の回答で微妙に西日本を指している。

　この台詞の話者はどのような人かという問いに対しては、ロビンソン先生

---

[32] Twain(1884)、p.209
[33] 西田訳(1977)上、p.261,262

と同じように、「中年以上の男」「身分が高い」などが多く、「えらそう」などもあった(後者には文体的な要因と共に内容的な要因も考えられる)。「昔の口語」のようなコメントもいくつかあった。

　ロビンソン先生の台詞とシャーバン大佐の台詞は以下のような点で、ロング等のモデルとのずれが見られた。まず、ロング等は訳文の方言は原文でも方言となると主張しているところである。方言でないこれらの原文の台詞も、訳文では非標準的な台詞になっている。同時に、回答者はその非標準語的な台詞を方言だと思っていない。方言でない代わりに、昔の言葉であるとした回答もあった。しかし、ロング等が主張するように、この台詞もある一定のイメージを与えている。それは前述のように、身分や教育の高い中年以上の男というイメージであり、それはステレオタイプであると言える。この点ではロング等のモデルと一致していると言える。妥当性が微妙な点は、この台詞は本当に「方言」と言えるかどうかという点である。

　まとめて言えば、この二つの台詞に関して以下のことが言える：
1　原文で標準語である台詞は訳文で非標準的な言葉になることがある。
2　非標準的な言葉でも方言と思われていないことが多くある。
3　その非標準的な言葉も、方言と思われている言葉のようにステレオタイプを持っている。

6.3　ハック

　最後に、ハックの台詞を見てみよう。この台詞は小説の最初のところにあり、分析については既に第三章で述べた：

> "You don't know about me,(中略)but that ain't no matter.(中略)There was things which he stretched, but mainly he told the truth. That is nothing. I never seen anybody but lied, one time or another."[34]

> 「おらのことは(中略)だれも知るめえが、そんなことはかまわねえ。(中略)少しはうそっぱちもあるが、あらましは本当だ。でも、どうってほどのことじゃねえ。だれだって、いつかしら、うそをついたことのねえ人

---

[34] Twain(1884)、p.49

間なんて、見たことがねえもん。」[35]

ここには東北と関東の方言と思われる部分もあるが、アンケートの回答にははっきりした傾向は見られなかった。「東北方言」「関東方言」「方言だが地方は不明」と「方言ではない」という回答はほぼ同じく出てき、「たくさんまざっている」という回答もあった。これらは回答者の出身地や言語アイデンティティと関係なく、東北の者にも関東の者にも同じような分散が見られた。

どのような人物かについての回答の共通点をまとめれば、「荒っぽい」「労働者・農業者」「教育・身分が低い」などがあり、「昔の人」という記述もあった。回答者には台詞の話者を近く感じる者と遠く感じる者が同じぐらいで、どちらとも答えなかった者もいた。

ハックの次の台詞にも、上記と同じような傾向が見られる：

"All right – that's mighty good; they won't find me, and they'll think I've been killed, and floated down the river – there's something up there that'll help them to think so – so don't you lose no time, Jim, but just shove off for the big water as fast as ever you can."[36]

「よし、うまくいった。もうおらも見つかりゃしねえ。みんな、おらが死んで、流れていったと思うだろうよ―そう思いちがいさせるようなものがあっちにあるんだ―だから、ぐずぐずしてねえで、一刻も早く大流の方へこぎ出すんだ。」[37]

原文は上記のハックの台詞より標準語に近いが、「mighty good」（「very good」の意）、「don't you lose no time」（「don't lose any time」）や「as fast as ever you can」（標準語で「ever」は入れない）などの表現では訛りがある。訳文には、上記と同じように「おら」や「しねえ」などの部分が見られる。

この台詞については「方言ではない」という回答が多かったが、「東北方言」

---

[35] 西田訳（1997）上、p.17

[36] Twain（1884）、p.176

[37] 西田訳（1997）上、p.212

「関東方言」と「不明」の回答も多かった。どこの方言かについては、東北出身者の中に「東北方言」と回答した者はいなかったが、東京出身者では「関東」や「東京」と回答した者は何人かいた。台詞の話者に対する印象にはもう一つの台詞と同じように、遠いとする者と近いとする者が五分五分であった。

　これらのデータから、回答者はハックの話し方に対しても、ジム、ロビンソン先生とシャーバン大佐のようにステレオタイプを持っていることが分かった。どのようなステレオタイプかと言うと、「田舎者」「教育・身分が低い」「荒っぽい」というようなステレオタイプである。

　以上をまとめれば、ハックの台詞に関して以下のことが言える：
　1　ハックの台詞が方言かどうかは不明である。
　2　方言であるとしても、どこの方言かは不明である。
　3　この台詞に対するステレオタイプは明確である。

6.4　まとめ

　本章ではアンケート調査の結果を分析し、西田訳におけるジム、ロビンソン先生、シャーバン大佐とハックの話し方に言語的なステレオタイプがあることが分かった。この四つのステレオタイプが描く特徴と、その特徴に近いステレオタイプがイメージできる方言を表4にまとめた：

表4：『ハックルベリー・フィンの冒険』における登場人物の特徴と英語・日本語の方言

登場人物	特徴	英語	日本語
ジム	のんびり・身分や教育が低い・田舎者	黒人奴隷方言	東北・東京下町方言
ロビンソン先生	中年以上・身分や教育が高い・尊大な人	北部標準語	西日本方言？
シャーバン大佐	中年以上・身分が高い・えらそう	北部標準語	西日本方言？
ハック	身分や教育が高くない・荒っぽい・田舎者	南西奥地方言	東北・関東方言？

　ロング等のモデルと合っている点は、このステレオタイプが大体のところ原文の主人公の性格に合っているという点である。従って、訳文に出てくる話し方は日本人読者にそのイメージを与えるステレオタイプを持っていると言っても良かろう。しかしながら、前述のように、その話し方が本当に方言と思われているかどうかは依然として不明である。ロビンソン先生とシャーバン大佐の台詞には西日本の方言に似た部分があるにもかかわらず、その台詞を全体として

方言であるととらえている回答者は非常に少なかった。ハックの台詞には東北や関東の方言的な部分があったが、回答者はそれをどのように受け取っているのかもはっきりした傾向がなかった。

むしろ、どれの人物の台詞においても現実から離れた感じがするという記述をする傾向が見られた。具体的には「昔の口語」「時代劇」「武士」や「テレビのおしん」などと表現されたコメントがあった。これらのデータは、この台詞は実際に使われている方言としてより非現実的な話し方として受け取っている回答者が多いことを意味すると思われる

こういった台詞を非現実的な話し方と答えるのはどういうことだろうか。次章では、一応『ハックルベリー・フィンの冒険』の分析から一時的に離れ、この非現実的な話し方の説明となる「役割語」という概念を紹介する。

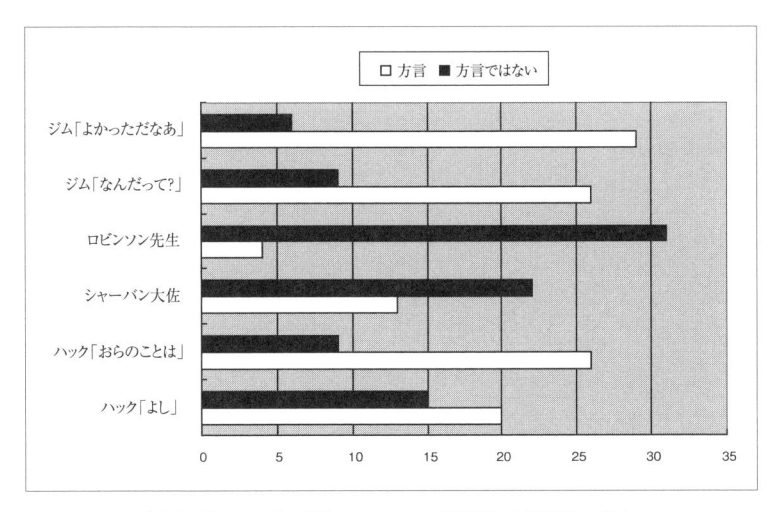

図2：『ハックルベリー・フィンの冒険』の台詞は方言か

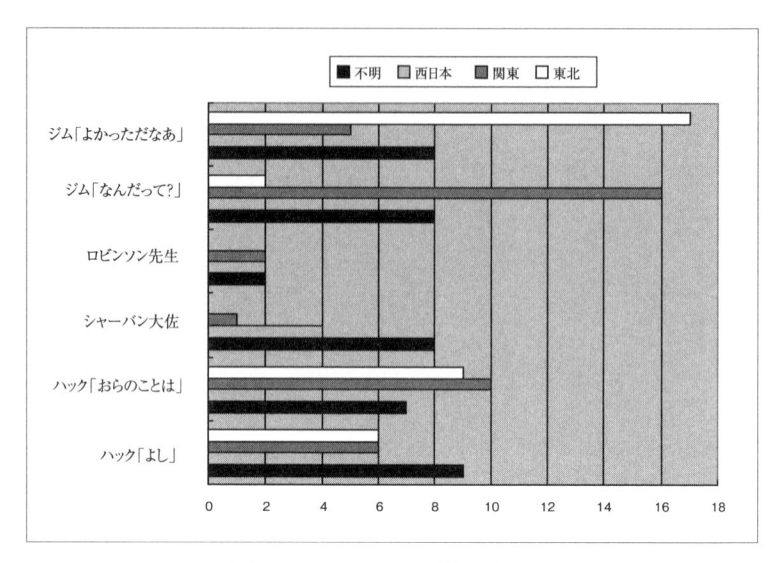

図３：『ハックルベリー・フィンの冒険』の台詞はどこの方言か

7　役割語の紹介

　金水(2003)は著書「ヴァーチャル日本語　役割語の謎」において、日本語の漫画や子供向けの小説などの「幼稚」な作品や、いわゆる「B級作品」の台詞を取り上げている[38]。そこで使われている台詞から登場人物をいくつかの種類に分類し、それらの典型的な話し方を「役割語」と呼び、この役割語の意味や成り立ちを論じている。「役割語」を定義する前に例を挙げよう：

　　「そうじゃ、わしが知っておる」[39]

　金水はこのような話し方を「博士の役割語」と呼ぶ。そのたぐいの小説では、「博士」の役割を果たす登場人物はほとんどこのような話し方をし、博士しかこのような話し方をしない。そのために、ある登場人物がこの話し方をすれば、読者はその人物に博士の役割があることを予想できる[40]。言い換えれば、役割

---

[38] 金水(2003)、p.11,31

[39] 前掲 p.v

[40] 詳しくは金水(2003)、第一章「博士は＜博士語＞をしゃべるか」を参照。

語は方言のように、「言語上のステレオタイプ」であると言える[41]。金水は博士、田舎者、お嬢様などのタイプを紹介している。

　金水は「標準語」も役割語の一つと呼んでいる。しかし博士語などの役割語がある特徴を象徴しているのに対して、標準語が表す象徴的情報は「特に特徴がない」としている。標準語を話す登場人物はステレオタイプ的な特徴がなく、それ故読者は誰もが簡単に自己同一化できるような人物なのである。従って、標準語を話す登場人物は主人公(ヒーロー)の役割が期待できる。これに対して、他の役割語を話す登場人物は必然的に脇役となる。金水は、背景の説明が充分に備わっている場合には標準語を話さない主人公も可能であると認めているが、「標準語とは基本的に、日本人誰でもが説明なしで自動的に自己同一化できる役割語のことを言う」としている。しかも、標準語も他の役割語もマスメディアや学校教育によって普及してきたため[42]、読者は「自分の属する言語コミュニティと関わりなく」、多くの役割語や方言の話者を脇役におき、標準語の話者に自己同一化することができるようになっているのである[43]。

　ところで、役割語と方言はどのように異なっているのだろうか。上記の例を見ると、役割語(標準語以外)には方言的な部分があることが分かる。例えば「じゃ」や「おる」など、西日本方言と部分的に似ているところがあると金水は指摘している[44]。金水は多くの役割語の方言的部分を分析し、加えてその役割語の起源を昔の日本語方言などまでにさかのぼって調べている。

　しかしながら、金水は役割語に方言的起源を認めながらも、役割語が現在の日本で実際に話されている方言とほとんど関係がないことを強調している。日本人の読者は上記の台詞を読み、話者を西日本の人ではなく、博士とイメージする(漫画なら話者の映像もこの解釈を助ける)。金水は例に挙げた話し方を「博士の役割語」としながらも、現実にはそのような話し方をする博士はほと

---

[41] 金水(2003)、p.35

[42] 金水(2003)はそれぞれの役割語、特に標準語の成立に詳しい。標準語の成立を明治時代の言文一致運動やマスメディアの普及などまでさかのぼっている(pp.73-81)。

[43] 前掲 p.63-72　ロング等もこのように述べている。つまり、方言的ステレオタイプは言語コミュニティに関わらない、主人公が標準語をしゃべることが多いなど。ロング・朝日(1999)、p.76

[44] 金水(2003)、p.5

んどいないことも指摘している[45]。博士の役割語は西日本の人々にも本物の博士にも使われておらず、幼稚な作品、B級作品などにおいて博士の役割を与えられた人物だけが使う話し方である。ここに方言と役割語の基本的な相違点がある。方言が現実に使われている話し方であるのに対して、役割語は非現実的な話し方なのである。

　この非現実的な話し方により、仮想現実（ヴァーチャル・リアリティ）が作り出されている[46]。その仮想現実とは以下のようなものである。
1　登場人物が日本語を話していても、日本人でない場合が多く（動物や宇宙人など、人間でもない場合も多い）、設定が日本ではない場合も多い。
2　登場人物の話す日本語にはいくつかの典型があり、それは役割語というものである。この役割語は現実には話されている日本語ではないが、一定の象徴的情報を表し、日本人読者は誰もがその情報から同じようなイメージを受ける。

　それでは、役割語を使用する翻訳のモデルを考えてみよう。原文では方言が使用される場合には、その方言は一定のイメージを持っている。翻訳の際には、訳者はそのイメージを分析し、似たようなイメージを持つ役割語を使用する。例を挙げれば、米語南部方言が「田舎者」のステレオタイプを持っているとすれば、訳者は日本語に既に備わっている田舎者の役割語を使用すればそのイメージを保つことができる。このモデルはロング等のモデルとよく似たものであるが、訳文側には方言の代わりに役割語が使用されているとするものである。

　このモデルはロング等のモデルより妥当性の高いモデルであると思われる。サイデンスティッカーの指摘する問題を解決することができるからである。翻訳の際には方言の地理的な意味などを失うとしても、少なくともほかの方言に換える場合に起こるおかしさはない。もっと一般的に言えば、方言は現実における話し方である限り、小説の登場人物に正確な日本語方言を話させると、登場人物は日本人になり、小説の設定は日本になってしまう。『ハックルベリー・フィンの冒険』の設定はアメリカのミシシッピ川周辺なので、それを日本にすればおかしいことになる。しかし、方言の代わりに役割語を使用すると、設定

---

[45] 金水（2003）、p.11

[46] 前掲 p.36-39

は日本ではなく、ミシシッピ川周辺の仮想現実になり、前述のおかしさを避けることができる。

　もちろん、これも完全なモデルとは言えない。「幼稚」な作品にしか使用されていない役割語を、定まった評価のある文学作品である『ハックルベリー・フィンの冒険』の訳に使用するのは好ましくない。トウェインはB級の作家ではないからである。しかも、トウェインは『ハックルベリー・フィンの冒険』を書いた目的の一つとして、その時代や地域の現実を正確に描写しようとしたことを挙げている。トウェインが使った方言は象徴的なだけでなく描写的な機能を果たしているのである。役割語ではその原文の描写的な機能を果たすことが難しいので、作者の意図は失われてしまう。

　しかし、もともと一般の日本人には19世紀のミシシッピ川周辺の現実はあまり意味がなく、日本語では米語方言の現実的な描写を表すことは不可能である。役割語が使用されれば、少なくとも原文の方言の象徴的な機能が原文でも生かすことができる。

8　『ハックルベリー・フィンの冒険』における役割語

　本章では、アンケート調査の結果を改めて分析し、訳文に出てくる非標準語的な台詞が実際の方言のように受け取られているか、前章で導入した「役割語」のように受け取られているかを判断していく。そのためには、回答者のコメントをさらに詳しく検討する必要がある。

　まずジムの台詞であるが、前述の分析では、多くの回答者は彼の台詞は方言であるとした。台詞によって東北の方言あるいは東京下町の方言と呼ばれる傾向が明らかであった。あまりに明確な回答が多かったので、これらの台詞を説明するには役割語を導入する必要はないとした。しかし数は多くなかったが、前述のように、非現実的な話し方と感じている回答者もあった。そのコメントを例に挙げれば、「すでに死んでる世代の人」などと時代的に遠く感じる者があり、「(しかし)東京下町風」などでは、方言に似ているが実際の方言ではないと述べた者もあった。また「TVの『おしん』の会話」や「映画寅さんシリーズの会話」など答えた者もあり、回答者が特にマスメディアのフィクションに出てくる言葉という印象を受けていることが分かる。「役割語」の概念を知らない回答者は、これらの表現で役割語が果たしている機能と同じようなこ

とを言いたかったと思われる。ジムの台詞は方言と呼ばれていても実際の方言とは感じられていないというわけである。

　ロビンソン先生とシャーバン大佐の台詞には役割語がもっとも明らかに現れている。第一に、これらの台詞の特徴となる「わし」「おる」と「じゃ」は金水が「博士の役割語」として紹介した特徴とよく似たものであり、ロビンソン先生とシャーバン大佐のイメージとなる「中年以上」「身分や教育が高い」や「尊大」なども金水が描写する「博士」のステレオタイプに近いイメージである。第二に、ほとんどの回答者はこれらが方言ではないと言いながらもそのステレオタイプに当たる特徴を述べていた。そこから分かるのは、そのステレオタイプは実際の方言に関するものではないことである。コメントの中では「現代口語ではないと思います」などとその非現実性を指しているもの、「現代口語」よりは「武士（ドラマ）」「時代劇」や「スカーレット・オハラの父」などとフィクションへの連想を述べたものがあった。回答者はこれらの台詞を役割語と見なしていると言っても良いだろう。

　しかしながら、ハックの台詞についての回答には方言かどうかはそれほど明らかな傾向が現れていない。どの地方の方言かは不明であるのに、ハックの話し方に関するステレオタイプは明確に出ている記述が多かった。「ほとんど方言ではないが、『おら』からは田舎という印象をうける」などのコメントから、これは実際の方言ではないが「田舎者」の役割語であることが分かる。なおテレビドラマの「おしん」に関連づけた回答も多かった。しかし、金水の説では役割語のモデルでは、ハックは主人公であるので彼の話し方は日本語の標準語となるはずであるが、この二つの台詞では明らかにそうなっていない。この主人公はどのように受け取られているかさらに検討したい。

　東北・関東・関西・九州出身の回答者はハックにどのぐらい自己同一化できているだろうか。ジムの場合にもロビンソン先生とシャーバン大佐の場合にも、回答者がそれらの人物を明らかに遠く感じている。ジムは常に脇役である。ハックの仲間としても脇役であるし、原文でも黒人奴隷は脇役であるし、訳文でも田舎者は脇役である。ロビンソン先生とシャーバン大佐はさらに背景的な脇役である。前述のような博士の役である。しかし、もし回答者がハックを田舎者の脇役として見なしたら、自己同一化できなくストーリーの主人公と考えるのは難しいことになる。

回答には、近く感じるというのも遠く感じるというのもあった。コメントそのものを見れば、ジム、ロビンソン先生やシャーバン大佐より「近く感じる」という回答がもっと多く、「遠く感じる」という回答より多かった。しかし、回答者の出身地と、台詞はどこの方言と判断したかを比較しながらその傾向を分析すると、逆の傾向が見られる。つまり、回答者は台詞が方言であると答える場合には、その方言の使われているとする場所は回答者自身の出身地や言語アイデンティティのあるところから離れた場所を指したことが多かった。方言であるが地方が不明という場合にも、少なくとも自身から離れているところの話し方であるというように述べている。これらのことから、やはりハックについてもその台詞からは遠く感じていることが分かる。回答者は少なくとも自然に、ハックの話し方に自己同一化しているのではないと思われる。ハックは主人公であるのに、なぜ彼は普通には自己同一化されにくい脇役であることを示す役割語を話しているのだろうか。

　『ハックルベリー・フィンの冒険』の世界はアメリカ南北戦争前の南部ミシシッピ川周辺の田舎である。現代のアメリカ人読者にも、時代に遅れた設定であることは当然であるが、加えて、その時代にも既にアメリカ社会の中心となっていた北部の大都市からは色々な意味では離れたところでもあった。そういう設定の中で、ハック自身はその離れた社会からさらに離れた人物である。ハックはもともと小説の起点となるセント・ピーターズバーグの町に属さない者であり、彼がその社会から逃亡する物語がこの小説のテーマとなっている。『ハックルベリー・フィンの冒険』という小説は、読者から「遠い」ところに設定され、読者から遠い人物が主人公となっている小説なのである。

　であるから、ハックが小説の中心となっているとしても、前述のようないわゆる「中心から離れた感じ」には非常に重要な意味がある。ハックは伝統的なヒーローではない。彼の言葉を日本語で標準語にすることによって彼をそのようなヒーローにすれば、ハックの性格が正しく理解されないだけでなく、小説の意図したものとは全く異なったものになってしまう。そのため、ハックの話し方を田舎者の役割語にするという手法は適切であると考えられる。翻訳の際にもハックのこの「離れた」性格は保たれなければならなく、役割語の使用によってそれが可能となる。

　しかし、上記のように、ハックの役割語に対する受け取られ方にはかなり

の分散が見られた。その他の登場人物、例えばジムの役割（同じような田舎者であるがさらに田舎っぽい）は非常に明らかであることから、ジムの場合には明確で強い役割語を使用することによってハックより脇役にされていることが分かる。またロビンソン先生とシャーバン大佐の台詞は、原文では標準語である。しかし原文の設定は米語標準語が共通語ではない地方である。従って、そこで標準語が使われるとその標準語はある特徴（教育・身分が高いなど）を強く表すことになる。そのために、訳文ではそのイメージに当たる「博士」の役割語が使用されていると考えるのが妥当である。

　最後に、読者はこれらの役割語を話すハックに対してどのぐらいの自己同一化が可能であろうか。アンケート調査を見る限りハックの話し方は役割語で、日本人読者が自然に自己同一化できるかどうかは不明である。第三章に引用した小説の最初に出てくるハックの台詞に、読者が自己同一化できなければ、最初から主人公のハックに対して違和感が出てくる可能性がある。しかし違和感がある場合でも、小説を読み進めることで読者がハックと自己同一化できてくるかどうかによって、その読者が小説のテーマをどのように受け取っていくかが決まってくるのではないかと思う。

9　結論

> 「文化を知るということは、とりもなおさず言語を知るということと、ほぼ同じことを意味することになる」[47]

　井上（1999）は翻訳の限界についてこのように述べている。彼女によると、言語と文化は必然に結ばれており、言語を書くことは同時に文化を書くこととなる。翻訳の困難な点は、原文の文化を訳文の言語で表すことにある。

　方言の場合には、文化を書くという問題はさらに複雑であると考えられる。方言は標準語よりさらに微妙な地方の文化、地理、社会的な情報を表しているからである。そして文学の作品では方言が使用される場合には、『ハックルベリー・フィンの冒険』のように、その方言が大切な意味を持っていることが多い。それを他の言語に直して表そうとすれば、同時にその言語に当たる文化に

---

[47] 井上（1999）、p.36, 37

も変えてしまい、原文の意味が全く変わってしまうということになる。

　本稿では、『ハックルベリー・フィンの冒険』の訳者がその問題に対してどのような手段を取っているかを検討した。まず最初に方言が何を象徴しているのかを分析し、その方言に対するステレオタイプを指摘した。そして第一のモデルとして、原文の方言と同じステレオタイプを持つ、目標の言語の方言を対称的に訳文で使用されているというモデルを検討した。

　次に、このモデルと比較しつつアンケート調査の回答を分析した。その結果は、台詞の一部は簡単に方言と指摘できたが、結局は方言を使用するモデルは訳文における全ての現象を説明するには足りなかった。そこで方言の代わりに「役割語」を導入してモデルを修正し、再びアンケート調査の結果を分析した。その結果、より妥当なモデルであることが明確になり、『ハックルベリー・フィンの冒険』における話し方は役割語が利用されたものであると結論付けた。一人の回答者が述べたように：

　　「小説に出てくる方言は特定の地域の方言というより仮定の方言という感じがします。また、その方が自然です。もし、アメリカを舞台にした話し、例えばニューヨークの下町の人が"べらんめえ"で話していたらかえって奇妙です。」

　この回答者は役割語の概念を意識していないが、「仮定の方言」という言い方で役割語をまとめている。

　ここで役割語はなぜ翻訳に適切かについて述べたい。前述のように、言語がある地方の文化、地理、社会など、つまりその地方の現実と結ばれているために、翻訳には厳しい限界がある。しかし、第七章で述べたように、役割語が描写する世界は日本の現実ではなく、日本人が創造する仮想現実なのである。翻訳の際には、この仮想現実が非常に役立つ道具となると考えられる。

　ある意味では、フィクションは必然的に仮想現実におけるものである。実際の話ではない限り、早かれ遅かれ現実とかけ離れたものになるのである。『ハックルベリー・フィンの冒険』は、現代アメリカ人にもまた当時のアメリカ人にも、日本人によりは現実味があるとしても、自分から遠い場所そして遠い時代における話で、想像しなければならないことも多い。そしてそれをさらに別の

言語の日本語に訳そうとすれば、現実性がさらに失われ、さらに想像しなければならないことが多くなる。

　役割語というものは、つまり日本の現実と離れたところで起こったことを日本語で表すためにできたものである。それはもともと、漫画、SF小説などの不思議な話を、子供でも分かるように表すものであった。脇役や背景的な役を典型に分け、話を単純化し、ストーリーの解釈を簡単にした。そのようにすることで、不思議で異質な話を日本の社会しか知らない子供の読者に理解させることができたのである。重要な点は、その役割語は日本語であるが日本の現実から離れた日本語であるということである。そのような日本語は井上（1999）が述べている翻訳の限界をある程度避ける言語であると考えられる。日本ではない世界を作り出せる日本語である。

　こういった役割語の弱点は何かと言えば、一般的に前述のような「幼稚」な作品に向いたものであるということである。人物を典型化させ、脇役にしてしまう。そのような典型化では表せない人物によって描かれるニュアンスを無くしてしまう恐れもあるだろう。『ハックルベリー・フィンの冒険』を「二人の田舎者が筏に乗り、川の生活を楽しんだ」というような話に訳したら、非常に幼稚で、ポイントが全く外れた話になってしまう。役割語が丁寧に使用されていなければ、そうなる可能性が大いにあるのである。

　役割語の存在が明らかになったところで、三冊の訳に戻ってみよう。本稿では西田訳を詳しく見てきたが、村岡訳と加島訳ではどうだろうか。第三章で述べたように、二冊は雰囲気が随分異なるが、両方ともハックの話し方は標準語と非常に近く、特に村岡訳ではハックの台詞はフォーマルな日本語であるように聞こえる。一般の日本人は彼の台詞を読み、西田訳より素直にハックに自己同一化できるかもしれない。しかし、きれいな標準語を話す「ヒーロー」としてハックを描くと、なぜそのようなヒーローが自分の故郷の社会から逃げ、逃亡した奴隷と一緒に筏で生活するかを理解するのは困難になるだろう。加えてハックは村岡訳で「僕」、加島訳で「おれ」の一人称を使っているのに対し、ジムは「おら」を使っている。ここでは、白人はヒーロー（標準語を話す人）、黒人は脇役・田舎者（非標準語を話す人）というメッセージが暗示されてしまう。西田訳では読者は「田舎者の言葉」を話すハックに自己同一化するのは難しいが、自己同一化できれば読者の中で「田舎者」という否定的なステレオタイプ

がもっと肯定的なものに変わるかもしれない。

　役割語と、役割語によって作り出される仮想現実は日本語の言語的な装置の一つである。三冊の訳の仮想現実にはこの装置の単純な使い方と効果的な使い方が現れている。村岡訳や加島訳の仮想現実は読者のステレオタイプに合っているから読者は簡単に理解できる。しかし、それによってステレオタイプが悪化して受け取られる恐れもある。西田訳の仮想現実は読者のステレオタイプに合わないから理解は難しくなるが、読者の「田舎者」に対するステレオタイプを壊す可能性もある。このような可能性を持っている言語装置は言語学者にも翻訳者やどのジャンルの作者にも興味深いものであろう。

　役割語による危険性と可能性を追求した研究はまだ非常に少ない。金水は役割語の現象を指摘してその定義をし、その起源や歴史の説明を提供している。しかし、金水が挙げる例はほとんど漫画や「幼稚」な文学の文章であり、読者側の効果については一般的に推測にとどまっている。この推測を確認するために、日本各地で大人も子供も対象にした大規模な調査研究が必要となる。そして役割語の可能性を検討するためには、幼稚な作品だけでなく文学における役割語を模索し、それの意図と効果を研究する必要がある。また、役割語を使用している漫画や小説の作者がどのぐらい役割語の現象とその効果を意識しているかも検討していきたい。今後もこれらの方向で役割語という言語はどのような働きが可能かについて、さらに研究を進めていきたい。

資料文献

谷崎潤一郎（1949）『細雪』中央公論新社（trans. Seidensticker, Edward G.（1993）*The Makioka Sisters*, London: David Campbell Publishers, Ltd.）
Twain, Mark（1884）*The Adventures of Huckleberry Finn*, London: Penguin Books Ltd.
加島祥造（訳）（1979）『ハックルベリー・フィンの冒険』東京：筑摩書房．
西田　実（訳）（1977）『ハックルベリー・フィンの冒険〈上〉〈下〉』東京：岩波書店．
村岡花子（訳）（1959）『ハックルベリー・フィンの冒険』東京：新潮社．

参考文献

Edwards, John（1985）*Language, society and identity*, Oxford: Basil Blackwell, Ltd.
藤岡啓介（2000）『翻訳は文化である』東京：丸善．
井上京子（1999）「文化にかかわる翻訳の可能性と限界」『日本語学』18-3, pp.33-43.

金水敏（2003）『ヴァーチャル日本語　役割語の謎』東京：岩波書店.
ロング, ダニエル・朝日祥之（1999）「翻訳と方言―映画の吹き替え翻訳に見られる日米の方言観―」『日本語学』18-3：66-77.
真田信治・ダニエル・ロング（1992）「方言とアイデンティティー」『言語』21-10, pp.72-79.
柴田元幸（2000）『アメリカ文学のレッスン』東京：講談社.
柳瀬尚紀（2000）『翻訳はいかにすべきか』東京：岩波書店.

第8章
〈西洋人語〉「おお、ロミオ！」の文型
——その確立と普及——

依田　恵美

1　はじめに

　本稿では「おお、ロミオ！」に代表される「おお・ああ＋人物」の文型に西洋らしさを担う役割語[1]としての性格を認め、その源泉、および歴史的展開について考察を加える。以下、西洋らしさを担う役割語を金水(2000)に倣い〈西洋人語〉と示すことにする。本稿で〈西洋人語〉と呼ぶ表現の発話者としては、例えば(1)のような人物が想定されるであろう。

(1)　女性…縦ロールの髪をして、絞られたウエストから裾が大きく広がった豪華なドレスを着用。
　　　男性…マントと白タイツを着用し、腰にはサーベルを携帯。

　本稿は以下のように構成される。まず第2節で現代の我々にとって〈西洋人語〉に当たる表現とはどのようなものであるかを実例を挙げながら見て行く。第3節では〈西洋人語〉の源泉となる表現がいかにして登場して来たかを翻訳劇を資料に当時の異文化受容の流れとも合わせて考察する。第4節では〈西洋人語〉の確立と普及の背景について考察を加える。そして第5節で本稿のまとめを行ない、役割語として「おお・ああ＋人物」の文型を考えていく上で今後の課題となるであろう観点について私見を述べる。なお、〈西洋人語〉の普及には異文化接触の要素が絡んでいると考えられる。本稿で行う〈西洋人語〉の確立過程の考察は、開国以来続いて来た異文化受容の一つの形を示すことにもつながるであろう。

---

* 本稿は、拙稿(2002)の内容に加筆・修正を施したものである。
[1] 金水(2000)によって提示された概念である。役割語の定義については金水(2000)(2003)を参照されたい。

2 役割語の実態

　まず、ここで〈西洋人語〉の現状について実態把握を試みる。実際に現代においてはどのような語が西洋らしさを担う役割語として使用されているのであろうか。この点について、漫画などの作品の中で、そこに登場する西洋人が用いている言葉に着目して見て行くことにする。

2.1　西洋人に関するステレオタイプ—「おお、ピエール」—

　どのようなものが西洋人に特徴的な語・表現として一般に広まっているかという問題を探る際、例えば和風のお姫様が活躍する『JAJA姫武遊伝』[2]の(2)の例が大きなヒントとなる。

> (2) 蛇々姫　もしも、あたしたちの間に、恋が芽生えちゃったりなんかしちゃったりして……そうよ！あたしの手を取って、彼は熱く囁くの。これまで君なしで生きてきたなんて、とても信じられない！蛇々姫、もう君を離さないよ！そしたら、あたしは答えるわ。<u>おお、ピエール</u>……
> 　　魅槌丸　ピエールって、誰？
> 　　蛇々姫　彼の名前に決まってんじゃないの！　　　（『JAJA伝』：37）

　(2)は、主人公の蛇々姫が、西洋から来ると聞いている大使について、日頃読んでいる西洋を舞台にした恋愛物シリーズ小説を基に想像を膨らませている場面である。ここで注目したいのが「おお、ピエール……」という蛇々姫の言葉である。この場面からは、蛇々姫が日頃の読書で学習した結果、西洋人である恋人ピエールに愛を告げられたら「おお、ピエール」と言ってその愛に答えるものと思い込んでいる様子が窺える。つまり蛇々姫は、西洋人というものは恋人から甘く囁かれたら「おお＋人物」の文型で答えるものだとイメージしているのである。同作品中でこの「おお＋人物」の例は、感動詞が「ああ」に

---

[2] 小説。主人公の蛇々姫は、恋敵の雨月姫がいかにも和風で古めかしく古典的な「妾言葉（わらわことば）」とでも言うべき話し方をしているのに対し、かなりきびきびとした現代日本少女風の言葉を使っている。ストーリーは、蛇々姫を始めとする日本の魔族が各々の一族の平和と友好を守るために団結し、龍に姿を変えるなどしながら、西洋魔界からやってきた悪魔と戦う「SF変化もの」である。

なっているものを含め他に 2 例あるが、いずれも西洋人（西洋の悪魔）によって発せられたものであり、和風の姫二人[3]の発言には(2)以外に使用例がない。よって、このことも、蛇々姫が「おお＋人物」の文型に対して持っているイメージの裏付けになろう。つまり、言い換えれば、この小説においては、「おお＋人物」の文型が用いられるのは西洋人の恋愛場面においてであり、また、「おお・ああ＋人物」の文型は西洋人に特徴的な表現として捉えられていると推測されるのである。

なお、普段我々が日常使い得る「おお・ああ＋人物」という表現は、(3)のような「気付き」の意味を持つものであるが、本稿で扱うものはこれとは異なる。

    (3)〔家出した弟を探し当てて〕
      兄　<u>おお、健史</u>。ここにいたのか。探したぞ。

なぜなら、(2)で見た「おお、ピエール」の「おお」とは、愛を囁かれた発話者の喜び、あるいは恋人の言葉を聞いてさらに燃え上がる思いが表出したものと考えられるからである[4]。つまり、本稿で扱う「おお・ああ＋人物」という表現は、発話者が情意を込めながら相手に投げかける表現なのである。

(2)のような「おお・ああ＋人物」の使用は(2)だけに限ったものではなく、他のメディアでも往々にして用いられており、西洋らしさを担う役割語として見なすことができる。次節でこの具体例を見て行く。

2.2　漫画の王妃・貴族

「おお・ああ＋人物」[5]の例を、西洋を舞台とした漫画を対象に検討する。今回調査対象としたのは、過去に「ベルばらブーム」が起こるなどし、女性を中

---

[3] 蛇々姫と雨月姫。（注2)参照）

[4] (2)では、蛇々姫は既に相手と対峙し、手まで握られ、愛の言葉を並べ立てられている設定となっている。よってこの場合の「おお、ピエール」は外部のコンテクスト（ここでは相手の存在）に対する「気付き」の意味から発せられたものではない。

[5] 本稿ではこの「おお・ああ＋人物」の「文型」に着目して考察を進める。よって、たとえば、「あ」から始まる感動詞に「ああ」「あああ」「あ…あ…」などのような表記の違いが見られても、「おお・ああ＋人物」の文型全体で為す意味を左右するものではないと考え、これらはいずれも同等の「ああ」であると見なす。「おお」についても同様である。

心に大衆に読まれた『ベルサイユのばら』、および今でも多くの読者に支持されている『ガラスの仮面』の中に登場する劇中劇『二人の王女』である。いずれの作品にも西洋人の台詞に「おお・ああ＋人物」が認められた。以下にいくつかの例を示す。

なお、『ベルサイユのばら』と『ガラスの仮面』とは共に漫画であり、一貫して句読点が省略されているため、本稿で引用する際には台詞の配された行毎に仮に「／」を付して区切ることにする。用例に付した【 】は発話者を、〔 〕は論者による注であることを示す。

まず(2)と同様に、対峙している相手に向かって発話者が「おお・ああ＋人物」を用いた例は次のようになる。(4)ではフェルゼンに対してどうか自分の愛に応えて欲しいと訴える発話者の心の叫びが、また、(5)では発話者の城下の荒廃を嘆く気持ちやユリジェスに縋る気持ちが、それぞれ「ああ」となって現われている。

(4) 【アントワネット】〔王妃の身でありながら国王以外の男性、フェルゼンを愛する気持ちを抑え切れず〕もう／こんなにまでこんなにまで／あつく燃えあがって／しまったこの胸を／どうやって／しずめろと／いうの…！？

【フェルゼン】陛下！

【アントワネット】フェルゼン！！／<u>ああ！！／わたしの／フェルゼン</u>！！

【フェルゼン】陛下！

【アントワネット】わすれてください／いまは！！／わたくしが／王妃である／ことを！／愛しています／フェルゼン！

(『ベルばら』2：87)

(5) 〔ラストニア国第二王女アルディスは臣下ユリジェスに連れられ荒廃した城下を見に来ている〕

【公爵家の息子ユリジェス】姫！

【アルディス】ユリジェス…！／<u>ああ／ユリジェス…！</u>／もういいわ！／もういいの！／わたしを／つれて帰って…！

(『ガラスの仮面』[『二人の王女』]16：71)

第8章 〈西洋人語〉「おお、ロミオ！」の文型

　また、以上は発話者が女性であったが、男性が用いた例もある。(6)を見よう。フランス王妃と密会を重ねるスウェーデン国の男性貴族フェルゼンが発したものである。(6)の「おお」は国政を立て直そうとして必死になっている王妃を憐れに思う気持ちと、そんな王妃に胸を痛めながらも傍にいて助けてやることの許されない自分を嘆く気持ちが表われたものである。

(6)　〔フェルゼンは王妃アントワネットの力になろうと思い国政について助言をしている〕
　【フェルゼン】　ごじぶんひとりで／かってに大臣を／おきめになっては／なりません
　【アントワネット】それから？
　【フェルゼン】　お金のかかる／遊びは／おやめになる／こと《中略》
　【アントワネット】ええ／それから？／それから？／フェルゼン！／それから！？
　【フェルゼン】　〔王妃を抱きしめて〕<u>お…お！／アントワネット／さま！</u>／おそばに／つきっきりで／守ってさしあげる／ことが／できるなら…！／アントワネットさま／アントワネットさま／フェルゼンはつろうござい／ます！／
　　　　　　　　　　　　　　　　　　　　（『ベルばら』2：297-298）

　上に挙げたような、発話者とその場で対峙し「おお・ああ＋人物」を受容する「相手」の存在を前提にしている場面だけでなく、次の(7)(8)のように、発話者の他に誰もいない場面でも「おお・ああ＋人物」は使用される。(7)では発話者が闘病生活に身を置く息子をかわいそうに思う気持ちと、息子と離れ離れになっていることを嘆く気持ちとが、(8)では発話者の心の葛藤が、それぞれ「ああ」となって表出している。

(7)　【アントワネット】〔病気療養のため離れて暮らしている息子を思って〕
　　　　　　　　<u>ああ！！／ルイ・ジョゼフ</u>／あなたのいない／ベルサイユは／永久に／花の咲かない／荒野のようですよ／わたしの／ぼうや！！　　（『ベルばら』3：67）

(8)　【ロザリー】　〔愛するオスカルを助けるために去ることを決意したが、オスカルの下を離れたくない本心と葛藤して独言〕あ…あ…！！／オスカルさま／オスカルさま…

(『ベルばら』2：270)

　以上、西洋を舞台とした漫画作品の「おお・ああ＋人物」の使用例を見て来た。これらから〈西洋人語〉「おお・ああ＋人物」の文型とは、相手と対峙しているか否かに拘わらず、「おお・ああ」に発話者の込み上げる情意を表出させながら、「人物」の部分で提示した相手に対して投げかける表現であることが分かった。では、この「おお・ああ＋人物」の文型が日本人の台詞としてではなく西洋人の台詞として用いられている理由は何なのであろうか。

　我々は日常の口頭語で、情意を投げかけながら「おお・ああ＋人物」と発することはしない[6]。このことから、西洋人の台詞に「おお・ああ＋人物」の文型を用いることで、発話者に日本語話者にはない特殊性を担わせていると理解することができる。例えば、次のような日常的な会話（作例）において、「おお・ああ＋人物」が非常に珍妙に聞こえることに注意されたい。つまり、この珍妙さが非日本語的性格を印象付けるのである。

(9)　稲彦　　これまで君なしで生きてきたなんて、とても信じられない！
　　　　　　　節子、もう君を離さないよ！
　　　節子　　??おお、稲彦！
　　　　　　　稲彦！
(10)〔発話者の前から姿を消した人物に思いを馳せる〕
　　　　　　　??ああ、節子！なんで帰って来ないんだよ。
　　　　　　　節子！なんで帰って来ないんだよ。

3　翻訳劇の実態
3.1　〈西洋人語〉「おお・ああ＋人物」の源泉
　第2節で見た西洋人の用いる「おお・ああ＋人物」の古い例は、明治時代

---

[6] ただし、歌詞などの特殊な場合は除く。

第8章 〈西洋人語〉「おお、ロミオ！」の文型

に出版された翻訳劇まで遡ることができる[7]。(11)(12)はその一例である。翻訳劇においても「おお・ああ＋人物」は、第2節で見たものと同じく、発話者が相手に対して「おお・ああ」に自らの情意を表出させながら投げかけた表現として登場する。

(11) おゝ、奥さま、もう一度物をおつしやれ！デズデモーナさま！おゝ奥さまもう一度物をおつしやれ！
(『オセロー』エミリヤ→殺されたデズデモーナ：229)

(12) おゝ、父上さま、此たびの出陣はあなたのお為でござります、《中略》早う消息を聞いてお目にかゝりたい。
(『リヤ王』コオデリヤ→消息不明の父リヤ王：199)

翻訳劇に見られる「おお・ああ＋人物」はその原作の本文に則ったものである。(11)(12)を原作の該当箇所(13)(14)と比較してみると、上記の「おお・ああ＋人物」はいずれも原作中の"O[8]＋▲▲(人物)"という文型に対する訳となっており、"O＋▲▲"の文型がそのまま反映した形となっていることが分かる。"O"に音声上最も近似性の高い「おお」を充て、それに「人物」を後続させる形で翻訳がなされた結果、文型「おお・ああ＋人物」は登場したのである。

(13) O lady, speak again! Sweet Desdemona, O sweet mistress, speak!
(*The Tragedy of Othello the Moor of Venice*：2166)

(14) O dear father, It is thy business that I go about;《中略》Soon may I hear and see him!　(*King Lear* [*A Conflated Text*]：2533)

しかし、(15)に挙げた『ロミオとジュリエット』の原作とその翻訳の対比からも分かるように、翻訳劇の中には、原作では"O＋▲▲"とあるにも拘わらず、該当箇所の"O"を原作の音声に則した「おお」ではなく、「ああ」で訳したものもある。そして、この「おお」か「ああ」のいずれを選ぶかは、日本語への翻訳が行われた時期によって差が見られる。

---

[7] 初出例については今後調査を行ないたい。
[8] アルファベットの「O」。

(15) a. 〈原作〉O Romeo, Romeo, wherefore art thou Romeo?
   (*The Most Excellent and Lamentable Tragedy of Romeo and Juliet*：891)
   b. ヲ、ロミヨー様ロミヨー様何故御身はロミヨーと御名を附けられたか　　　　　　　　　　　　　　（1886年　河島啓蔵訳）
   c. ああ、ロウミオ、ロウミオ！何故あなたはロウミオなんだらう？
   　　　　　　　　　　　　　　　　　　　（1948年　竹友藻風訳）
   d. おお、ロミオ、ロミオ！どうしてあなたはロミオ？
   　　　　　　　　　　　　　　　　　　　（1973年　小田島雄志訳）

3.2　感動詞「O(オゥ)」の訳語の変遷

　「おお・ああ＋人物」の典型とでも言うべき「おお、ロミオ！」のフレーズが登場する『ロミオとジュリエット』を取り上げ、原作 The Most Excellent and Lamentable Tragedy of Romeo and Juliet の第二幕と第三幕に登場してくる"O＋▲▲[9]"と、それに対応する該当箇所の訳を各翻訳劇毎に後掲の表1に示した。この結果を基に、原作の"O＋▲▲"の"O"に対して「おお」と「あ あ」とが明治から現代までの約百年間にどのように充てられていたかを見て行く。なお、表中の「●」はたとえば「ロミオ！」「領主様！」のように人物名だけで構成され、日本語訳に感動詞部分が認められないものを、また、「－」は"O＋▲▲"に該当する部分そのものが翻訳劇の中に登場しないものを示す。「イ、ロ、ハ…」は原作と翻訳の対応箇所を示す。使用したテキストは次の通りである。訳者名以下の記述は順に、刊行年、作品名、出典、および本稿で使用する略号を示す。

河島啓蔵（1886［明治19］）『春情浮世之夢』（『シェイクスピア翻訳文学全集3』（1999）．東京：大空社）．【河】

戸沢姑射（1905［明治38］）『ロメオ エンド ヂュリエット』（『シェイクスピア翻訳文学全集21』（1999）．東京：大空社）．【戸】

坪内逍遥（1910［明治43］）『ロミオとジュリエット』（『シェイクスピア翻訳文学全集39』（2000）．東京：大空社）．【坪】

---

[9]　(3)のような明らかに「気付き」の意味で用いられているものについては対象から除く。なお、「おお・ああ＋人物」と訳されるものには他に"Ah＋▲▲""Alas＋▲▲"も認められたが、少数のため考察対象から外した。これについては、今後"O＋▲▲"と対照しながら検討したい。

第8章 〈西洋人語〉「おお、ロミオ！」の文型

横山有策（1929［昭和4］）『ローミオとジュリエット』世界文学全集（3），沙翁傑作集．東京：新潮社．【横】
竹友藻風（1948［昭和23］）『ロウミオとジユーリエット』シェイクスピア選集5，東京：大阪文庫．【竹】
中野好夫（1951［昭和26］）『ロミオとジュリエット』世界文學全集古典篇，シェイクスピア篇．東京：河出書房．【中】
大山敏子（1966［昭和41］）『ロミオとジュリエット』旺文社文庫．東京：旺文社．【大】
福田恆存（1968［昭和43］）『ロミオとジュリエット』新潮世界文学1，シェイクスピアⅠ．東京：新潮社．【福】
小田島雄志（1973［昭和48］）『ロミオとジュリエット』シェイクスピア全集Ⅰ．東京：白水社【小】
平井正穂（1973［昭和48］）『ロミオとジューリエット』愛蔵版 世界文学全集4．東京：集英社．【穂】

　表1を見ると、どの作品も主に原作の"O＋▲▲"の文型に則して訳がなされている点と、訳者によって"O"の訳に差があり、翻訳年代が下るにつれてその多様性を増している点に注目される。この"O"の訳に何を充てるかによってこれらは三段階に大別できる。
　【河】から【横】の戦前の作品では、原作の"O＋▲▲"の文型が日本語訳でも保持されており、"O"の訳はほとんど「おお」である。この「おお」という訳は、日本語に以前から存在し[10]、"O"の転写になり得た「おお」が充てられたものと見られる。つまり、原作の"O＋▲▲"の文型と音声の特徴がそのまま訳に反映している。この時期はまだ翻訳劇の開花時期であり異文化との接触経験に乏しかったため、原作から受けるインパクトは甚大なものであったと思われる。西洋文化を日本に取り込む手段の一つとして成った翻訳劇は、原作から窺い知れる西洋的特徴を、余す所なく読者に伝えようとしたであろう。そして、原作に出て来る"O＋▲▲"の文型や音声に違和感、すなわち日本語にはない西洋語の特徴を認めたため、日本語訳にその特徴をなんとかして留めようとしたものと思われる。ただし、【河】では"O"の訳に「おお」以外の感動詞の使用が認められる上、感動詞部分が訳出されないといった理由によって

---

[10] 感動詞について扱った先行研究(亀井1965, 鈴木・林1973, 金水1983, 山口1984, 森山1996, 等)によると、古典語にも「ああ」は勿論、感動詞「おお」も見られたようである。しかし「おお・ああ＋人物」の文型についてその存在を示す言及はない。

167

ほとんどの訳で"O＋▲▲"の文型が保持されておらず、他の3作品とは異質に見える。しかし、【河】は翻訳劇の西洋文化を広める役割のうち、言語的特徴よりも、原作から読み取れる文化的特徴を伝えることを担ったのではないだろうか。その際、読者にとって内容を理解し易いように翻訳するためには、読み手に違和感や珍妙さを生じさせて内容理解を妨げ得る西洋語的特徴は排除する必要があったのであろう。この点から、【河】も、【戸】【坪】【横】と同様、原作の"O＋▲▲"に西洋語的特徴を認めていたものと考えられる。この時期を第一期[11]とする。

表1

	幕・場	line	原作本文		明19 (1886)【河】	明38 (1905)【戸】	明43 (1910)【坪】	昭4 (1929)【横】
イ	2・1	37	O Romeo,	イ	嗚呼君が情婦は	お、ロメオ殿、	お、、ロミオ、	お、、ローミオ、
ロ	2・1	74	O Romeo, Romeo,	ロ	ヲ、ロミヨー様ロミヨー様	お、ロメオ様、	お、ロミオ、ロミオ！	お、ローミオ、ローミオ！
ハ	2・1	135	O gentle Romeo,	ハ	―	お、ロメオ様。	お、ロミオどの、	お、ローミオさん、
ニ	2・4	18	O honey Nurse,	ニ	コレ晴乳母	―	なう、乳母や、	―
ホ	3・1	108	O sweet Juliet,	ホ	さるにてもいとしのチュリエット	お、ジュリエット、	―	お、麗はしいジュリエット
ヘ	3・1	111	O Romeo, Romeo,	ヘ	嗚呼君様よ	お、ロメオ、ロメオ殿、	お、ロミオ∨／、	お、ローミオ、ローミオ、
ト	3・1	141	O Prince,	ト	お、殿下、	御領主、	お、領主様！	―
チ	3・1	141	O cousin, husband!	チ	―	お、、いとしの者∨／	お、甥よ！	お、甥のチボルトよ！
リ	3・1	144	O cousin, cousin!	リ	―	―	お、甥∨／！	お、甥よ、甥よ！
ヌ	3・1	198	O Romeo, Romeo,	ヌ	ヲ、ロメオ様ロメオと	お、ロメオ殿ロメオが、	お、ロミオどのが、ロミオどのが！	お、ローミオどの、ローミオどの！
ル	3・2	61	O Tybalt, Tybalt,	ル	エ、タイバルト様は	お、タイバルト様、タイバルト様、	お、チッバルトどの、チッバルトどの、	お、チボルト、チボルト、
ヲ	3・3	47	O friar,	ヲ	―	お、上人、	お、御坊よ、	お、御僧よ、
ワ	3・3	47	O holy friar,	ワ	―	お、上人様	お、御坊さま、	お、法師様、
カ	3・5	198	O sweet my mother,	カ	嗚母様よ	お、お母様、	お、御母様、	お、やさしいお母様、
ヨ	3・5	204	O Nurse,	ヨ	―	お、、乳母、	お、、乳母や！	―

	昭23 (1948)【竹】	昭26 (1951)【中】	昭41 (1966)【大】	昭43 (1968)【福】	昭48 (1973)【小】	昭48 (1973)【穂】
イ	ああ、ロウミオ、	可哀そうに、ロミオ	ああ、ロミオ様	ああ、ロミオ、ロミオ！	ああ、ロミオ、	おお、ロミオ様、ロミオ！
ハ	ああ、優しいロウミオ、	―	おお、やさしいロミオさま、	ああ、優しいロミオ、	―	ああ、ロミオ、
ニ	ああ、大好きな乳母、	―	―	ねえ、乳母	ばあや、ねえ、	ねえ、乳母や、
ホ	ああ、なつかしいジューリエット、	おお、ジュリエット、	ああ、ジュリエット！	ああ、ジュリエット、	ああ、ジュリエット！	ああ、美しいジューリエット、
ヘ	ああ、ロウミオ、ロウミオ、	おい、ロミオ、ロミオ！	ああ、ロミオ、ロミオ！	ああ、ロミオ、ロミオ、	ああ、ロミオ、ロミオ、	おい、ロミオ、ロミオ、
ト	―	―	ああ、殿様！	―	ああ、大公様、	―
チ	ああ、甥！	―	ああ、ティボルト！	―	ああ、私の甥、	おお、私の甥！
リ	ああ、甥よ、甥よ、	ああ、甥よ、私の甥！	ああ、甥が、甥が！	ああ、私の甥、ティボルト！	ああ、甥よ、ティボルト、	おう、甥よ！甥よ！
ヌ	ああ、ロミオ、ロウミオ、	おお、あのロミオ様が！	ああ、ティボルト様、ロミオ様が、	ああ、ティボルト様、ロミオが、	ああ、ロミオ、ロミオ、	おう、ロミオ！ロミオ！
ル	ああ、ティバルト、ティバルト、	おお、ティバルト様、ティバルト様	ああ、ティバルト様、ティバルト様、	ああ、ティバルト！	ああ、ティバルト、ティバルト、	ああ、ティバルト様！
ヲ	ああ、お上人、	―	おお、神父様、	おお、神父様、	おお、神父様、	ああ、神父様、
ワ	ああ、お上人さま、	おお、上人様	ああ、上人様	おお、神父様	おお、神父様	ああ、神父様、
カ	ああ、お優しいお母さま、	ああ、やさしいお母様、	ああ、お母様、	ああ、お母様、	ああ、やさしいお母様、	―
ヨ	ねえ、乳母、	ねえ、乳母、	ああ、乳母、	―	おお、ばあや！	ああ、乳母、

---

[11] この時期には早くから、原作の筋立てや趣向を利用して仕立てた「翻案」も多く書かれているが、内容や設定を日本に置き換えたものであるため、本稿の調査対象とはしなかった。しかし、翻案では"O＋▲▲"に充てられる感動詞がヴァリエーションに富んでいるように見受けられる。これは、より日本語化させて仕立てるという「翻案」の性質によるものであろうが、該当箇所を原作とは異なる形で翻案している点で"O＋▲▲"に西洋語的特徴を認めていたとも考えられ興味深い。

第8章 〈西洋人語〉「おお、ロミオ！」の文型

　戦後間もなくの作品【竹】【中】を見ると"O"の訳に「ああ」の台頭が著しい。【竹】にあっては"O"の訳のほとんどが「ああ」である[12]。"O"の部分の訳が省略される例も見られるようになるなど、【竹】【中】では"O＋▲▲"の文型に対する訳の幅に広がりが見られる。例えば、"O"に「ねえ」を充て呼びかけや注意を喚起する意味を見出している例も散見し、"O"に対する訳の入れ替えが試みられている。これはこの時期が、もはや西洋文化を知る手掛かりとして原作を利用するのではなく、一つの文学作品として味わおうとする段階に移行していたことを推測させる。しかし、第一期と同様に原作の"O＋▲▲"の文型は訳に反映されており、この時期の翻訳劇では、原作の文型を保持しながら、かつ、異文化の言葉をより文脈に則して豊かに表現することが志向されていたと見られる。これを第二期とする。

　第三期は【大】から【穂】までの昭和40年代以降である。ここでも第二期の流れを引き継ぎ"O＋▲▲"に充てられる日本語訳に幅が窺える。しかし、"O"の訳の主流は「おお」となり、あたかも第一期に逆戻りしたかのようである。このように「おお」が多用されるに至った背景とはいったい何であろうか。これには様々な要因が関与していると思われ、ここでその答えを述べる準備は論者にはない。しかし、仮に、日本において英語が普及し、ある程度の英語であればそのまま受容できるという「基盤」が人々の間で確立されてきたことが作用していると考えた場合、「おお」は第一期のような単なる音声上の転写なのではなく、"O"の日本語訳のヴァリエーションとして許容されるようになったと見ることができる。つまり、第一期以降、西洋語的特徴を保持することから始まり、第二期で"O"の訳語を入れ替えて表現性の豊かさを創出する試みがなされ、原作の"O＋▲▲"の訳出方法は広がりを見せて来た。しかし、第三期に入り表現性を増す要素として"O"の訳語に「おお」が加わると、「おお」が本来、音声上"O"に最も近い音声であったことと相俟って、翻訳

---

[12] ただし、翻訳した原典のテキストの違いによって「ああ」と訳すことが促されている可能性もある。しかし、同時期の作品【中】においても、「ああ」が多く用いられる傾向が認められる点を考慮すると、「ああ」の顕著な使用は【竹】に限った特徴なのではなく、時代的な傾向に沿ったものと言える。なお、【竹】では調査対象の第二幕・第三幕だけでなく、全幕で一貫して「ああ」が用いられており、「おお」なる感動詞の用いられた箇所は感動詞の持つ意味、および原作の表記に拘わらず、【竹】全体を通して実にわずか3例のみである。これらの「ああ」「おお」は、いずれも。いずれも原作で"O"が用いられている箇所に対する訳である。

劇の訳において"O+▲▲"の持つ「西洋語的特徴の保持」と「表現性の創出」の両立が成るに至ったと考えられるのである。

以上の考察から窺えることは、第一期から第三期にかけて"O+▲▲"の文型に対する訳の主流が、「おお+▲▲」から「ああ+▲▲」へ、そして再度「おお+▲▲」へという三段階の推移を見せた背景には、開国以来の西洋文化を受容する基盤の確立とその展開に裏打ちされた、異文化の言葉に対する訳出態度の変化と、多様な表現形創出の歴史があったということである。"O+▲▲"という異文化の言葉に接触し受容していく際に、西洋語であることを特徴付けるその文型を保持しながら、より日本語としての表現性を豊かにしようとする試みがなされて来たのである。

このようにして〈西洋人語〉の源泉と見られる「おお・ああ+人物」の文型は、西洋文学を基盤に、次第に表現性を増しながら西洋人の話す言葉として翻訳劇の中で長く息衝いて来たのであった[13]。では、この翻訳劇の中で使われている西洋人の言葉が後に、第2節で見たような日本人にとって一般的と考え

---

[13] なお、このような類のものに"O God!"に代表される"O+神"がある。現代漫画などではこの"O+神"にあたる物が(28)のように「おお・ああ+神」という形で現れ、「おお・ああ+人物」と同じく、多く用いられている。(28)でも「おお・ああ+人物」の場合と同様、アントワネットが息子の死を悲しみ運命を嘆く気持ちが「ああ」となって現われている。

(28)【アントワネット】〔息を引き取った息子ジョゼフに向かって〕
ジョゼフ／しっかり／しなさい！！／かあさまを／おいていか／ないで！！／ああ／神様！！　　　　　　　（『ベルばら』4：59）

しかし、本論と同様に『ロミオとジュリエット』に関して調査したところ、翻訳劇では"O+神"は早い段階から主として慣用的に「なんと」「まあ大変」や、「神」の部分のない「おお」などの語で訳されており、"O+▲▲"の文型が保持されている例はごくわずかしかない。慣用的な訳であっても時代が下るにつれてその訳に幅の広がりが見られる点は、「おお・ああ+人物」がその感動詞部分にヴァリエーションを持たせて表現の豊かさを獲得していったことと同様であるが、漫画などの「おお・ああ+神」が必ずしも翻訳劇の訳を反映したものであるとは考えられない。

もし(28)などの例を以って〈西洋人語〉の一種、あるいはキリスト教文化圏の例えて言うなら〈迷える子羊語〉とでも言うべき表現であるとすると、翻訳劇中の訳との対応関係が密でないと見られる点で〈西洋人語〉「おお・ああ+人物」の文型とは性質が異なる。おそらく、キリスト教文化圏などで神に祈ったり感嘆したりして神に意表を投げかける際に発する"O+神"も、メディアを通して普及してきた〈西洋人語〉「おお・ああ+人物」の文型の影響により、それらと同様の文型を持つ、すなわち〈西洋人語〉の素養を持つと判断され、類推的に「おお・ああ+神」の文型で〈西洋人語〉の一種となるに至ったのではなかろうか。

第8章 〈西洋人語〉「おお、ロミオ！」の文型

られる〈西洋人語〉になるには一体どのような過程を経たのであろうか。この点に関し、次節で仮説を述べることとしたい。

4 〈西洋人語〉の確立過程 ―役割語への道―

　西洋文学を基盤に成ったと考えられる「おお・ああ＋人物」の文型が〈西洋人語〉化するには、以下に述べるような過程があったのではなかろうか。

　まず、これまで見て来たような西洋の劇を日本語に訳したものが世に送り出されたり、それらを基に劇などが上演されたりすることにより、「おお・ああ＋人物」の文型が日本文化の中で一般に受容される。しかし、先に述べたように日本語では「気付き」の意味を持つ場合でなければ、普通は口頭語で「おお・ああ＋人物」と発話することはない。そのような日本文化の中で「おお・ああ＋人物」の文型が使用されると、我々は日本語として違和感を覚える。つまり、ここに我々と「おお・ああ＋人物」の文型との間で異文化接触が起こるのである。その違和感がインパクトとなって、人々の間に「おお・ああ＋人物」の文型が西洋人の話す典型的な表現としてインプットされる。そして、そのようなインプットを受けた人がさらに西洋を舞台としたコントなど、そもそもの発端である翻訳劇から離れた場面で西洋人の使う言葉として「おお・ああ＋人物」の文型を用いると、さらにまたそれを受容した側にその文型が西洋人の話す言葉としてインプットされる。このようにして「おお・ああ＋人物」という文型のインプットが繰り返され、伝播し、あるいは、さらにテレビ等のメディアを通して、一度により広く発信、および受容されることによって、「おお・ああ＋人物」の文型が一般に〈西洋人語〉として日本文化の中で定着するに至ったと考えられる。

　ここで注目されるのが、これまでも何度か触れた「おお（ああ）ロミオ！」というフレーズである。このフレーズは『ロミオとジュリエット』を題材にしたパロディーの類でよく登場する[14]。実際に『ロミオとジュリエット』の作品を読むなどしていなくてもこのフレーズだけは知っていると言える程、広く一般に普及しているものであるが、これ自体が西洋人の台詞としての「おお・ああ＋人物」の典型的な例であり、〈西洋人語〉「おお・ああ＋人物」の文型に西洋

---

[14] cf.「通し上演は少ないながらパロられる頻度が圧倒的に『ロミオとジュリエット』のバルコニーシーン。」（『読まずにわかる！シェイクスピア』：174）

171

らしさを印象付ける大きな要因となっているのではなかろうか。そして、このフレーズの普及がそのまま「おお・ああ＋人物」という「異文化」との接触機会となり、〈西洋人語〉の普及を促すのである。

　現に、先に見たように、このフレーズは原作の"O Romeo, Romeo,"という構造に引かれて成ったものであった。そして、そもそも日本語にはそのような「おお・ああ＋人物」の文型を用いて、しかも背景として激しい情意を込めながら「おお稲彦…」「おお節子…」などと相手に言葉を投げかけること自体が皆無であったから、それを見聞きした観衆に甚大なインパクトを与え、『ロミオとジュリエット』の代表的な場面・台詞として様々な場で取り上げられるようになったものと思われる。現在、名台詞として広く「おおロミオ、どうしてあなたはロミオなの？」のフレーズが普及していることの背景には、このようなことも一つの要因として大いに関わっていると言ってもおそらく過言ではなかろう。

　なお、このように見てくると、近代から現代に至るまでに日本が経た異文化受容の一つの形として、次のようなものが推察される。すなわち、日本文化の中に西洋から"O＋▲▲"の文型が入って来て以来、日本では"O"の部分をより日本語的に意訳し、さらにその訳に表現性を持たせようと試みて来た。しかし、その文型自体については自己の文化に新しい表現として組み込むことはせず、そのまま西洋語の典型として留め置いた、というものである。

　ただし、日本に西洋から"O＋▲▲"の文型が入って来たり、日本で「おお・ああ＋人物」のフレーズが西洋的特徴を持つものとして定着したりした背景には、翻訳劇中の文句だけでなく、あるいは西洋の歌の中の歌詞なども影響していたかも知れない。たとえば、スイス民謡の『おおブレネリ』に出て来る「おお、ブレネリ、あなたのおうちはどこ〜？」のような歌詞が挙げられよう。日本にもたらされた時期が翻訳劇と歌などの他の舶来要素とでどちらが早いのか遅いのかといった点や、各々が日本文化・日本語に与えた影響の大きさなどについては現段階では調査が及んでいないが、大変興味深い問題の一つであり、今後の課題としておきたい。

5　まとめと今後の課題

本稿で述べたことは以下のとおりである。

1. 〈西洋人語〉「おお・ああ＋人物」の文型は、自分の情意を表出させながら相手に投げかける表現であり、話者に気高い西洋人のイメージを付与する。
2. 〈西洋人語〉「おお・ああ＋人物」の文型の源泉は西洋文化を基にその表現性を広げながら翻訳劇で用いられて来た。
3. 〈西洋人語〉「おお・ああ＋人物」の文型の定着、および展開を支えているものは、繰り返される異文化接触とその伝播である。

なお、本稿では〈西洋人語〉「おお・ああ＋人物」の文型の起源、すなわち原作の存在しないオリジナルの「おお・ああ＋人物」がいつから使い始められたかについて取り上げるには至らなかった。そのため、今回は〈西洋人語〉「おお・ああ＋人物」の文型の源泉と、現代における〈西洋人語〉「おお・ああ＋人物」の文型の使用例を指摘したに過ぎず、歴史的に双方の間に空白の期間が存在してしまっている。よって〈西洋人語〉「おお・ああ＋人物」の登場時期については、『ロミオとジュリエット』以外の翻訳劇の動向を検討することも含め、今後の課題としたいところであるが、この点に関連して最後にいくつか触れておきたい。

先に(2)で〈西洋人語〉の典型例について見たが、他にも「おお・ああ＋人物」の文型が広く「西洋人のイメージ」を担っている使われ方として次のようなものが認められる。

まず、(16)(17)を見よう。これらは宝塚歌劇の西洋を舞台とした作品の例である。宝塚歌劇の作品では、西洋の文学・劇を原作とするミュージカルはもちろん、以下のような西洋作の原作を持たない宝塚歌劇オリジナルの作品でも、本稿で扱った情意の投げかけとしての「おお・ああ＋人物」の文型が西洋人の台詞に往々にして用いられていることが指摘できる。(16)はラクロ作『危険な関係』を原作とするミュージカル『仮面のロマネスク』からの例、(17)は宝塚歌劇オリジナルのミュージカル・ショー『コート・ダジュール』からの例である。なお、引用中の『　』内の台詞は、ミュージカルの中でメロディに乗

せて歌われるものであることを示す。

 （16）〔男爵ダンスニーは公園の遊歩道で伯爵令嬢セシルに思いを馳せている〕
  【ダンスニー】「ああセシル・ヴォランジュ、あんな天使のような清らかな少女に会ったのは初めてだ。あんな少女を恋人と呼ぶことが出来たら……。《下略》」
         （『仮面のロマネスク』第二場：57）

 （17）〔スーパーの店員イヴォンヌは幼馴染みの除隊水兵レイモンにプロポーズされるが、別に好きな人がいるため返事ができず苦悩する心の内を打ち明ける〕
  【イヴォンヌ】『私はあなたが好きよ／でも…』
  【レイモン】「もういい。あのフィリップは良い奴だけに僕には判るんだ。しかしなあ…現役の水兵に惚れてどうする？《中略》追い掛けてあいつと所帯を持つ気かい？むちゃだよ、そんな事…」
  【イヴォンヌ】「判ってる」『とても無理だと／でも好きなのあの人が…／あの人の全てが…／ああレイモン／私どうしたらいいの？…』
         （『コート・ダジュール』第十二場：73）

　ただし、(17)の例からも分かるように、西洋人ではあっても話者は必ずしも(1)の〈西洋人語〉の定義で挙げたような貴族に限られているわけではないようである。これはどうしたことであろうか。
　ここから先は推測の域を出ないが、宝塚歌劇においては演じる側をはじめ観客の間でも「西洋」という舞台自体に対してある種の華やかさや憧れ・崇高さが共通のイメージとして固定していて、登場人物の身分の別に拘わらず「おお・ああ＋人物」の文型が憧れの西洋を舞台にした劇にふさわしい表現、もしくは憧れの西洋らしい言い回しとして芝居形式の中に取り込まれているといった背景が関与しているかとも考えられる。つまり、これらのような宝塚歌劇に見られる「おお・ああ＋人物」の文型は、(2)と同様の文型をしてはいるけれ

ども、その担う役割は異なり、言うならば、憧れの土地としての西洋のイメージや雰囲気を担う〈憧れの西洋人語〉の例なのではなかろうか。

次に、漫画の例(18a)(18b)を見よう。これも先の(16)(17)と同様、(1)の定義とは異なるキャラクターを有した西洋人の台詞であるが、発話者はいずれもアメリカから日本の高校に留学生としてやって来た女の子ルーシィで、漫画の舞台は西洋ではなく日本である。

(18) a. 「オー、／サワムラー！／ルーシィの走りに／感激して／シマッタのですネ!!」　　　　　　　　　　　　　　　（『美鳥』5：22）
b. 「オーゥ、／サワムラー!!／ヌルヌルで／コレ、キモチE／デスネー!!」　　　　　　　　　　　　　　　　（『美鳥』5：104）

これらのルーシィの例は、いずれも発話者が好きな相手に抱き付きながら発しており、情意の投げかけとしての「おお＋人物」と見なすことのできるものである。よって、本稿で扱った〈西洋人語〉「おお・ああ＋人物」の文型と同様のものと言える。しかし、(18)のルーシィの台詞に母語が混在したり、何箇所もカタカナで表記されていたりすることから察せられるように、この場合の「おお・ああ＋人物」の文型はある特定の西洋人のイメージを担っているというよりは、いかにも日本語を多少習ったことのある西洋人が話すような、また、日本語ネイティブが話す日本語のレベルとは異なる、「カタコトの日本語」を表現するために用いられている例と見ることができる。すなわち、(18)のような「おお・ああ＋人物」の文型は、西洋人発話者の情意の表出の如何よりも、あくまでも発話者の母語訛りを示す特徴の一つとして用いられることで、発話者が西洋人であることを印象付ける働きを担っているのである。よって、これは(1)の定義にあるようなある特定の層・種類の西洋人のイメージを担っているのではなく、発話者が広く西洋人であることを示した〈西洋訛りカタコト語〉の一つと言えるものである。

なお、本論からは逸れるが、ここで一旦、「おお・ああ＋人物」の文型にも含まれ、外国人の台詞によく充てられている「おお」や「ああ」といった感動詞が担う作用に注目してみたい。(18)のような、発話者が外国人であることを担う母語訛りのカタコトの日本語、すなわち〈母語訛りカタコト語〉の一種

として母語の感動詞が用いられるのは西洋人に限ったことではなく、管見の限りでは(20)のように中国人の台詞にもよく見られるようである。

(19)【アメリカ人ジョディ・サンテミリオン】「OH！／だったら、もっと／エキサイティングな／ゲーム、やって／みますかー？」

(『コナン』27：115)

(20)【中国女傑族シャンプー】「あいやあ、／ムースが／怒たある。」

(『らんま』5：130)

このように、外国人らしさを特徴付ける手段として感動詞が用いられる背景には、それぞれが日本語には存在しない音声、ないし表現であることや、一般的に日本人に自分の喜怒哀楽を表に出す習慣がないことなどから、異文化接触時のインパクトが大きく、〈外国人語〉として普及しやすいという点が大きく影響しているものと考えられる。おそらく、ここには感動詞を頻用して感情を表わすキャラクターは日本人らしくないというステレオタイプが関与しているのであろう。しかるに、今後、「おお・ああ＋人物」の枠組みからだけではなく、他言語の感動詞が役割語として日本文化の中で果たす作用や、そもそも日本語とどういった点で違うのかといった点についても考察していく余地がありそうである。

以上、宝塚歌劇や漫画作品の西洋人の台詞に見られる「おお・ああ＋人物」の文型の使用例について簡単に触れた。その結果、本稿で取り上げた「おお・ああ＋人物」の文型には、西洋人の特徴を担うという性質は等しくても、細かく見ていくと使われる場によって表わす西洋人らしさに違いが生じていることが見えて来た。よって、今後「おお・ああ＋人物」の文型をめぐっては、本稿で扱った〈西洋人語〉をはじめとして、西洋人らしさを担うこれらの「おお・ああ＋人物」の文型がお互いにどのような相関関係や包含関係、派生関係の上に成り立っているのか、あるいはそれぞれは独自に発生したのかといった点を探ることも一つの課題となろう。

近代以降、翻訳劇や歌などを介して日本文化にもたらされた"Ｏ＋▲▲"の文型が西洋人を表わす役割語として確立したのはいつのことなのであろうか。むろん、西洋から伝わった歌の中の"Ｏ＋▲▲"の場合も、現行の日本語訳で

たとえば「おお、ブレネリ、あなたのおうちはど こ〜？」と「おお＋人物」として西洋語的な特徴を持つ"Ｏ＋▲▲"の文型を保持したまま訳されているのであるから、翻訳劇の場合と同様の受容のされ方をしたと考えて問題はなかろう。そのようにして日本文化の中に受容された「おお＋人物」の文型が発話者が「西洋人」であることを印象付ける役割語となり、あるいは本稿で取り上げた〈西洋人語〉として、あるいは宝塚歌劇で用いられるような〈憧れの西洋人語〉として、あるいは〈西洋訛りカタコト語〉の一つとして、それぞれが分化して用いられるようになったのはいつ頃からで、また、それはどのような理由からであったのだろうか。〈西洋人語〉「おお・ああ＋人物」の文型について歴史的に見ていく上で、今後明らかにしていかなければならない課題であろう。

引用文献

『コナン 27』…青山剛昌（2005）『名探偵コナン 27』少年サンデーコミックス．東京：小学館．

『ベルばら』…池田理代子（1994）『ベルサイユのばら 2・3・4』集英社文庫．東京：集英社（1972〜1973 年『週刊マーガレット』に連載）．

『美鳥 5』…井上和郎（2004）『美鳥の日々⑤』少年サンデーコミックス．東京：小学館．

『コート・ダジュール』小原弘稔（作・演出）／石田昌也（演出）…桑原武男（編）（1993）『宝塚歌劇雪組公演プログラム』．兵庫：宝塚歌劇団．

『ガラスの仮面 16』…美内すずえ（1994）『ガラスの仮面 16』白泉社文庫．東京：白泉社（1976 年〜、『花とゆめ』に連載）．

『JAJA 伝』…中村うさぎ（1995）『JAJA 姫武遊伝 悪魔が来たりてホラを吹く』電撃文庫．東京：主婦の友社．

Shakespeare, William 作品（King Lear / The Most Excellent and Lamentable Tragedy of Romeo and Juliet / The Tragedy of Othello the Moor of Venice）…Greenblatt, Stephen (ed.)（1997）*The Norton Shakespeare*, Based on the Oxford edition, W. W. Norton, New York. に依る．

『仮面のロマネスク』柴田侑宏（脚本・演出）…植田紳爾編集（1997）『宝塚歌劇雪組公演プログラム』．兵庫：宝塚歌劇団（発行受託 株式会社宝塚クリエイティブアーツ）．

『らんま 5』…高橋留美子（2003）『らんま 1/2 ⑤』［新装版］少年サンデーコミックス 3．東京：小学館．

『オセロー』…坪内逍遥（訳）（1911）『シェイクスピア翻訳文学書全集 39』．東京：大空社．

『リヤ王』…坪内逍遥（訳）（1912）『シェイクスピア翻訳文学書全集 41』．東京：大空社．

参考文献

亀井孝(編著)(1965)『日本語の歴史6 新しい国語への歩み』東京：平凡社.
金水敏(1983)「感動詞」『研究資料日本古典文学』12, pp.131-134, 東京：明治書院.
金水敏(2000)「役割語探求の提案」『国語論究』8, pp.311-351, 東京：明治書院.
金水敏(2003)『ヴァーチャル日本語　役割語の謎』東京：岩波書店.
森山卓郎(1996)「情動的感動詞考」『語文』65, pp.52-62.
根村かやの・加藤孝幸(1999)『読まずにわかる！シェイクスピア』東京：アスペクト.
鈴木一彦・林巨樹(編)(1973)『品詞別　日本文法講座』6, 東京：明治書院.
山口堯二(1984)「感動詞・間投詞・応答詞」『研究資料日本文法』4, pp.125-157, 東京：明治書院.
依田恵美(2002)「「西洋らしさ」を担う役割語」『語文』79, pp.54-64.

第9章
役割語としての「軍隊語」の成立

衣畑 智秀・楊 昌洙

1 役割語としての「軍隊語」

柳家金語桜の落語「兵隊」に、次のような一節がある。

(1) すると、後で、だれやら"オイオイ"と私を呼ぶ声がいたします。
見ると、南無三！上等兵だ！！
上等兵「オイ、だれだ、そこにいるのは、だれだ！」
金「ハッ、ハッ……」
上「だれだッ」
金「<u>自分であります</u>」
上「自分ではわからん！だれだと聞いてるんだ」

(p. 410)

ここでは、名前もしくは身分を問われた金語桜が、名前を名乗らずに、代名詞を使っている。代名詞は固有名詞と違い、使う人が誰であっても同じ語になるので、その人物の身分を割り出すことができないため、笑いを誘うものとなっている。また、代名詞「自分」が、「兵隊」をすぐに連想させる語であることも、滑稽味を加えているといえるだろう。度を過ぎた「兵隊らしい答え方」というものが、「自分であります」には読み取れるのである。

このような兵隊言葉に対するイメージは、太宰治のエッセイにも見られる（斎藤理生氏の御教示による）。

＊本章を執筆するにあたり、国会会議録検索システムの使用についてアドバイスいただき、東京都出身議員の生年付きリストを快く著者たちに公開して下さった南部智史氏に感謝申し上げる。もちろん、本稿の不備は全て著者に帰せられるものである。

(2) 私が夜おそく通りがかりの交番に呼びとめられ、いろいろうるさく聞かれるから、すこし高めの声で、<u>自分は、自分は、何々であります</u>、というあの軍隊式の言葉で答えたら、態度がいいとほめられた。

(一歩前進二歩退却　p. 17)

　太宰は軍隊経験がないので、この件から直接軍隊を経験していなくても、軍隊語に対するイメージをもっていたことが分かる。

　さて、「兵隊」や「一歩前進二歩退却」は、戦争を経験した世代の人間によるものであり、彼らは、リアルタイムで、軍隊、軍人と接していたとも考えられる。しかし、「自分は……であります」といった語法は、日本の軍隊を直接知らない人達でも、「知っている」のではないだろうか。次に引用する『光る風』という作品の作者山上たつひこ氏は、戦後の生まれであり、また、この作品は「七〇年の時点で日本の最も無惨な未来図を描いた名作」(ちくま文庫裏表紙)と評されているように、登場しているのは、いわば架空の軍隊(厳密には国防隊と言われ、自衛隊が発展したものを感じさせる)である。ここから、「自分は……であります」は現実を越えた虚構の役割語となっていることがはっきりと分かる。

(3) 天勝　「おまえ以前にいったことがあったな「大尉殿のためならどんな命令でもいといません！」──と」
　　船田　「はいもうしあげました」
　　天勝　「いまでもおなじことがいえるか？」
　　船田　「もちろんであります　<u>自分</u>は──」
　　天勝　「よし──　それならいい」
　　船田　「しかし…　それがどうかしたの<u>でありますか</u>」　　(p. 199)

　このような言葉の上の戦略を使っているものとして、『機動戦士ガンダム』についても見ておこう。『機動戦士ガンダム』は、主人公アムロ・レイの属する連邦軍とそれに敵対するジオン軍の戦いを描いており、読者の視点は連邦軍側にある。この作品に「自分」が使われることはないが、「であります」がジオン軍に限って用いられている。これによって、連邦軍が、読者にとってもな

じみやすく、自己同一化の対象となる(cf. 金水 2003)のに対して、ジオン軍がその独裁的で、堅苦しいイメージを与えることに成功している。

(4) 「サイド 7 は、開拓が始まってどのくらいたつのかな？」
「二年半ほど<u>であります</u>。シャア大佐」
十歳も年上のドレン中尉が慇懃に答えた
……中略……
「V作戦か。地球連邦軍め、モビルスーツを完成させたな」
「モビルスーツ？連邦が、<u>でありますか</u>？」
シャアは、疑い深そうに応じるドレン中尉の鈍さが癇にさわった。文官上がりだから仕方あるまい。
「サイド 7 に軍は駐留しているのか？」
「おります。コロニー管理省の部隊が一小隊。パトロール第三方面軍の第八中隊<u>であります</u>。二か月前の情報<u>であります</u>。」
(p. 27-28)

2　軍隊語の実態を探る

以上、「自分」や「であります」といった「軍隊語」が役割語として定着していることを見てきた。では、実際の軍隊ではどうだったのだろうか。もちろん我々は、直接に軍隊の言葉を観察することはできないが、ここでは、戦争経験者の書いた資料に当たることにより、軍隊語の実態と言えるものを推測してみよう[1]。

まず、「自分」についてであるが、次のように見られる。

(5) 貴公は、すまんが、中隊長に報告をたのむ。<u>自分</u>は小隊と一緒に残る。それからすぐ担架を―」　　　　(呉淞クリーク[2]　p. 227)

---

[1] 金子(2004)には、軍隊語の実態を探る調査として極東国際軍事裁判の速記録の調査があり、参考になる。

[2] 著者は日比野士郎。昭和 12(1937)年、応召、上海戦線で呉淞クリーク渡河に参戦して負傷、内地送還。

(6)　　<u>自分</u>は戦争に来ているのですから、死ぬのは当然ですが、内地が爆撃されたり、焼けてしまったら、まったく犬死のような気がします。

（山中放浪[3]　p. 77）

(7)　　伍長殿、<u>自分</u>は昨夜この近藤一等兵と一緒に酒を飲んで居た者であります。証人として一緒に参りたいと思ひますが、どうでせうか

（生きている兵隊[4]　p. 81）

　「呉淞クリーク」は、作者の実体験に基づいた小説である。ここで使われている「自分」は、「たのむ」という言葉からも分かるとおり、特に目上の人に対して使われたものではない。この作品では、これ以外に「自分」は見られない。一方、「山中放浪」「生きている兵隊」の「自分」は目上の者に対するセリフである。とくに「生きている兵隊」では、「であります」もセットで使用されており、先に見た我々のイメージに合うものである。

　このように、確かに「自分」という代名詞は、戦争文学と言われる作品、特に作者が戦争の現場に行ったものに見られる。しかし、軍隊であれば必ず「自分」を使うというわけではなく、実際は、「自分」という代名詞が全く見られない小説も多い。

　「自分」を使わないものの一つに、海軍での一人称がある。海軍では「自分」を使用せず、「私（わたくし）」を使用していたらしい。

(8)　　いいえ。みんな張り切っております。ことにこんどの台湾沖航空戦の大戦果を聞いてから、この勝に乗じた時期に、<u>私たち</u>もはやく技術をマスターして、空母と刺しちがえに出て征きたいとおもっています。

（雲の墓標[5]　p. 302）

---

[3]　著者は今日出海。昭和 16（1941）年に徴用、陸軍報道班員として南方に従軍。19（1944）年比島で敗走する日本軍に従い九死に一生を得て帰還。

[4]　著者は石川達三。昭和 12（1937）年、中央公論社特派員として中支方面へ戦線視察。

[5]　著者は阿川弘之。昭和 17（1942）年、海軍予備学生として佐世保海兵団に入団。翌年軍令部特務班で暗号解読作業に携わる。19（1944）年、漢口の揚子江方面特別根拠地隊に転勤。

第 9 章　役割語としての「軍隊語」の成立

「雲の墓標」の作者阿川弘之氏は、対談[6]で次のように述べている。

(9)　いや、海軍では「自分」と言わなかった。「私」です。「わたし」じゃなくて上官に対して「わたくしは」と言う。同期生には「俺」ですけど。　　　　　　　　　　　　　　　　　　　　　　　　(p. 225)

しかし、海軍が「私」であったために、「自分」が用いられない作品があったと言うわけではない。戦争文学として有名な大西巨人[7]の『神聖喜劇』を見てみると、舞台は陸軍であるにもかかわらず、「自分」という代名詞は全く見当たらず、一人称として名前を名乗るようになっている。

(10)　「東堂は知らないのであります。」　　　　　　　　　　　(p. 32)
(11)　「お前はどうだ？」と詰問した。相手はただちに「はい、谷村二等兵、忘れました。」と公認の嘘を叫んだ。　　　　　　　　　　　　(p. 32)

ちなみに、このような一人称は、『機動戦士ガンダム』にも見られ、これも軍隊語の特徴として認められるかもしれない。

(12)　「アムロ曹長！発進します！」　　　　　　　　　　　　(p. 22)

なお、第二次大戦より前にはどのような軍隊語が使われていたのかは、未だ調査が進まず不明な点も多いが、日露戦争を描いた「肉弾」[8]では、「私」(読みは不明)が見える。

(13)　軍医殿、あの向ふに居るのは、私の部下であります。息が苦しそうで、もはや駄目だと思ひますが、モ一度診てやつて下さい。　(p. 72)

---

[6] 「志賀直哉―「小説の神様」の実像―」。岡崎昌宏氏の御教示による。

[7] 1942 年、対馬部隊本部控置部隊新砲廠第三内務班を背景として描かれる。大西は、福岡・佐賀・長崎出身の補充兵として入隊している。

[8] 著者は桜井忠温。明治 12(1879)年 6 月 11 日、愛媛県に生まれる。陸軍士官学校卒業。松山の連隊旗手として日露戦争に参加。乃木将軍配下、旅順攻防戦で重傷を負う。大正 14(1925)年以降陸軍省新聞班長をつとめ、昭和 5(1930)年、陸軍少尉で退役。

次は「であります」について検討しよう。先に挙げた、『神聖喜劇』には、「であります」について面白い言及が見られる。

(14)「『カンジャ』とは、スパイのことですか。」
　そう言ったとたんに私はその失敗に気づいた。せめて私は「……スパイのことでありますか。」と「あります言葉」で問うべきであったろうに、不覚にも「です言葉」を使ってしまったのである。
　「なにぃ。『スパイのことですか』？『ですか』があるか。地方の言葉を使うようになっとらん。『ありますか』と言え。」　　　(p.31)

ここからは、この作品で描かれている軍隊では必ず「であります」が使用されるということが読み取れる。しかし、資料に当たっていくと、必ずしも「であります」しか使わないという訳ではない。先に見た「山中放浪」では、「死ぬのは当然ですが」「犬死のような気がします」のように「です」「ます」体が使用されている。例を追加しておこう。

(15)　小隊長殿、天津へ行つてどうするんですか
　　　　　　　　　　　　　　　　　　(生きている兵隊　p.12)
(16)　「毎晩、ああやつて燃えてゐるのです」　　　（桜島[9]　p.91）

これらも、「であります」に置き換えても問題ないが、「です」を使用している。特に「桜島」は、海軍を扱ったものであるが、「であります」は一例も見られず、これは、同様に海軍を舞台とする「雲の墓標」にも言えることである[10]。

以上見てきたように、「自分」や「であります」は、役割語としてだけでなく、実際の軍隊においても使用されていたと思われるが、それ以外の言葉も用いられていたことが分かる。では、なぜ、我々は、「軍隊語」と聞くと、「自

---

[9] 著者は梅崎春夫。昭和19(1944)年、海軍に召集され、暗号特技兵として終戦まで九州の陸上基地を転々とする。

[10] 姜(1995)に「旧陸軍では「であります」体、旧海軍では「です・ます」体で話された」との指摘がある。

分は……であります」のようなフレーズを思い浮かべるのだろうか。次には、「自分」や「であります」が日本語の歴史資料においてどのように用いられているかを観察して考えてみよう。

3 「軍隊語」の起源
3.1 一人称の「自分」

「自分」は、遠藤好英(1983)によると、中国の文献に見出されることはほとんどなく、日本で独自の展開を遂げたとされる。しかし、一人称の「自分」については、歴史資料において、あまり見かけることはない。ここでは、近世に、武士言葉として使われていたのではないかということを指摘しておく。

(17) 「いや＼／騒ぎたまふな、<u>自分</u>は白絞伽羅之新と云ふ者なり」
（初音草噺大鑑 巻二・千早振神の油）

(18) 『……武士は相見互とやら、何分御容赦下されて。』と、詫ぶれど聞かず。『イヤサ、これ、<u>自分</u>共も役目なれば、私づくで容赦ならぬ。
（寝覚之繰言 巻八）

(19) <u>自分</u>儀、兼々以佞奸を以山方助八郎を始、側両役へ謀計を示し、種々の讒奏を巧、国家騒動相謀候、数人為是犯重刑候儀、偏に自分返逆之企に…依て於草生津斬罪行ふ者也 　（秋田治乱記実録）

「寝覚之繰言」「初音草噺大鑑」から、「自分」を武士が使用していたらしいことが推測されるが、「自分」の実例自体が多く見出せず、また武士言葉の一人称としては「拙者」もあり、「自分」がどのような表現価値を持って使用されたのかは明らかでない。「秋田治乱記実録」に見える「自分儀」とは、「私のこと」といった意味かと考えられ、一人称代名詞と考えてよいか疑問である。

明治時代に入ると、「自分」は、白樺派などの小説に見られるが、これは、おそらく翻訳語としての一人称代名詞であり、軍隊語と分けて考えるべきだろう。参考までに二葉亭四迷の翻訳小説から例を挙げておく。

(20) <u>自分</u>はたちどまつた、花束を拾ひ上げた、そして林を去ツてのらへ出た。 　（あひびき p. 86）

武士言葉の「自分」がどのようにして軍隊語に取り入れられていったのかは、明治時代の調査も不十分で、はっきりとは分からないが、現代において、我々は、大相撲の力士や柔道家などのコメントにおいて、「自分」という一人称を聞くことができる。次の例は、『週刊プロレス』2006年1月号に掲載された、佐々木健介選手と小橋健太選手の対談からの抜粋である。

　　（21）　**健介**　<u>自分</u>はデビューしてから、試合をやらせてもらっても一勝もできなかったんですよね。170、180連敗、引き分けが数回くらいの結果しか残せなかった。そのとき<u>自分</u>は、背があるわけでもないし、体があるわけでもなかった。すべてコンプレックスだったんですよね。だから、それを何とかしたいって自分であがきながら、頑張って。その時マサさんの言葉思い出して。マサさんはアメリカで試合をしてて、背がなかったから、横(幅)を作ってガイジンに負けない体を作ったいう話をオレにしていて。

　いわゆる「体育会系」とまとめることができるが、この「自分」の体育会系言葉としての定着はかなり進んでいるようである。
　このように見てくると、「自分」は、二葉亭四迷、白樺派などの「自分小説」を除いて考えると、武士、軍隊、体育会系という系列で用いられてきたということができる。これらに共通する特徴としては、上下関係の厳格さといったものがあるだろう。その厳格さの最たるものが、ここで見てきた軍隊語であり、その結果、「自分」が軍隊語の代名詞としてステレオタイプ化されやすいのだと思われる。

3.2　「であります」

　現代共通語の自然談話においては、文末辞として「であります」が使われることはほとんどなく、「ではありません」「でもありますが」のように、「は」「も」を伴い、否定や逆接で用いられるくらいである。では、平叙文の文末で使われる「であります」は、どのような文献でみられるのだろうか。
　まず、よく知られているように、幕末の江戸語において、遊女が「であります」を使用している。次は「春色梅児誉美」からの引用である。

第 9 章　役割語としての「軍隊語」の成立

(22)　けふは稽古の帰りに姉さんの名代に、上千寺さまへ参るのでありますョ
　　　　　　　　　　　　　　　　　　　　　　　（巻之三　第六駒）
(23)　それもあんまり馬鹿〵／しいと、実においらんの爲を思つて、何もかもぶちこわしてしまつたわけでありますョ

（巻之十二　第二十三駒）

　しかし、これまで指摘されるように、この「であります」は女性専用語であり、ほぼ男性専用語と言える軍隊語へ影響を与えたとは考えにくい[11]。
　また、山口方言では、「であります」が高齢者によって用いられるとされている（平山他（編）1992）。次に、『全国方言資料』から 1896 年生まれの女性の発話を引用する。

(24)　ソレオミルノガナカナカオモシロェモンデアリマスィ
　　　（それを見るのがなかなかおもしろいものですよ）

　軍隊語の「であります」は、この山口方言から取られたという説もあり、その時、高杉晋作が奇兵隊で用いたと言われたり、大村益次郎の創意によると言われたりしてきたようである（中村 1948：146 を参照）。しかし、これらの「であります」は、軍隊語の「であります」とはかなり異なる特徴を持っていることを指摘しておく。それは、遊里語でも、山口方言でも、「ョ」、「ネ」、「ィ」

---

[11] 中村（1948）に「この語（引用者注：であります言葉）はほゞ男性専用語と称してさしつかえないということが第一にあげられると思う。近時女性の壇上に立つ機会も決して少なくないが、その場合にも、「でございます言葉」が常識的に用いられているごとくである」とある。なお、国会会議録検索システム（http://kokkai.ndl.go.jp/ ）を利用し調べてみると、現在では女性が用いないということはないが、やはり男性に比して少ないようである。たとえば、東京都出身の同年代の議員の 162 通常国会の使用度数を調べてみると、1934 年生まれの大野つや子議員 11 例（出席会議数 4）に対し、同年生まれの男性、保利耕輔議員 40 例（同 2）、1935 年生まれの清水嘉与子議員 16 例（同 14）に対し、同年生まれの男性、加納時男議員 85 例（同 9）、小杉隆議員 5 例（同 2 委員会）、島田久議員 59 例（同 9）、1945 年生まれの西川京子議員 8 例（同 9）に対し、脇雅史議員 12 例（同 3）、1968 年生まれの水島広子議員 3 例（同 10）に対し、前年生まれの宇佐美登議員 26 例（同 5）、山花郁夫議員 102 例（同 12）、翌 69 年生まれの井上信治議員 157 例（同 10）となった。ただし、男性議員でも、中山義活議員（1945 生）や中野議員（1967 生）のように、相当数発言があるにもかかわらず、「であります」を全く使わない議員もおり、個人差も見られた。

など終助詞を付けて用いられているということである。軍隊語では、規律の厳しさが「であります」には現れていると言え、「でありますよ」のように、終助詞を付けて使用される例はまず見出せない。

　男性が用い、終助詞を付けないという特徴が共通する「であります」を探すと、明治維新前後の時期に、「長崎会話書」（杉本1967参照）、洋学書（中村1948参照）に見られ、明治中期にかけては、演説、小説、新聞、教科書（山本1965参照）などがある[12]。以下に、中村（1948: 150）からガラタマの『英蘭会話訳語』（明治初年、1868年）の例、山本（1971: 480）から1874年11月14日発行の読売新聞の例を引用する。

（25）　アノヒトノ、ツミニハ、カッフヒート、サトウ<u>デアリマスド</u>（国名）ノトノサマハ、ソウタイシャウ<u>デ、アリマシタ</u>ガ、ウスデヲ、オオヒナサッタ　　　　　　　　　　　　　　　　　　　（英蘭会話訳語）

（26）　一昨十二日の事なりしが赤坂黒田邸の辺より病人体にて二十歳くらゐの女をのせし人力車が麻布狸穴坂の近所までゆくと人力車の足が滑りてその客は車より落て死にその人力曳は巡査の屯へ引かれたという事<u>であります</u>。　　　　　　　　　　　　　（読売新聞）

やや時代が下るが、（27）に「であります調」として有名な嵯峨の屋おむろの小説『野末の菊』（1889年発表）の例、（28）に『尋常小学読本』（1888年）からの例を挙げる。

（27）　年ハ凡そ廿四五であらうか、身の丈も高く肩の幅も廣い至ッて健さうな人<u>であります</u>、　　　　　　　　　　　　　　　（p. 285）

（28）　あの　木　の　上　に、　大きな　とり　が　ゐます。　あれは、からす　<u>で</u>　あります。…中略…からす　は、　いたづら　な　とり<u>で</u>　あります。　石　を　なげて　やりませう　か。
　　　　　　　　　　　　　　　　　　　　　　　　　　　　　　（p. 24）

---

[12] 後藤（1978）では、これ以前には、江戸時代に平田篤胤によって「であります」が使用されていることが指摘されている。

以上のように、明治期においては、「であります」は幅広いジャンルで使用されていたが、明治の後半になると徐々に使用されなくなっていく。まず、いわゆる小新聞は、創刊当初、「であります」とともに「ます」「でございます」などが用いられる談話体で書かれていた[13]が、年を追うごとに文語体が増え、談話体は減少していったようである。山本(1965)によると、読売新聞の社会欄は、明治 17 年には談話体が 3 分の 1、翌年には 4 分の 1 へと減少していき、明治 8 年創刊平仮名絵入新聞の「雑報」も、同 14 年に談話体が約 2 割、17 年以降は 1 割に減少したという。この中で、「であります」も用いられることは少なくなっていったであろう。また、小説でも、明治 28 年ごろからは、尾崎紅葉の用いた「である」体が主になり、「であります」体は浸透しなかった。さらに、国語教科書でも、明治 33 年の検定教科書までは、多く「であります」が用いられるが、国定教科書となった明治 37 年以降使用の教科書には、一例も見られなくなる(国立国語研究所 1997)。

 おそらく、「であります」は、明治時代初頭においては、さほど役割語としての性格はなく、「である」の丁寧体として認識されていた部分も多いであろう。この時期は、「である」、及び「ます」が共に活発に使用されており、「「である」を会話態にすれば「であります」が当然生まるべきものである」(中村 1948：150)と考えても、さほど不自然ではなかったのである[14]。しかし、その後、「である」の丁寧体としては、「です」が発達し、国定読本においては「です」が用いられるようになるにつれ、「であります」は特殊な意味合いを帯びるようになっていったものと思われる。「特殊」な意味合いとは、主に演説で使用されるようなフォーマルな形式と意識されることである。たとえば、大正時代(1915 年)に録音された大隈重信による演説「憲政に於ける与論の勢力」の例には、「であります」の過剰な使用が見られる。

---

[13] それぞれの文末形式の使用率については、明治 10 年の小新聞三紙の調査が進藤(1981)にあり、「であります」は 10 ％弱の使用率である。

[14] 「であります」が自然な近代的文体であったらしいことは、山本(1971: 514-16) にも指摘がある。また、この時期、横浜の居留地で話されていたらしいピジンの日本語が、「nanny tokey arimasu?（何時　アリマス？）」(金水(2003)より引用。詳しくは、同書、及びカイザー(1998)等参照)のように、「であります」に類似した「あります」を使っていたことも、この時期の断定「である」と丁寧「ます」が活溌であったことに支えられているのではないだろうか。

> (29) 帝国議会は解散されました、今将に旬日の後に選挙が行はれて、今全国は選挙の競争が盛んに起つてをる時で<u>ありますんであります</u>、此時に方つて、憲政に於ける与論の勢力を論ずるのは、最も必要なりと信じ<u>ますんであります</u>、 (p. 1)

このような、標準語から脱落し、格式ばった表現と化した「であります」が、現実であれ、仮想であれ、軍隊語の指標となりえるものになったのであろう。

4 おわりに

　本稿では、軍隊語の典型を「自分は……であります」という形式にもとめ、日本語史から、そのステレオタイプ形成の要因を探った。大きな素描は行えたと考えるが、さらなる実態調査を中心に、多くの課題が残る結果となった。以下、今後探求すべき課題と思われる点を挙げ、本稿を終えたい。

　まず、軍隊語の実態にかんしては、第二次大戦のものが多く、それ以前の実態についてはほとんど分かっていない。日露戦争(1904年、明治37年)では、「肉弾」から、「であります」が使われているらしいことが分かったが、「自分」については、いつごろから、どの程度使われていたのかが分からないし、日露戦争以前については、より分かっていない。

　次に、より役割語の研究として重要な、「自分」や「であります」がどのように一般に「軍隊語」として認識されて行ったのかについても、分かっていない部分が多い。明治22年の徴兵令の改正によって、免除項目が大幅に削除され、以降、軍隊を経験した人々が全国に増えて行ったが、それとともに、「軍隊語」は、どのように民衆に受け入れられていったかを調べる必要がある。この点で、吉田(2002)は、軍隊と民衆とのかかわりについて焦点を当てて論じた日本の軍隊の通史であり、そこに挙げられる資料等が参考になるだろう。また、当時のマスメディアが「軍隊語」をどう伝えていたかを知ることも、もちろん大切である。たとえば、1931年から1941年まで連載された「のらくろ」には、「自分」や「であります」が不断に用いられ、役割語形成に寄与したことは想像に難くない。

　最後に、やはり、第二次大戦以降における、マスメディアの「軍隊語」の取り上げ方についても再検討が必要である。今回は触れなかったが、筆者たち

も、映画や漫画等の調査を行っているが、それらをどう体系的に捉え、ステレオタイプの形成に寄与したかを再検討しなければならない。

使用文献

兵隊(柳家金語桜『戦争文学全集　別巻』毎日新聞社)、**一歩前進二歩退却**(太宰治『太宰治全集10』筑摩書房)、**光る風**(山上たつひこ『光る風(下)』ちくま文庫)、**機動戦士ガンダム**(富野由悠季『機動戦士ガンダム』角川スニーカー文庫))、**肉弾**(『戦争文学全集　1』毎日新聞社)、**呉淞クリーク**、**生きている兵隊**、**ある従軍部隊**(『戦争文学全集　2』毎日新聞社)、**桜島**(『戦争文学全集　3』毎日新聞社)、**山中放浪**、**遙拝隊長**、**雲の墓標**(『戦争文学全集　4』毎日新聞社)、**志賀直哉　―「小説の神様」の実像―**(井上ひさし・小森陽一編著『座談会昭和文学史　第一巻』集英社)、**神聖喜劇**(大西巨人『神聖喜劇1』光文社)、**初音草噺大鑑**(1698年刊、『滑稽文学全集』11、文芸書院)、**寝覚之繰言**(『明烏後傳寝覚之繰言』人情本刊行会、1829、30年刊)、**秋田治乱記実録**(1834年写本、『列侯神秘録』国書刊行会)、**あいびき**(『明治文学全集17』筑摩書房)、**春色梅児譽美**(『日本古典文学大系』岩波書店)、**全国方言資料**(『全国方言資料　5　中国・四国編』日本放送教会編)、**野末の菊**(『明治文学全集17』筑摩書房)、**尋常小学読本**(『日本教科書大系　近代編　5』講談社)、**憲政に於ける与論の勢力**(『大正期ＳＰ版レコード　芸能・歌詞・ことば全記録　8』大空社)

参考文献

遠藤好英(1983)「じぶん　ごじぶん　じか　じしん」佐藤喜代治(編)『講座日本語の語彙　語誌』pp.185-192, 東京：明治書院.

カイザー・シュテファン(1998)「Yokohama Dialect ―日本語ベースのピジン」『東京大学国語研究室創設百周年記念　国語研究論集』pp.83-106, 東京：汲古書院.

金子弘(2004)「デアリマス体の文章」『国語論究11　言文一致運動』pp.108-128, 東京：明治書院.

姜錫祐(1995)「日韓における軍隊敬語の実態」『待兼山論叢　日本学編』29, pp.31-48, 大阪大学文学研究科.

金水敏(2003)『ヴァーチャル日本語　役割語の謎』東京：岩波書店.

後藤剛(1978)「平田篤胤の「デアリマス」について」『目白学園女子短期大学学術研究紀要』15, pp.1-14.

国立国語研究所(1997)『国立国語研究所国語辞典編集資料　国定読本用語総覧12　総集編』東京：三省堂.

進藤咲子(1981)『明治時代語の研究 ―語彙と文章―』東京：明治書院.

杉本つとむ (1967)『近代日本語の新研究 ―その構造と形成―』東京：桜楓社.
中村通夫 (1948)『東京語の性格』東京：川田書房.
平山輝男他(編)(1992)『現代日本語方言大辞典』東京：明治書院.
山本正秀 (1965)『近代文体発生の史的研究』東京：岩波書店.
山本正秀 (1971)『言文一致の歴史論考』東京：桜楓社.
吉田裕 (2002)『日本の軍隊 ―兵士たちの近代史―』東京：岩波新書.

第10章
役割語としてのピジン日本語の歴史素描

金水　敏

1　はじめに

　主にポピュラーカルチャー作品の中で中国人を表現する際に、「わたし、知ってるあるよ」「早く食べるよろし」等の、独特な話し方がよく用いられる。これは現実の描写ではなく、一種の役割語（金水 2003：第 6 章）であり、現在の日本でこのような話し方をする中国人はまず存在しない。本稿は、このような話し方をピジン日本語の一種と位置づけ、役割語としてのピジン日本語の歴史的な背景を探ることを目的とする。問題となるのは次の諸点である。

　1. この種のピジン日本語は、どこでどのように生じたか。
　2. 発生後、どのような場所で、いつまで使用されたか。
　3. ピジン日本語の中に、変異や変化は見られるか。
　4. マスメディアにどのようにピジン日本語が取り上げられ、どのように現在まで生き残ったか。またその歴史的・社会的な背景はどのようなものであるか。

本稿の最も重要な目的は 4 であるが、それを明らかにするためには、1～3 の使用実態の考察も欠かせない。ただし未だ資料が十分ではなく、完全な記述には遠いというのが実情である。本格的な考察は今後のこととして、本稿では、とりあえず素描を試みるものである。

　なお、本稿の執筆に当たっては、筆者もそのメンバーの一人である科学研究費「文献に現れた述語形式と国語史の不整合性について」（2003～2004 年度科学研究費補助金基盤研究(c)研究成果報告書，課題番号：15520290，研究代表者：蜂矢真郷）の研究、とりわけ岡島昭浩氏の資料収集（岡島 2005）に多くを負っている。また、前田均氏、屋名池誠氏にも重要なご教示を賜ったことを記しておく。

2 Yokohama Dialect

　この種のピジン日本語の基礎資料として、Bishop of HOMOCO（1879）*Exercises in the Yokohama Dialect,* 2nd Edition（以下、*Yokohama Dialect*）が挙げられる。この文献に関してはカイザー（1998）およびカイザー（2005）という優れた基礎研究が書かれている。まずカイザー（1998）では、*Yokohama Dialect* の著者（Bishop of HOMOCO という偽名が用いられている）が Hoffman Atkinson であること、dialect というのは方言と言うより「野蛮で粗悪なことば」という意味で用いられていたこと、Loreto Todd のピジンに関する規定に照らして、この本に収められた会話が安定したピジン（pidgin）の特徴を持つと言えること、等を論証している。また語彙や発音についても詳しい分析を加えている。またカイザー（2005）では、*Yokohama Dialect* の初版本が 1873 年頃に出ていたらしいことを考証している[1]。*Yokohama Dialect* に挙げられた会話は次のようなものである。

(1) a.　Is he ill?
　　　　（彼は具合が悪いのですか？）
　　　　Am buy worry arimas?
　　　　（アンバイ　悪イ　アリマス？）　　　　　　　　　　　(p. 20)
　　b.　What time is it?
　　　　（何時ですか？）
　　　　Nanny Tokey arimas?
　　　　（何時(ナニトキ)　アリマス？）
　　c.　It is nine
　　　　（九時です）
　　　　Cocoanuts arimas
　　　　（ココノツ　アリマス）　　　　　　　　　　　　　　　(p. 21)

---

[1] なお、屋名池誠氏のご教示によれば、M. Paske-Smith, C.B.E（1968）*Western Barbarians in Japan and Formosa in Tokugawa Days,* 1603.1868 2nd Edition（Paragon Book Reprint Corp., New York）という旅行記には、筆者が見た *Cherry Blossoms* という雑誌に載っていたという"Yokohamaese"の会話文が転載されており、これが *Yokohama Dialect* とそっくりである（資料のコピーは岡島（2005）に記載）。今後、類似点・相違点について検討を加えていきたい。

d. No, you had better send it up to the Grand Hotel.
（いいえ、グランドホテルに送った方がいいですよ）
Knee jew ban Hotel maro maro your-a-shee
（二十番ホテル　マロマロ　ヨロシイ）　　　　　　　　(p. 29)

　この言語の成立と影響について、ロング（2004）では次のように述べている。

　19世紀後半の横浜で、貿易商人や外交官など、英語圏をはじめとする西洋人と、彼らと頻繁に接触していた地元の日本人（店主、召し使いなど）や華僑との間で一種のピジン日本語が使われていた。（中略）基本的な文構造（語順など）は日本語だが、語彙の多くは英語やピジン英語、フランス語、ポルトガル語などからきている[2]。（中略）横浜ピジン日本語は、少なくとも十数年にわたって使われていた。使用したのは外国人だけでなく、日本人もある程度使っていたので、狭義ピジンにあたる。横浜以外にも長崎や神戸といった開港場のコミュニケーション手段として使われていた。さらに、チャンポン、ペケ、チャブ台、ポンコツといった単語もこのピジン日本語に由来することが分かっている。　　　(pp. 237-238)

　この横浜ピジン日本語（横浜ダイアレクト）の最大の特徴として、語尾に「あります」「ありません」を付け加えること、命令として動詞に「よろしい」を付け加えることが挙げられる。また語彙について付け加えておくと、「たいさん（＝たくさん）」「進上（＝やる、もらう）」「マー（馬）」「まろまろ（＜「参ろ参ろ」、または「回ろ回ろ」。行く、来るなどの意）」「はいきん（＝拝見）」「セランパン」または「サランパン」（＝壊れる、だめになる）などの語彙が特徴的である。

3　アリマス型とアル型

　カイザー氏の論考には触れられていないのであるが、*Yokohama Dialect* には、Nankinized-Nippon という言語が Yokohama Dialect と区別して取り上げられ

---

[2] 補足するならば、中国語、マレー語などに起源を持つ語も含まれる。

ている。この言語に関する章は、同書の前書きによれば、香港司法長官の Ng Choy 氏の要望によって付されたものだという。どこで、だれが使っている言語であるかなどの記述はないが、Ninkinized と言うからには、南部出身の中国人を中心に用いられていたのであろうと想像される。次のようなものである。

 (2) I should like to borrow 500 Yen from you if you have them.
  （もしお持ちなら、五百円貸していただきたい）
  Anatta go-hakku lio aloo nallaba watark-koo lack' shee high chacko dekkeloo alloo ka
  （アナタ　ゴハクリヨー　アルナラバ　ワタクラシ（＝私）　ハイシャク　デキル　アルカ (p. 32)

　この言語は、見て分かるように、文末に「アリマス」ではなく「アル」が用いられている。横浜ダイアレクトのように文末に「アリマス」を用いるものをアリマス型、Nankinized-Nippon のように「アル」を用いるものをアル型と呼ぶことにする。今日、ポピュラーカルチャー作品で見られる役割語としてのピジン日本語は専らアル型であるので、その起源は横浜ダイアレクトというよりも Nankinized-Nippon の方である蓋然性が高い。横浜ダイアレクトが西洋人を中心に用いられていたらしいのに対し、Nankinized-Nippon が中国人限定であるかのように示されている点も、符合する。この点に関して、他の資料の検討を進めながら考えていくこととする。
　さて、「アリマス」にせよ「アル」にせよ、この語法自体の起源は何であるかという疑問があり、それは中国語の文法の干渉であるという説もしばしば目にする。例えば

 (3) 他答応了没有？

のような文において、「没有」を直訳すると、まさしく「カレハ答エタアルカ？」のような文型が生じるのである。確かにこの説は有力であるが、ピジン日本語の「アリマス」「アル」は疑問文、否定文のみならず肯定文にも用いられるのであり、もとの中国語の文法の枠組みをはみ出すものである。中国語の

文法の一部が起源であるとしても、そこからさらに過剰な一般化が生じているという点に注意しなければならない。すなわち、単純な母語の干渉のみから生じた語法とは言えない。

次節以降では、他の資料に現れたピジン日本語の例を検討していく。

4　幕末〜明治の記録文献

まず、記録文献に現れたピジン日本語の例を見ていく。

この種のピジン日本語で、今のところ最も古い例としては、1866 年に雑誌『世界一周』*Le Tour du Monde* に連載されたエメエ・アンベール(Aime Humberr)の "Le Japon" という記事が挙げられる。アンベールは、スイス特使として 1863 年から 1864 年まで日本に訪れている。この日本滞在記は、高橋邦太郎(訳)(1969-1970)『アンベール幕末日本図絵』(新異国叢書 14-15, 雄松堂書店)および茂森唯士(訳)(2004)『絵で見る幕末日本』(講談社学術文庫)、高橋邦太郎(訳)(2006)『続・絵で見る幕末日本』(講談社学術文庫)として翻訳・出版されている。『新異国叢書』版から引用しておく。

(4)　私の召使はトオ Tô という名前の若い男の子であった。多くの日本人にありがちな、自分の正確な年齢は知らなかったが、(中略)私が日本語の手ほどきを受けたのは、彼からであった。彼は、わずか三つの言葉で会話を理解する鍵を私に与えた。彼は自分では気がつかないが、これほどまでに哲学の方式にかなった方法を用いることに、誰でも驚かずにはいられまい、と私は思った。事実、人間の精神的な行動は、疑問と、否定と、肯定の、三つの表現に要約される。(中略)したがって、まず疑問から始めて、日本語で arimasuka ―すなわち、「アリマスカ」を覚え、ついで否定の arimasi ―「アリマセン」に移り、そして肯定の arimas ―「アリマス」で終わるわけである。それから後は、辞書が必要な言葉を教えてくれる。例えば、Nippon ―日本、または日本人、tchi ―火、tcha ―茶、mà ―馬、misou ―水、founé ―小船または船、kinkwa ―喧嘩、等々である。(中略)

私はこうして通訳の助けがなくても、ちょっと手真似をして思う

ことが先方に通ずるようになった。かなり長く馬で遠乗りをして家に戻って来て、トオにお茶を持って来させるため、「チァ、アリマスカ」tcha arimaska というと、彼は「アリマス」arimas と答え、間もなく、お茶はもう私のテーブルの上に置かれている。また、私が、警鐘の鳴るのを聞いて、火事ではないかと思い、「チィ〔火〕、アリマスカ」tchi arimaska? と尋ねると、トオは、「アリマス」arimas と答える。間もなく火事が消えると、彼は戻って来て「アリマセン」arimasi とうれしい知らせを私に伝える。

(pp. 51-52)

横浜ダイアレクトと照らし合わせるとき、語彙の共通性において、トオが教えた言語は決してトオ個人の創始にかかるものではなく、当時すでに外国人とのコミュニケーションにおいて慣用的に用いられていたピジン日本語であったことが察せられる。

次に、寺沢正明の『一生一話』を取り上げる。同書は山崎有信（編）(1910)『彰義隊戦史』（隆文館，1958 年に鳳文館より復刊）に収められたもので、寺沢は彰義隊の生き残りである。1868（慶應 4）年、上野戦争に敗れ、敗走する榎本艦隊・開陽艦に乗り込んだフランス士官のブリューネとカズヌーフが、日本人にこう語ったというのである。

(5)　あなた上野で負けましたが弱くありません、之から私と蝦夷いきます、薇（わらび）根たべます回陽（ママ）たくさん能き船あります、負けません来年三月帰ります、其時あなた上野花みます、楽みますか酒のみますか喜びますか私思ひませんあなた涙出ますある

（『彰義隊戦史』p. 481）

これは実録とはいえ、後年の回想に基づく記述であり、外国人の発話をそれらしく再構成している可能性も排除できないが、筆者寺沢の意識として、フランス士官の日本語としてこのような話体がふさわしいと考えている点においては、貴重な資料である。

次の例は、上記の例の 13 年後ということで少し時代があくが、森銑三『明

治東京逸聞史』（1969年，東洋文庫）に収められた次の記事である。

(6)　外国人の日本語〈同上（新橋芸妓評判記（呉国情史著））〉
「新橋芸妓評判記」には、「外国人」も仲間入りして、「この児たいさん別嬪(べっぴん)あります。踊、三味線、皆々よろしい。わたし、いつでも弗(ドル)進上あります」などと、片言の日本語をしゃべっている。
(上巻 p.89)

これは二次的引用であり、原典『新橋芸妓評判記』は未見である。記録文献ではあるが、ステレオタイプが潜入している可能性は多分にある。

5　明治時代初期の創作的作品

1870年（明治3）-1876年（明治9）に刊行された仮名垣魯文『西洋道中膝栗毛』には、次のような一節がある[3]。

(7)　○俗間横浜語(ぞくかんよこはまご)と号(とな)へ、「あなた」「おはやう」「わたくし」「たいさん」「よろしい」「まはろ＼／」などいへる。こは洋人と贈答の階梯(ようじんとぞうたうのかいてい)にして、内外必用(ないぐわいひつよう)の語なれば、本文中専(ほんもんちうもつぱら)に用ひたり。甘口(あまくち)なること、推(をし)て知るべし。
(岩波文庫・上巻 p.237, 238)

語彙的に、横浜ダイアレクトとの一致度が大変高い。「横浜ことば」という呼称もあったことが注目される。弥次郎、北八、英人モテル、ざんぎりなどの人物が用いている。一部の会話を示しておく。

(8)　（モテル）「あなた、食事(ちゃぶちゃぶ)ありませんか。
　　（弥次郎）「わたくし、空腹(くうふく)あります。
　　（モテル）「此店(こゝ)、甚廉価(まことやすい)。
　　（弥次郎）「よろしい＼／。
　　（弥次郎）「モシ、あなた、どろんけんありますか。わたくし、どろんけん＼／。

---
[3] この文献は、飯間浩明氏の情報提供による。

(モテル)「わたくし、どりんけん、たいさん、あります。

(同 p. 220)

同じく仮名垣魯文の『安愚楽鍋』三編下(1872年(明治5)刊)から引用をしておく。

(9) 〔異人〕あなた異人(いじん)ペケありますかわたくしあなたたいさんよろしいト。チヨイと私の手をにぎつたので、私(わちき)もぽつとしてしまつてサ

(「茶店女の隠食」三編下 八丁オ)

次に紹介するのは、河竹黙阿弥の歌舞伎作品『月宴升毬栗』(1872年(明治5)10月初演,『黙阿弥全集』第10巻)である。「唐人」のことばとして、「あなた目ない、馬鹿々々々々。」「此跡よろしい家あります、大さん美しい娘さんあります。皆々それ見るあります。」「あなた踊りをどるよろしい。」「私利口、あなた馬鹿々々。」「あなた踊るよろしい、私大さん見たい。」等のせりふが書かれている。

この節の最後に、1874年(明治7)刊の *The Japan Punch* から、"Hamuretu San" と名付けられた、「ハムレット」のパロディから引用しておく。これは、「ハムレット」の有名な一場面をピジン日本語で翻訳したものである。*The Japan Punch* は横浜に滞在していたチャールズ・ワーグマン(Charles Wirgman)が発行した漫画雑誌であり、そこに取られたピジン日本語にはリアリティがある。

(10) Arimas, arimasen, are wa nan deska:. (アリマス、アリマセン、アレハ何デスカ)
Moshi motto daijobu atama naka, itai arimas (モシモット大丈夫　頭中、痛イアリマス)(後略) (p. 57)

この一節には他に、haikin(拝見), yoroshi, bonkotz(ポンコツ), serampan, piggy(ペケ), sinjo など *Yokohama Dialect* と共通する語彙が見いだせる。

ここまでの文献では、実態としての横浜ダイアレクト(横浜ことば、

Yokohamaese)の影響を直接反映している用例ばかりであった。単に「〜あります」「〜よろしい」といった語法だけでなく、「たいさん」「ちゃぶちゃぶ」等の特徴的な語彙も多く共通していた。またその使い手は、西洋人もあれば中国人もある、という状況であった。

6　明治中期〜昭和初期の創作的作品

　この時期になると、開港場・居留地の実態を離れて、外国人の表現として、すなわち役割語の表現としてのピジン日本語の使用が明瞭になってくる。まず、1887年(明治20)刊、須藤南翠の『新粧之佳人』(『政治小説集』日本現代文学全集, 3, 講談社)から、アフリカ人の例である。

(11)　阿弗利加人のダインスなりけり(中略)旦那私し貴郎叱りますない私し話し致します旦那叱るありますか私し泉さん助けて貰ひました(中略)お嬢さま願ひます私し悪い事するないお詫私し願ひます旦那どうぞ私し悪いない一日でも半日でも一遍私しお邸帰るあります……
　　　　　　　　　　　　　　　　　(『新粧之佳人』第五回(末尾))

同作品では、中国人「陳」も同様の表現が使用されている。

(12)　「私し分るない貴下何処へ遣る返事です郵便電信伝話機幾干も有ります。　　　　　　　　　　　　　　(『新粧之佳人』第七回)

(13)　「有ります＼／大層宜しいモウ此外有ません。
　　　　　　　　　　　　　　　　　　(『新粧之佳人』第七回)

　次は1901年(明治34)刊、中村春雨(吉蔵)『無花果』(『歴史・家庭小説集』現代日本文学全集、34、改造社)から日本人牧師と結婚して日本に来る米国女性の発話の例である。

(14)　「私、良君が、日本へ行つたら日本語ばかり使ふよろしいと仰やりましたから、それで可成左様してゐますが、外の日本人、解るまいか思ひましてね……」
　　　　　　　　　　　　　　　　　　(『無花果』p. 363)

(15)「私一人で遣るあります」　　　　　　　　　　　　　　　　（同 p. 364）

「半七捕物帳」シリーズで知られた岡本綺堂の小説から、ピジン日本語がいくつか見いだせる。

(16)「それ、フォト……。おお、シャシンあります」と、ヘンリーは答えた。……

「ハリソンさん、シャシン上手ありました。日本人、習いに来ました」
「その日本人はなんといいますか」と、半七は訊いた。
「シマダさん……。長崎の人あります」
（「蟹のお角」（半七捕物帳）『講談倶楽部』1月号, 1920年（大正9））

(17) 供の支那人は堀部君の店に長く奉公して、気心のよく知れている正直な青年であった。彼は李多(リートー)というのが本名であるが、堀部君の店では日本式に李太郎と呼びならわしていた。
「劉家(リューチェー)、遠いあります。」と、李太郎も白い息をふきながら答えた。「しかし、ここらに客桟(コーチェン)ありません。」
「宿屋は勿論あるまいよ。だが、どこかの家で泊めてくれるだろう。どんな穢(きた)い家でも今夜は我慢するよ。この先の村へいったら訊(き)いて見てくれ。」
「よろしい、判りました。」
（「雪女」『子供役者の死』1921年（大正10）, 隆文館, 引用は光文社文庫『鷺』による）

(18) ロイドは片言(かたこと)で云った。
「日本の人、嘘云うあります、わたくし堪忍しません」
「なにが嘘だ。さっきからあれほど云って聞かせるのが判らねえのか」
「判りません、判りません。あなたの云うことみな嘘です」と、ロイドは激昂したように云った。
「あの品、わたくし大切です。すぐ返してください」
（「異人の首」（半七捕物帳）『週刊朝日』10月号, 1921年（大正10））

金水（2003）でも取り上げた、宝塚少女歌劇「邯鄲」もこの時期の作品である。渡辺（1999）によれば、同作品は久松一聲・作、原田潤作・編曲で1921年（大正10）に宝塚で初演、翌1922年には東京公演されている。

(19) 【一】プロローグ「此歌劇昔し＼／大昔し、お話しあります。所、支那、邯鄲、名芦生、青年あります、此人出世したいあります、虚栄心あります、百姓嫌ひあります
(中略)青年芦生たゝ出世したいあります、腰の鎌の手の鋤もう厭あります、其所に仙人あります、薬の酒、貴方飲む宜し、枕貸します、おやすみなさい、芦生さん酒酔ふ事太(たい)さん有ります、とぃうと＼／
(『ニッポノホン音譜文句全集』改訂増補第六版(『大正期SP盤レコード芸能・歌詞・ことば全記録』9、大空社) p. 67)

宮沢賢治の『注文の多い料理店』(1924年(大正13)12月1日刊, 盛岡市杜陵出版部・東京光原社)に収められた、「山男の四月」という童話に、ピジン日本語をしゃべる「支那人」が登場する。初版本の目次に「山男の四月(一九二二・四・七)」という注記がある。

(20) 支那人はそのうちに、まるで小指ぐらいあるガラスのコップを二つ出して、ひとつを山男に渡しました。
「あなた、この薬のむよろしい。毒ない。決して毒ない。のむよろしい。わたしさきのむ。心配ない。わたしビールのむ、お茶のむ、毒のまない。これながいきの薬ある。のむよろしい。」支那人はもうひとりでかぷっと呑んでしまいました。

（青空文庫テキストによる）

ここまで、アリマス型の文献がほとんどであったのに対し、アル型がはっきりと現れていて、かつ中国人の表現であるところが注目される。
次に紹介するのは1927年（昭和2）頃、報知新聞に連載されていた白井喬二『富士に立つ影 明治篇』の「杉浦美佐緒 七」で、「私、ダラス先生あります」「……ほう、おとなしい娘さんある」などといった表現が見いだせる（『時代小

また、東京日々新聞社会部(編)『戊辰物語』(万里閣書房, 1928年(昭和3), 中野好夫他(編)『世界ノンフィクション全集』50, 1964年刊による)には、「金子子爵談」として、

> (21)　口の悪い英国公使パークスが「こんな粗末な紙ではすぐに破けてしまう」と由利にいった。(中略)公使はウンとうなって、札を力まかせに引き裂こうとしたが破れず、「これ駄目あります」と投げた。
> (p. 170)

という一節がある。井筒月翁『維新侠艶録』(1928年(昭和3), 萬里閣書房刊。引用は1988年(昭和63), 中公文庫刊による)には、次のような一節がある。

> (22)　「あれ、誰ありますか」
> 　　　「家老です」
> 　　　「おかしい服ありますね」
> 　　　「あれは日本の礼服です」
> 　　　サトーと伊藤とはこんな会話をした。　　　(p. 79)

　ここでサトーとは、幕末～明治期の駐日イギリス外交官アーネスト・サトー (Sir Ernest Mason Satow)のことである。優れた日本語会話練習書『会話篇』(1873年(明治6))の編者であるサトーにピジン日本語を話させるという点で、作者の不見識の上に成立した、いかにもステレオタイプな表現であると言える。
　以上見たように、この時期の資料は、ピジン日本語の話体としては横浜ダイアレクトを受け継ぐものであるが、横浜ピジン日本語に特徴的であった語彙はあまり見られなくなってきており、外国人の表現としてステレオタイプ化していることが分かる。明治初期に引き続いて、アリマス型が多数を占め、また中国人だけでなく、それ以上に西洋人の描写に用いられる点も注意される。

7　昭和10年代の記録文献

　この時期、国策によって朝鮮半島、中国本土、台湾、南島等へと多くの日本人が移住をし、現地人と交渉したわけであるが、そのやりとりの記録が残されている。前田(2003)では、新居格(編)『支那在留日本人小学校綴方現地報告』(1939年(昭和14),第一書房,略称A)および在満日本教育会(編)『皇紀二千六百年記念　全満児童文集　五・六学年』(1940年(昭和15),略称B)という小学生の作文を紹介している。

(23)　きのふ、やさいやのにいやんが来ました。(中略)おかあさんは「きうりをかはうか。」といひながら、お外へ行きました。にいやんは「おくさんきうりかうよろしい。」といつて、きうりをいじつてゐました。おかあさんが、きうり二本かつて「二本なんせんかね。」といひながら、おうちへかへつて、お金を持つて来ました。にいやんは「二十せんです。」といひました。おかあさんは「たかいたかいしようしようまけるいいよ。」といひながらあかちやんを、すずみだいにおいて「しようがない。」といつて、お金をやりました。
　　　　　　　　　　　　　　　([南満州橋頭・尋三・女] A p. 352)

(24)　僕達は(中略)ボロニーヤンをさがして僕の家まで引張つて来て僕が、「たくさんある。高く買ふよろしい」といひながら、ニーヤンに雑誌をみせると、「ハヲハヲ」といつてばかりではかつてから(中略)「トントンでこれだけ」といつて五十五銭出しました。
　　　　　　　　　　　　　　　([奉天省営口・尋四・男] A p. 379)

　また、このようなピジン日本語に対して違和感を示す感想も見られる。

(25)　インド人やしな人も、日本ごをはなす人がありますが、まんがの本のやうないひ方をするので、おかしいです。
　　　　　　　　　　　　　　　([上海・尋二・男] A p. 26)

　安田(1997)では、川見駒太郎(1942)「台湾に於て使用される国語の複雑性」(『日本語』2-3:32-39)から次のような引用を示している。これは、台湾での

「内地中流家庭の夫人と、本島人野菜行商人との会話」として台湾の日本人教師が作文したものである[4]。

(26)　「リーヤ(汝)チレ(此)幾ラアルカ」
　　　「チレ。一斤十五銭アル」
　　　「タカイタカイアルネ、マケルヨロシイヨ」

(川見 1942:34, 安田 1999:382)

このように、大陸や台湾などで暮らす日本人系住民と、中国人系その他の住民がコミュニケーションを交わす際、ピジン日本語が使われていたことが明らかになった。またその際の文法的特徴は、アル型であることも分かった。これは決してこの時代に新たに生じた言語ではなく、*Yokohama Dialect* に掲載された Nankinized-Nippon の流れを汲むピジン日本語であったと考えられる。昭和初期まで、文献ではアリマス型が多数を占めていたが、日本人と接触のある中国人系コミュニティではアル型ピジン日本語が使われ続けていたのであろう。あるいは、日本人の側から、この種のピジンを使用するよう、現地住民に働きかけたケースもあったのではないかと想像される。また、中国だけでなく、南島でも類似のケースが生じていた可能性はある[5]。

8　昭和 10 年代の創作的作品

日本の帝国主義的膨張とともに、アジアにおいて新たなピジン日本語の使用が拡大していったことを反映して、創作的作品にも新たな傾向が現れている。金水(2003)では、田河水泡の「のらくろ」シリーズにアル型ピジン日本語が用いられていることを指摘した。一つは 1932 年(昭和 7)の『のらくろ上等兵』であり、もう一つは 1938(昭和 13)の『のらくろ武勇伝』である。前者はいわゆる「土人」の格好をした「海賊」が、密輸人と商談をする際に使わせている

---

[4] ただし中国では、このような日本語ベースのピジンだけでなく、中国語ベースのピジンの使用も報告されている。安田(1999:282-283) を参照されたい。

[5] 1942 年(昭和 17) に情報局から発表された簡用語三〇〇語(『ニッポンゴ』)のような、制限的な日本語の教育が、ピジン日本語を助長したという見方も否定できない。安田(1999: 373-382) 参照。

もので、南島を背景にしているらしいことが伺われる。後者は、猛犬軍と戦う豚軍に使わせているもので、金水(前掲)で指摘したように、中国人に対する蔑視が表現されている。

また、流行歌にもピジン日本語を用いたものがある。時雨音羽・作詞、田村しげる・作曲で樋口静雄が歌った「チンライぶし」で、1938年(昭和13)年にキングレコードから発売されている。

> (27) 手品やるアル　皆来るヨロシ／うまくゆこなら　可愛(かわい)がっておくれ／娘なかなか　きれいきれいアルヨ／チンライチンライ　チンライチンライ／チンライライ

チンライとは「請来」で、「来てください」という意味の北京語である。この歌は中国に出生した日本人の間で大変はやったそうである[6]。

最後に紹介するのは、海野十三のSF小説「人造人間エフ氏」である。この作品は、『ラヂオ子供のテキスト』(1939年(昭和14), 日本放送協会出版)が初出となっている。引用は青空文庫テキストによる(底本は『太平洋魔城』海野十三全集, 6)。中国人のコックの張と、船長の会話である。

> (28) 「ああ、わたし、いうあるよ、いうあるよ。あたし、ボールたしかに海へなげこんだ」
> 「それみろ。なぜなげこんだのか」
> 「それは、わたししらない。よそのひとに、ボールなげこむこと、たのまれたあるよ。わたし、お金もらった。そのお金もわたしいらない。あなたにあげる」

この小説には、ロシア人のイワノフ博士が登場するが、彼の話し方はアリマス型で、はっきり区別されている。マリ子とイワノフ博士の会話である。

> (29) 「まあ、人造犬なの。すると機械で組立ててある犬なのね。まるで

---

[6] 『20世紀にっぽんの歌想い出の戦前・戦中歌謡大全集解説書』(株式会社コロムビアファミリークラブ、1998)による。

本物の犬そっくりだわ」

「そのとおり、ありまーす、人造犬がくいつくと、手でも足でも、ち切れます。本当の犬なら、そうはなりません」

9　まとめ

　19世紀後半、横浜開港場を中心に、日本人、西洋人、華僑たちの相互のコミュニケーションのために、日本語ベースのピジンが生まれた。横浜ダイアレクト、Yokohamaese、横浜ことばなどと呼ばれる言語である。また *Exercises in the Yokohama Dialect* の中で Nankinized-Nippon と呼ばれるピジン日本語も同じ頃生じたようで、こちらは専ら中国人系話者と日本人との会話に用いられたようである。前者はアリマス型、後者はアル型で、起源的にはいとこ同士のような関係にあると言える。

　明治10年代くらいまでは、横浜ダイアレクトに似たアリマス型のピジン日本語が創作的作品に多く用いられており、その話者は西洋人、中国人ともに見られた。明治20年代以降、外国人（中国人を含む）のステレオタイプ的な表現として、アリマス型のピジン日本語が引き続き用いられていったが、昭和10年代に入ると、日本人入植地における現地人とのコミュニケーションを反映し、アル型ピジン日本語が創作的作品にしばしば登場するようになる（表1参照）。

　現在の多くのポピュラーカルチャー作品に見られるアル型ピジン日本語は、この昭和10年代以降に現れた状況を受け継ぐものであろう。また現在、西洋語なまりの日本語を表現する際、「ソレ、チガイマース、ワタクシ、ソンナコト、イッテマセーン」のように必ず丁寧体になる点は、アリマス型ピジン日本語の特徴を一部受け継いでいるのかもしれない。

　なお、終戦後、アジアの政治的・社会的状況が一変したにもかかわらず、この種のピジンが作品に残り続ける点には、金水（2003）に示した〈老人語〉〈女性語〉の歴史と同様に、役割語の独立性・永続性がはっきりと現れていると言えるだろう。

第10章　役割語としてのピジン日本語の歴史素描

表1

西暦	元号	文献名	話し手	アル／アリマス	その他語彙	備考
1863-1864		アンベール幕末日本図絵	日本人	アリマス		
1868	慶応4	寺沢正明『一生一話』	仏人士官	アリマス(アル)		山崎有信『彰義隊戦史』
1870	明治3	仮名垣魯文『西洋道中膝栗毛』	洋人	アリマス	たいさん、よろしい、まはろへ	横浜語(ことば)
1872	明治5	仮名垣魯文『安愚楽鍋』	異人	アリマス	たいさん、よろしい、ペケ	
1872	明治5	河竹黙阿弥『月宴升毬栗』	唐人	アリマス	よろしい、大さん	
1874	明治7	The Japan Punch		アリマス	ダイジョブ、セランパン、ハイキン、ビギー	(ハムレット)
1879	明治12	Exercises in the Yokohama Dialect	中国人	アル		Ninkinized-Nippon
1879	明治12	Exercises in the Yokohama Dialect	外国人	アリマス	たいさん、よろしい、しんじょう	森銑三『明治東京逸聞史』
1881	明治14	新橋芸妓許判記	阿佛利加人	アリマス	悪いない	
1887	明治20	須藤南翠『新粧之佳人』	中国人	アリマス	分かるない	
1887	明治20	須藤南翠『新粧之佳人』	米国女性	アリマス	よろしい	
1901	明治34	中村春雨(吉蔵)『無花果』	ヘンリー	アリマス		
1920	大正9	岡本綺堂『蟹のお角』(半七捕物帳)	シナ人	アリマス		
1921	大正10	岡本綺堂『雪女』	ロイド	アリマス		
1921	大正10	岡本綺堂『異人の首』『邯鄲』	中国人	アリマス	よろし、たいさん	大正10初演
1921	大正10	宝塚少女歌劇『邯鄲』	支那人	アル	よろしい	
1924	大正13	宮沢賢治『山男の四月』	ダラス先生	アリマス(アル)		
1927	昭和2頃	白井喬二『富士に立つ影　明治篇』	英国公使	アリマス		
1928	昭和3	『戊辰物語』	サトー(英)	アリマス		
1928	昭和3	井筒月翁『維新侠艶録』	海賊	アル		
1932	昭和7	田河水泡『のらくろ上等兵』	豚軍	アル	よろし	
1938	昭和13	田河水泡『のらくろ武勇伝』	中国人	アル	よろし	樋口静雄歌
1938	昭和13	時雨音羽(詞)『チンライぶし』	中国人	アル		
1939	昭和14	海野十三『人造人間エフ氏』	イワノフ博士	アリマス		
1939	昭和14	海野十三『人造人間エフ氏』	中国人の張	アル		

参考文献

蜂矢真郷(編) (2005)『文献に現れた述語形式と国語史の不整合性について』2003～2004年度科学研究費補助金基盤研究(c)研究成果報告書, 課題番号:15520290, 研究代表者:蜂矢真郷.

カイザー, シュテファン (1998)「Yokohama Dialect. 日本語ベースのピジン」東京大学国語研究室創設百周年記念会(編)『東京大学国語研究室創設百周年記念　国語研究論集』pp.83-106, 東京:汲古書院.

カイザー, シュテファン (2005)「*Exercises in the Yokohama Dialect* と横浜ダイアレクト」『日本語の研究』1-1, pp.35-50.

金水敏 (2003)『ヴァーチャル日本語　役割語の謎』東京:岩波書店.

金水敏 (2004)「研究手帳:〈アルヨことば〉その後」『いずみミニ通信』3, pp.5-6, 東京: 和泉書院.

ロング, ダニエル (1999)「地域言語としてのピジン・ジャパニーズ. 文献に見られる19世紀海港場の接触言語」『地域言語』11, pp.1-10.

ロング, ダニエル (2004)「ピジン日本語」真田信治・庄司博史(編)『事典日本の多言語社会』pp.236-239, 東京:岩波書店.

前田均 (2003)「在外児童作文集に見る言語混用の実態. 日本語と中国語を主にして」小島勝(編著)『在外子弟教育の研究』七章, pp.217-240, 東京:玉川大学出版部.

岡島昭浩(編) (2005)「ピジン日本語その他資料」蜂矢真郷(編)『文献に現れた述語形式と国語史の不整合性について』pp.73-101.

真田信治・庄司博史(編) (2004)『事典日本の多言語社会』東京:岩波書店.

渡辺裕 (1999)『宝塚歌劇の変容と日本近代』東京:新書館.

安田敏郎 (1997)『帝国日本の言語編制』横浜:世織書房.

Abstracts of the Chapters

▶ 1 Universals and Specifics of Role Language in Popular Fiction:
A Contrastive Analysis between Japanese and English

Haruhiko Yamaguchi

Abstract

Japanese has many options for personal pronouns and sentence-final morphemes. So, it is fairly easy for Japanese fiction writers to stylistically specify characters' social roles in a story: For example, if a character in a popular fiction is marked with a first-person pronoun *washi* and a sentence-final morpheme *ja*, then this character may be stereotypically characterized as an old male person, especially as an old professor. In contrast, English writers are denied these stylistic options. Hence, they have more difficulty in specifying characters' social roles in a stereotypic way. The first question this article intends to answer is how English fiction writers deal with this problem. Four ways of role specification are demonstrated with examples from popular novels and films.

The second aim of the present chapter is to show that the use of "role language" like above is motivated by a universal need to take care of the macro-cosmic communication in fiction, that is, communication from the author to the audience. It may be convenient for writers (and also readers) of popular fiction, if the social role of a minor character is predictable from the words they speak, since writers can do without lengthy description of that minor character and concentrate on the development of the story. This means that role language is a stylistic phenomenon that is comparable to other artificial languages occasionally found in fiction, such as explanatory lines in drama and colorful gustatory expressions in Japanese gourmet comics. They are all alike in that they serve more for the macro-cosmic communication rather than for the micro-cosmic communication between fictional characters.

Abstracts of the Chapters

▶ 2 The Occurrence Environment of "Character-Particles" in Japanese and Korean

Toshiyuki Sadanobu

Abstract

    This chapter deals with the interconnection between speaker's characters and grammar, on the basis of Japanese and Korean casual data. The conclusion is summarized as follows: (i) *Kyara-gobi*, word endings which reflect speaker's characters (suggested by Kinsui (2003: 188)), are divided into two subtypes, *kyara-kopyura* (copula-like ones) and *kyara-joshi* (particle-like ones). A typical *kyara-kopyura* looks like a copula phonologically or morphologically, and utilizes actual dialectal/generation variation of a copula. A Typical *kyara-joshi*, by contrast, neither looks like a copula nor utilizes actual variation. (ii) *Kyara-kopyura* and *kyara-joshi* differ also in the environments they occur. Unlike *kyara-kopyura*, *kyara-joshi* does not occur at phrase-final positions, nor does it allow for scrambling. It only occurs at the end of a sentence. In this coherence to sentence-final position, *kyara-joshi* is distinct not only from *kyara-kopyura* but also from ordinary sentence-final particles. (iii) Korean has some hybrid types between *kyara-kopyura* and *kyara-joshi*, and they behave partly like *kyara-kopyura* and partly like *kyara-joshi*. (iv) The emergence of *kyara-joshi* might need linguistic requisites (i.e. agglutinative head-final syntax) to be satisfied, in addition to the social infra-structure which enables e-mail and chat of casual written communication, and the cultural maturity of playing with speech character.

▶ 3 Voice Qualities of Vocal Stereotypes of Good Guys and Bad Guys:
A Phonetic Study in the Role Language Framework

Mihoko Teshigawara

Abstract

    This chapter deals with phonetic aspects of *yakuwarigo* (role language) comparing phonetic properties of heroes' and villains' voices in Japanese *anime* (animated cartoons). It was hypothesized that villains' voices would exhibit phonetic properties of negative emotions, and the hypothesis was confirmed by an auditory analysis using Laver's framework for voice quality description. In order to investigate whether the identified auditory characteristics contribute to people's perceptions of good and bad characters, and to examine their universality in a different cultural/linguistic context, a perceptual experiment was conducted where native Japanese speakers and native Hebrew speakers listened to content-masked *anime* voices with varying pharyngeal states and rated their impressions. The results suggest that the general trend where speakers with pharyngeal constriction were rated negatively was shared by the two groups of listeners, suggestive of perceptual universality between the two cultures. However, there were also differences in the patterns of correlations between some trait ratings and the phonetic measures, indicative of cultural specificities.

4 Possibility of the Contrastive Study of Role Language in Japanese and Korean

Hye-seon Jung

Abstract

The purpose of this chapter is to push back the frontiers of research by highlighting the possibility of research into role language in Japanese and Korean. The writer examined the contrasts between Japanese and Korean role language from three different points of view. Firstly, the difference of role language in literary work (in the original and in translation) between Japanese and Korean was considered. Secondly, the awareness of role language between native speakers of Japanese and Korean was considered. Thirdly, the contrast between dialect image and role language was considered.

The following four hypotheses were verified resulting from the analysis: (1) Role language is used more in Japanese than in Korean. (2) Even if native speakers from either country read the same passage of original and translated literary work, it is unclear whether they would gain the same impression. (3) Both in Japanese and Korean, local dialect serves as a key factor in defining the characters of the participants. (4) The strategies of role language in Japanese differ between native speakers of Japanese and Korean students studying Japanese.

5 Languages in Modern Japanese Manga

Satoshi Kinsui

Abstract

What the Japanese know about the Japanese language is far from being linguistically correct, and it can be said that it is constructed based on imaginative stereotypes. The role language divided by these stereotypes were constructed in Japanese history and dispersed and mediated by means of popular culture works, and have been implanted deeply in the minds of the Japanese. Great popular works have cleverly used the characteristics of role language, have combined them into exaggerated designs and effectively constructed a story. In this chapter I introduce this situation by giving the manga *Cyborg 009* as an example. We should not only enjoy a work as a product, we should also question the historical origins of the system of underlying stereotypes and read the message that is unexpectedly released within the work.

6 Bodies in Modern Japanese Manga

Kazuma Yoshimura

Abstract

In present-day Japan, *manga* readers form a large community through a wide range of generations and social groups, in which people share an interpretational grammar of *manga*.

This chapter attempts a comparative culture study focusing on the global spread of Japanese *manga*. Through examining the depiction of characters' faces and bodies in *Cyborg 009* by Ishinomori Shôtarô and some other works, I investigate the process of the establishment of modern Japanese *manga* and the expressions peculiar to it. In doing so, I will argue how deeply modern notions such as 'race' and 'nation' are ingrained into Japanese *manga* readers.

▶ 7   Translating Dialect in Mark Twain's *The Adventures of Huckleberry Finn*

Thomas Martin Gaubatz

Abstract

In this chapter I examine the role of dialect in literary translation with a case study of Mark Twain's *The Adventures of Huckleberry Finn*. I begin by arguing that Twain's use of dialects of American English in the original text performs a symbolic function and that this function can be expressed in terms of linguistic stereotypes. I then examine the translation by Nishida (1977), asking to what extent the translated text reproduces this function and by what linguistic devices.

In a study of movie subtitling practices, Long and Asahi (1999) cite translations similar to those found in Nishida and suggest that English dialects have been rendered directly into Japanese dialects. I modify their hypothesis in light of the notion of role language (Yakuwarigo) introduced by Kinsui (2003), and argue that Nishida has translated the dialects of *Huckleberry Finn* into role language.

To support this hypothesis, I present the results of a small-scale survey in which Japanese respondents were asked to read excerpts from Nishida's translation and record their impressions. I conclude with brief comments on Nishida's use of role language in light of the novel's social and thematic content, and on the significance of role language to translation in general.

8 On the Establishment and Spread of the Sentence Pattern "Oh, Romeo!" as <Westerner Language>

Megumi Yoda

Abstract

The sentence pattern of "Oh/Ah + person" can be considered a form of role language <Westerner language> which gives a Westerner-like character to those who utter it. "Oh" and "ah" in this case are not words said when one realizes something, but reflects one's feelings of pleasure, grief, and other emotions.

This expression delivers emotions that well-up in the speaker's heart, regardless of whether one is face-to-face with the other party. It can be found in the translated plays which date back to the Meiji era. This "Oh/Ah + person" expression does not exist in Japan prior to the importation of these Western works.

The original plays were enthusiastically accepted as a form of advanced culture of the West, and thus the sentence pattern "Oh/Ah + person" was maintained in the language after its translation, as a peculiar expression of the West. It is not an expression that is familiar to most Japanese, but through hearing it in the Western plays, a kind of intercultural contact occurs, and the Japanese come to accept it as an expression that is particular to "Westerner speech." With repeated occurrences of this intercultural contact, this "Oh/Ah + person" expression spread, and established itself as a form of "Westerner language" within the Japanese language.

9 Formation of 'Army Language' as an Instance of Role Language

Tomohide Kinuhata & Chang-su Yang

Abstract

In this chapter we overview the formation of 'Army Language' as an instance of the 'Role Language (see Kinsui 2003)' through an examination of *zibun* and *dearimasu*. We see, in section 1, that lexical items such as *zibun* and *dearimasu* are understood as icons of Army Language by Contemporary Japanese native speakers, apart from how they were actually used by soldiers in Japanese Army. In section 2, the investigations of texts written by former members of the Japanese Army are given and we discuss the fact that they do not necessarily use the words at issue. Section 3 is devoted to analyzing how the words are recognized as representations of Army Language with the help of historical materials in Japanese. While the style where *zibun* can be used as a first person pronoun was confined to fomal contexts, e.g. the register spoken by Samurai, from the beginning, *dearimasu* was commonly used in the early Meiji Period but saw its use reduced afterward. We give some problems to be solved in future research in section 4.

▶10 Historical Sketch of the Pidgin Japanese as a Role Language

Satoshi Kinsui

Abstract

In various genres of Japanese popular culture, ungrammatical phrases such as *katta aruyo* "I bought" and *kuru yoroshi* "you should come" are frequently observed in the speech of Chinese people. The origin of these expressions can be traced back to the pidgin Japanese that was spoken among the foreigners living in the Yokohama settlement in the late nineteenth century.

Based on the morphological differences of the sentence final forms, pidgin Japanese expressions can be divided into two subcategories; *arimasu*-type and *aru*-type. In the early stage, it is *arimasu*-type that appears often in the historical records and creative works as the typical speech of westerners, Chinese, and Africans. However, since about 1930, *aru*-type became the symbolic representation of Japanese spoken by Chinese people. I propose that the rise of *aru*-type and its establishment as 'Chinese people's Japanese' is based on the speech used in the negotiation between Japanese and Chinese in mainland of China, Formosa (Taiwan), and other foreign countries in those days

索引

E

Exercises in the Yokohama Dialect 194, 208

eye dialect 13

F

"fortune-cookie" metaphors 15

H

haikin 200

J

JAJA 伝 160

JAJA 姫武遊伝 160

The Japan Punch 200

M

macro-cosmic communication 22

micro-cosmic communication 22

N

Nankinized-Nippon 195, 196, 206, 208

O

"O + ▲▲(人物)"という文型 165

"O + ▲▲"の文型 165, 167-170, 172, 176, 177

R

role language 97

S

speech characters 27

speech style 97

Y

Yokohama Dialect 194, 195, 200, 206

Yokohamaese 201, 208

あ

アイデンティティ 126, 128

秋本治 119

悪玉 49-53, 55-57, 59, 62, 65, 66, 105

悪玉型 54-56

安愚楽鍋 200

憧れの西洋人語 175, 177

あたし 100

あなた 198-202

アニメ 49-51, 53-58, 65, 66, 102

アフリカ人 201

アメリカ南部方言 136

あります 199-204

アリマス 197, 198, 200

アリマス型 196, 203, 204, 208

ありますか 204

アリマスカ 197, 198

ありません 202

アリマセン 197, 198, 200

ある(アル) 203, 206

アル型 196, 203, 206, 208

あるよ 193

「アルヨ」ことば 15

アンベール 197

い

いい 205

異形体 129

石ノ森章太郎 102, 112
一人称 133, 136, 143, 156
一人称代名詞 105, 106
一生一話 198
一等級 76
一般化 197
田舎ことば 13
田舎言葉 105
田舎者 105, 132, 136, 141, 142, 146, 149, 150, 154, 156, 157
異文化 167, 169, 170, 172
異文化受容 159, 172
異文化接触 159, 171, 173, 176
依頼形式 101
印象形成 50, 51, 62, 66
印象評定 57-59, 61, 65
咽頭部 52, 54, 55, 56, 57, 61-66
インド人 205
インプット 171

う
ヴァーチャル・リアリティ 150
海野十三 207

え
英語方言 136, 137
英語や米語の方言 127
江戸 99
江戸語 99, 100
江戸時代 99

お
「おお、ロミオ！」の文型 159
「おお・ああ＋人物」の文型 159, 161, 164, 170-177
「おお＋人物」の文型 161, 177
大阪 139
大阪弁 139
岡島昭浩 193
岡本綺堂 202
お嬢様キャラ 74
おとぎ話 105
オノマトペ 44, 45
おはやう 199
おみくじ入りクッキー 15
おれ 100, 101, 105
音声コミュニケーション 38, 50

か
海軍 182, 184
開港場 195, 201, 208
外国人語 176
会話篇 204
かけことば 44, 45
下称 75
仮想現実 150, 151, 155, 157
歌舞伎 99, 200
上方 99
上方語 99, 100
仮名垣魯文 200
ガラスの仮面 162
河竹黙阿弥 200
咸鏡方言 90, 91
韓国語 38-40, 42, 44-46

索引

韓国人日本語学習者 72, 79, 80, 83, 85, 87
関西 138, 139
関西弁 106
関東 138, 139
感動詞 37, 166, 167, 175, 176
感動詞部分 166, 167
間投助詞 28, 37
関東弁 142
関東方言 136, 142, 145, 146

き

擬音語 19, 20
記述結果 56
疑問 197
疑問文 196
キャラクタ 27-29
（キャラクタ）モデル 27, 31-33, 39, 40, 42-44
キャラ語尾 27, 31-34, 36-38, 42, 44
キャラコピュラ 28-44
キャラ助詞 21, 28, 31, 32, 34-40, 42-46
九州 138, 139
教師 105
共通語 154
巨視的コミュニケーション 25
巨視的伝達 22-24
居留地 106, 201
銀河鉄道999 118

け

慶尚方言 88, 90, 92

係助詞 46
戯作 99
言語 129
言語アイデンティティ 138, 139

こ

膠着型 28, 46
肯定 197
肯定文 196
神戸 195
声に関するステレオタイプ 49, 52, 57, 65, 66
国語教科書 189
黒人 105
国籍 103
小新聞 189
個性 103
こちら葛飾区亀有公園前派出所 119
滑稽大学 99
コピュラ 27-32, 38-44
子分 105
個別言語・文化の特殊性 65, 66

さ

サイボーグ009 102, 110, 112, 119
嵯峨の屋おむろ 188
作文 205
サトー 204
サランパン（serampan）195, 200

し

視覚方言 12, 13
自己同一化 106, 138, 141, 149, 154, 156

自称詞 11, 12
しな人 205
支那人 202, 203
自分 179, 181–183, 185, 186
自分は……であります 180
じゃ 98
社会的位相 28–30
社会的なグループ 130
ジャパンパンチ 117
週刊少年ジャンプ 110
終助詞 28, 33–37, 42, 74, 87, 188
主人公 149
受聴による分析 52, 54–57, 59, 61, 62, 65, 66
主要部後置 28, 46
情意 164, 165, 172, 173
情意の投げかけ 175
掌中万国一覧 112
象徴的機能 128
象徴的情報 128–130, 149, 150
少年倶楽部 99
少年語 102
少年マンガ 105
ショーアップ語 45
女学生ことば 102
植民地 106
書生 105
書生語 102
女性語 98, 100, 102, 106, 208
女性性 101, 106
女性専用形式 101
ジョルジェ・ビゴー 117
白井喬二 203

人種 103
進上(sinjo) 195, 199, 200
人物像 27

す
スタイル 30
ステレオタイプ 9, 14, 23, 97, 99, 103, 106, 107, 130, 136, 137, 142, 144, 146, 149, 150, 155–157, 160, 176, 199, 204, 208
ストラテジー 80, 87
刷り込み 79, 86, 87

せ
生起環境 28, 32, 37, 38, 42, 44
声質(voice quality) 49–52, 54–58, 66
正書法 13
西洋語的(な)特徴 167–169, 177
西洋語的特徴の保持 170
西洋人 201
西洋人語 159, 160, 164, 170–174, 176, 177
西洋的特徴 172
西洋訛りカタコト語 175, 177
説明的(な)せりふ 10, 23, 24
善玉 49–53, 55–59, 62, 65, 66
善玉型 54, 55
全羅方言 78, 90

そ
ソウル京畿方言 89

た
だ 98, 100

221

索　引

第一期　168, 169, 170
体育会系　186
たいさん（大さん，太さん）　195, 199, 200, 201, 203
第三期　169, 170
対者敬語法　74, 76
第二期　169
大陸　206
台湾　205, 206
宝塚歌劇　173, 174, 176, 177
宝塚少女歌劇　203
田河水泡　206
立川文庫　99
だわ　100
男性語　98, 100, 102, 105
男性専用語　101, 187

ち

チャブ台　195
ちゃぶちゃぶ　199, 201
チャンポン　195
チャーリー・チャン　14-16
チャールズ・ワーグマン　117
中国　205
中国語　195, 196
中国人　14, 15, 106, 193, 201, 203, 206, 207, 208
中称　76
忠清方言　78, 88
注文の多い料理店　203
聴取実験　57, 59, 66
朝鮮　205
町人　99

全羅道（チョンラド）方言　38
地理　126
地理・社会的グループ　129, 130

て

であります　184, 186, 187
テヨダワことば　102
寺沢正明　198
伝達機能　128

と

トゥイーティー　12, 19, 20, 21
トウェイン　125
等級　74, 76
東京　139
東京語　100
東京下町　142
東京下町方言　139
東国語　99
等称　76
唐人　200
倒置　33
倒置文　28, 32, 34, 36, 37, 42-44
東北　138, 139, 141
東北弁　136, 137, 142
東北方言　136, 137, 140, 141, 145, 146
どりんけん　200
どろんけん　199

な

内容的情報　128, 129, 130
長崎　195
南島　106, 205

に

西日本方言 149
二人称 134
日本語 105
日本語方言 137
入植地 208
人称詞 9, 11, 16, 21

ね

ネイティブ・アメリカン 14, 105

の

のらくろ 206

は

パークス 204
パーソナリティ 28, 29
ハイカルチャー 97
はいきん（haikin）195, 200
해라체 74
하오체 76, 77
博士 148-150, 154
博士語 11, 22, 23, 77, 86, 87, 98, 105, 149
博多弁 139
하게체 76, 77
ハックルベリー・フィンの冒険 125-128, 131, 147, 151, 154-156
発話 27
発話キャラクタ 28-34, 39-42, 44-46
発話スタイル 30
バリアント 28
ハリー・ポッター 10, 12, 16-19

バリエーション 30

ひ

ヒーロー 106
ヒーロー性 105
東日本 140, 141
東日本方言 136
微視的・巨視的 23
微視的コミュニケーション 25
微視的伝達 22, 24
微視的レベル 22
ピジン 106, 194, 208
ピジン英語 14-16, 195
ピジン日本語 193-195, 197, 200-202, 204, 206
否定 197
否定文 196
非日本語的性格 164
非標準的な声質 55
非標準つづり 13
非標準的（な）つづり 12, 13, 21
評価語 89, 91
表現性の創出 170
標準語 51, 100, 106, 129-131, 133-135, 143-145, 149, 151, 154, 156, 190
広島弁 136, 143

ふ

フェミニスト 106
不快感情 51, 52, 55-57
吹き替え 134-137
福沢諭吉 112
武士 99
武士言葉 185

223

不自然なせりふ 10, 23, 24
普遍性 51, 56, 57, 65, 66
普遍的方言 78, 79
フランス語 195
不良 105
文節末 28, 36, 37, 42-44
文法化 46
文末 46
文末表現 9, 11-13, 16, 21

へ

平安方言 88, 90-92
米語南部方言 150
米語標準語 140, 143, 154
米語方言 151
北京語 207
ペケ 195, 200
ベルサイユのばら 162-164
変異体 28
辺境性 105

ほ

方言 12, 13, 21, 22, 98, 125-127, 129, 130, 134-147, 149-151, 154, 155, 194
方言イメージ 72, 87, 88, 90-92
方言的 137
方言翻訳 137
ぼく 100, 101, 105, 106
母語 105
母語訛りカタコト語 175
母語の干渉 197
ポピュラーカルチャー 97, 99, 106, 107, 193, 208
ポピュラーカルチャー作品 196

ポルトガル語 195
ポンコツ（bonkotz）195, 200
翻訳 126-128, 130, 134, 136, 137, 150, 154-156
翻訳劇 159, 164-173, 176, 177
翻訳語 185

ま

マー 195
マーカー 87
マーク・トウェイン 125
前田均 193
マスメディア 138, 193
松本零士 118
まはろ＼／ 199
魔法使い 105
マレー語 195
まろまろ 195
まんが（漫画, マンガ）97, 98, 160-162, 164, 176, 205
マンガ読者 109, 110, 114, 116, 120

み

味覚表現 10, 24
宮沢賢治 203

め

明治 102
明治時代 105
命令形 101
メチャラクチャラ博士 99

も

目標 155
文字コミュニケーション 28, 38, 44

盛岡弁 139
森銑三 198

や

役割語 9–12, 16, 19, 20–22, 27, 31, 34, 49–51, 56, 67, 97, 107, 127, 128, 147–151, 154–157, 159, 160, 161, 171, 176, 177, 193, 196, 201, 208
屋名池誠 193, 194
山口方言 187
山の手 102

ゆ

遊女 186

よ

幼児語 19, 20, 21
横浜 106
横浜語 199
横浜ことば 199, 200, 208
横浜ダイアレクト 195, 196, 198–200, 204, 208
よろし(よろしい, ヨロシイ, yoroshi) 193, 195, 199–201, 203, 206

ら

落語 99

り

陸軍 183
理想主義 105
流行歌 207
良妻賢母 102

れ

歴史的起源 107
恋愛 106

ろ

老人語 98, 100, 105, 208
60年代 105
ロミオとジュリエット 165, 166, 171, 172, 173

わ

わ 101
吾輩 98
わし 98
話体 97
わたくし 182, 199, 200, 202
「私」系 46
ワタクラシ 196
わたし 100, 201
ワーグマン 200

ん

ん 98

著者略歴

(掲載順)

金水　敏 ● Kinsui, Satoshi
1956年生まれ。東京大学大学院人文科学研究科博士課程退学。神戸大学教養部講師、大阪女子大学学芸学部講師、神戸大学文学部助教授等を経て、現在、大阪大学大学院文学研究科教授。専門は日本語史。著書に『時・否定と取り立て』(共著, 岩波書店, 2000)、『ヴァーチャル日本語 役割語の謎』(岩波書店, 2003)、『日本語存在表現の歴史』(ひつじ書房, 2006)、『〈役割語〉小辞典』(研究社, 2014)、『コレモ日本語アルカ？——異人のことばが生まれるとき』(大修館書店, 2014)、『Virtual Japanese: Enigmas of Role Language』(大阪大学出版会, 2017)などがある。　kinsui@let.osaka-u.ac.jp

山口治彦 ● Yamaguchi, Haruhiko
1961年生まれ。大阪市立大学大学院文学研究科博士課程退学。金沢大学教育学部講師、同助教授、神戸市外国語大学助教授を経て、現在、神戸市外国語大学教授。専門は英語学(談話分析・語用論)。著書に、『語りのレトリック』(海鳴社, 1998)、『味ことばの世界』(共著, 海鳴社, 2005)、『明晰な引用、しなやかな引用』(くろしお出版, 2009)などがある。　yamaguchi@inst.kobe-cufs.ac.jp

定延利之 ● Sadanobu, Toshiyuki
1962年生まれ。京都大学大学院文学研究科修了(博士(文学))。神戸大学教養部講師、神戸大学国際文化学部講師、同助教授、同教授、同大学院国際文化学研究科教授を経て、現在、京都大学大学院文学研究科教授。現在の専門は言語とインタラクション。著書に『よくわかる言語学』(アルク, 1999)、『認知言語論』(大修館書店, 2000)、『ささやく恋人、りきむレポーター』(岩波書店, 2005)、『日本語不思議図鑑』(大修館書店, 2006)、『煩悩の文法』(筑摩書房, 2008)、『日本語社会 のぞきキャラくり』(三省堂, 2011)、『コミュニケーションへの言語的接近』(ひつじ書房, 2016)などがある。
sadanobu.toshiyuki.3x@kyoto-u.ac.jp

勅使河原三保子 ● Teshigawara, Mihoko
2004年、カナダ・ヴィクトリア大学言語学科博士課程修了(Ph.D. in Linguistics, University of Victoria)。ポスドク研究員等を経て、現在、駒澤大学総合教育研究部外国語第一部門准教授。主要研究テーマは音声学(声質)、(アニメにおける善玉・悪玉の)声のステレオタイプ、声による印象形成。論文に "Vocally expressed emotions and stereotypes in Japanese animation: Voice qualities of the bad guys compared to those of the good guys" (『音声研究』8-1, 2004)などがある。　mteshi@alumni.uvic.ca

鄭　惠先 ● Jung, Hyeseon
1967年生まれ。大阪府立大学大学院で学位取得(博士(学術))。現在、北海道大学国際教育研究センター准教授。専門は社会言語学、日韓対照言語学。論文に「日本語と韓国語の役割語の対照―対訳作品から見る翻訳上の問題を中心に―」(『社会言語科学』8-1, 2005)、「日本語と韓国語の複数形接尾辞の使用範囲―文学作品と意識調査の分析結果から―」(『日本語科学』17, 2005)、「日本語人称詞の社会言語学的研究」(大阪府立大学大学院博士学位論文, 2003)などがある。　jung@oia.hokudai.ac.jp

吉村和真 ● Yoshimura, Kazuma
1971年生まれ。専門は思想史・マンガ研究。京都精華大学国際マンガ研究センター教授。専門は思想史・マンガ研究。著書に『差別と向き合うマンガたち』(共著、2007)、『マンガの教科書―マンガの歴史がわかる60話』(編著、2008)、『複数の「ヒロシマ」―記憶の戦後史とメディアの力学―』(編著、2012)などがある。manbun21@kyoto-seika.ac.jp

トーマス・マーティン・ガウバッツ ● Thomas Martin Gaubatz
1983年生まれ。2006年にスタンフォード大学数学部卒業。専門分野は数学と日本語。

依田恵美 ● Yoda, Megumi
1976年生まれ。大阪大学大学院文学研究科博士後期課程退学。博士(文学)。現在、神戸学院大学共通教育センター非常勤講師。専門は日本語史。論文・著書に「役割語としての片言日本語―西洋人キャラクタを中心に―」(『役割語研究の展開』くろしお出版, 2011)、「明治期のピジンは何を伝えたか――「横浜毎日新聞」を手がかりに」(『文学』16-6, 岩波書店, 2015)、『〈役割語〉小辞典』(分担執筆, 研究社, 2014)などがある。yoda_meg@yahoo.co.jp

衣畑智秀 ● Kinuhata, Tomohide
1976年生まれ。大阪大学大学院文学研究科修了(博士(文学))。日本学術振興会特別研究員などを経て、現在、福岡大学人文学部准教授。専門は日本語文法及び文法史。著書に『シリーズ日本語史3　文法史』(共著, 岩波書店, 2011)。論文に「日本語の「逆接」の接続助詞について―情報の質と処理単位を軸に―」(『日本語科学』17, 2005)、"Syntactic Change from Connective to Focus Particles in Japanese" (*Japanese / Korean Linguistics* 15, Stanford: CSLI, 2007)などがある。　tkinuhata@cis.fukuoka-u.ac.jp

楊　昌珠 ● Yang, Changsu
1970年生まれ。大阪大学大学院文学研究科博士後期課程退学。専門は日本語の文字・表記。論文に、「文部省の各種整理案と国定国語教科書から見た漢字字体についての一考察―文字形態素「戸」をめぐって」(『国語文字史の研究5』, 2000)、「漢字字形から見た近代漢字字書の性格」(『語文』75・76, 2001)がある。

役割語研究の地平

2007年9月26日　第1刷発行
2018年1月30日　第3刷発行

編者　　金水　敏

発行人　岡野秀夫
発行　　株式会社くろしお出版
　　　　〒113-0033　東京都文京区本郷3-21-10
　　　　TEL 03-5684-3389　FAX 03-5684-4762
　　　　URL http://www.9640.jp
　　　　E-mail kurosio@9640.jp

印刷所　株式会社モリモト印刷

© Kinsui Satoshi 2007, Printed in Japan
ISBN 978-4-87424-396-1 C3080

● 乱丁・落丁はおとりかえいたします。本書の無断転載・複製を禁じます。

[装丁]　　　庄子結香(カレラ)
[イラスト]　阿部伸二(カレラ)
[担当・組版]　市川麻里子